Sicherheitsforschung im Dialog

Saskia Steiger / Jochen Schiller / Lars Gerhold
(Hrsg.)

Sicherheitsforschung im Dialog

Beiträge aus dem Forschungsforum
Öffentliche Sicherheit

Hervorgegangen aus der interdisziplinären Ringvorlesung
Wie sicher wollen wir leben? Sicherheitsforschung im Dialog
des Forschungsforum Öffentliche Sicherheit an der
Freien Universität Berlin im Wintersemester 2013/14

Bibliografische Information der Deutschen Nationalbibliothek
Die Deutsche Nationalbibliothek verzeichnet diese Publikation
in der Deutschen Nationalbibliografie; detaillierte bibliografische
Daten sind im Internet über http://dnb.d-nb.de abrufbar.

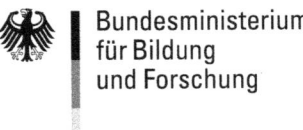

Lektorat: Katrin Kramer

ISBN 978-3-631-65848-2 (Print)
E-ISBN 978-3-653-05075-2 (E-Book)
DOI 10.3726/978-3-653-05075-2

© Peter Lang GmbH
Internationaler Verlag der Wissenschaften
Frankfurt am Main 2015
Alle Rechte vorbehalten.
Peter Lang Edition ist ein Imprint der Peter Lang GmbH.

Peter Lang – Frankfurt am Main · Bern · Bruxelles ·
New York · Oxford · Warszawa · Wien

Das Werk einschließlich aller seiner Teile ist urheberrechtlich
geschützt. Jede Verwertung außerhalb der engen Grenzen des
Urheberrechtsgesetzes ist ohne Zustimmung des Verlages
unzulässig und strafbar. Das gilt insbesondere für
Vervielfältigungen, Übersetzungen, Mikroverfilmungen und die
Einspeicherung und Verarbeitung in elektronischen Systemen.

Diese Publikation wurde begutachtet.

www.peterlang.com

Inhalt

Vorwort der Herausgeber 7

Saskia Steiger, Jochen Schiller, Lars Gerhold
Wie sicher wollen wir leben? Sicherheitsforschung im Dialog 11

Sicherheit und Gesellschaft

Ortwin Renn
Risikowahrnehmung in der Bevölkerung – Implikationen
für das Sicherheitsempfinden 23

Julia Drews, Juliana Raupp
Kommunikation? – Aber sicher! Onlinevermittelte
Krisenkommunikation und ihre Auswirkungen auf
Journalismus, Bevölkerung und Organisationen 51

Reinhard Kreissl
Sicherheit als symbolisches Gut 73

Birgitta Sticher
Wie viel Unsicherheit ertragen wir? 95

Sicherheit und Technik

Jochen Schiller
Wissen wir, was wir tun? Das Prinzip Hoffnung in IT-Systemen 117

Felix Freiling
Offener und verdeckter Einsatz technischer
Ermittlungswerkzeuge zwischen Theorie und Praxis 131

Christina Pöpper
Drahtlose Kommunikation: Grenzenlose Möglichkeiten
auf Kosten der Sicherheit? 145

Sicherheit und Recht

Hans-Jörg Albrecht
Freiheit und Innere Sicherheit? 161

Christoph Gusy
Objektive Sicherheit und subjektive Sicherheit –
was schützt das Recht? 187

Sicherheit und Praxis

Albrecht Broemme
Zum Schluss kommt das THW mit Schippe und Besen 207

Saskia Steiger, Lisa-Marie Jungkuhn,
Jochen Schiller, Lars Gerhold
Aspekte der Sicherheitsforschung – Gesprächsrunden mit
Vertretern aus Wissenschaft, Politik und Zivilgesellschaft 221

Autorenverzeichnis..239

Vorwort der Herausgeber

Das Forschungsforum Öffentliche Sicherheit führt wissenschaftliches Expertenwissen und Forschungsvorhaben verschiedener Disziplinen und Einrichtungen zur öffentlichen Sicherheit zusammen. Es versteht sich hierbei als zentrale Anlaufstelle für Öffentlichkeit, Politik und Wissenschaft. Entstanden ist das Forschungsforum aus der Parlamentsinitiative „Zukunftsforum Öffentliche Sicherheit e. V.", die 2008 das Grünbuch „Risiken und Herausforderungen für die öffentliche Sicherheit" veröffentlicht hat. Seit 2009 wird das Forschungsforum durch das Bundesministerium für Bildung und Forschung gefördert, um die im Grünbuch aufgeworfenen Fragen zu bearbeiten und als Kommunikationsplattform den Dialog zwischen Politik und Wissenschaft voranzubringen. In das Forschungsforum sind über den Steuerungskreis und den Wissenschaftlichen Beirat Experten aus Politik und Wissenschaft eingebunden, die die Arbeit unterstützen. 2015 wurde das Schaufenster Sicherheitsforschung als Zusammenarbeit des Forschungsforums Öffentliche Sicherheit mit dem Innovationszentrum Öffentliche Sicherheit des Fraunhofer FOKUS ins Leben gerufen. Dieser interaktive Demonstrationsraum bietet die Möglichkeit, Innovationen in Hinblick auf das Zusammenspiel von technischen Möglichkeiten und ihren vielfältigen Implikationen zu untersuchen, und lässt die komplexe Verzahnung von Technik und Gesellschaft plastisch werden. Ziel ist es, den Dialog sowie den aktiven Austausch und Transfer von Forschungsergebnissen zwischen Akteuren unterschiedlicher wissenschaftlicher Disziplinen, Entscheidungsträgern aus Politik und Wirtschaft und Vertretern der Zivilgesellschaft zu fördern. Der vorliegende Sammelband ist aus einer Ringvorlesung mit dem Titel „Wie sicher wollen wir leben? Sicherheitsforschung im Dialog" hervorgegangen, die im Wintersemester 2013/14 im Rahmen des „Offenen Hörsaals" an der Freien Universität Berlin durchgeführt wurde. Die Ringvorlesung zielte darauf ab, den durch das Forschungsforum initiierten und fachlich ausdifferenzierten Diskurs um die öffentliche Sicherheit in die interessierte Öffentlichkeit zu tragen und einen Beitrag zum Wissenstransfer zu leisten. Mehr als 900 Gäste besuchten die 14 Veranstaltungen und tauschten sich mit den Experten über die unterschiedlichen Facetten der öffentlichen Sicherheit aus.

An dieser Stelle möchten wir unseren Gästen und Vortragende recht herzlich danken. Nur durch ihre Beiträge war es uns möglich, das Thema „Öffentliche Sicherheit" in seiner Inter- und Transdisziplinarität einem breiten Publikum vorzustellen und einen offenen Diskussionsraum zu schaffen. Wir danken Prof. Dr. Dr. h. c. Hans-Jörg Albrecht, Dipl.-Ing. Albrecht Broemme, Prof. Dr. Felix Freiling, Prof. Dr. Wolfgang Gaissmaier, Prof. Dr. Christoph Gusy, PD Dr. Reinhard Kreissl, Prof. Dr. Christina Pöpper, Prof. Dr. Juliana Raupp, Prof. Dr. Dr. h. c. Ortwin Renn, Prof. Dr. Birgitta Sticher und Prof. Dr. Klaus Thoma für ihre spannenden und informativen Vorträge im Rahmen der Ringvorlesung.

Neben den Vorlesungen wurden zudem zwei Diskussionsrunden realisiert. Deren Teilnehmern möchten wir für ihren Input und die spannenden Auseinandersetzungen danken: Prof. Dr. Wolf Dombrowsky, Thomas Kahlix, Uwe Kirsche, Gerold Reichenbach (MdB), Norbert Seitz und Christoph Unger für ihre Beiträge zur ersten Gesprächsrunde zum Thema „Naturkatastrophen in Deutschland – Herausforderungen für Politik und Wissenschaft" sowie Prof. Dr. Peter-André Alt, Prof. Dr. Thomas Hestermann, Prof. Dr. Wolf-Dieter Lukas und Frank Tempel (MdB), den Teilnehmern der zweiten Gesprächsrunde zum Thema „Zwischen Freiheit und Sicherheit – wie weit darf Forschung gehen?".

Weiterhin möchten wir uns ausdrücklich für die fachliche Unterstützung des Forschungsforums Öffentliche Sicherheit durch den Wissenschaftlichen Beirat bedanken. Gleichermaßen gilt dies für den Steuerungskreis des Forschungsforums Öffentliche Sicherheit, dem je ein Mitglied der im Bundestag vertretenen Fraktionen, je ein Vertreter aus dem Bundesministerium des Inneren und dem Bundesministerium für Bildung und Forschung sowie der Vorsitzende und sein Stellvertreter des Zukunftsforums Öffentliche Sicherheit e. V. angehören.

Des Weiteren bedanken wir uns beim Bundesministerium für Bildung und Forschung sowie bei der VDI Technologiezentrum GmbH für die Unterstützung unserer Arbeit.

Besonderer Dank gilt zudem Lisa-Marie Jungkuhn und Helga Jäckel vom Forschungsforum Öffentliche Sicherheit, die sowohl bei der Durchführung der Ringvorlesung als auch bei der Entstehung dieser Publikation zu deren Gelingen beigetragen haben. Katrin Kramer danken wir für das Lektorat des Buches.

Für eine bessere Lesbarkeit wird in der vorliegenden Publikation das generische Maskulinum als geschlechtsneutrale Ausdrucksform verwendet, wenn von Personen die Rede ist. Es wird darauf hingewiesen, dass damit keine Geschlechterdiskriminierung oder eine Verletzung des Gleichheitsgrundsatzes zum Ausdruck gebracht wird und selbstverständlich immer auch weibliche Beteiligte (Expertinnen, Professorinnen etc.) gemeint sind.

Saskia Steiger, Jochen Schiller, Lars Gerhold

Wie sicher wollen wir leben?
Sicherheitsforschung im Dialog

Sicherheit als Begriff ist stetig präsent in öffentlichen Diskursen: Von sicheren Technologien, von Sicherheit und Unsicherheit der Bevölkerung, von der neuen Kultur der Sicherheit oder von der Krise der Sicherheit ist heutzutage die Rede. Der Dialog in der Gesellschaft ist vielfältig und demonstriert, dass das Thema der öffentlichen Sicherheit sowohl in der naturwissenschaftlich-technischen als auch geistes- und sozialwissenschaftlichen Forschung eine hohe Relevanz besitzt.

Sicherheit ist nicht nur abhängig von unseren Möglichkeiten, mit technischen, natürlichen und gesellschaftlichen Bedrohungen und Herausforderungen umzugehen. Sie ist ebenso abhängig von unseren Werten, Wahrnehmungen und Überzeugungen. Veränderungen wie Klimawandel, Globalisierung oder Digitalisierung zeigen, dass sich die Rahmenbedingungen verändert haben und Sicherheit heute eine gesamtgesellschaftliche Aufgabe ist. Dabei herrscht keinesfalls Einigkeit darüber, wie viel Sicherheit eine Gesellschaft benötigt, wie viel Sicherheit gewährleistet werden sollte und welche Aufgaben und Verantwortlichkeiten sich für die unterschiedlichen gesellschaftlichen Akteure ergeben.

Wie sicher wollen wir leben? Unter dieser Fragestellung diskutierte das Forschungsforum Öffentliche Sicherheit der Freien Universität Berlin im Wintersemester 2013/14 mit Experten das überaus heterogene Feld der Sicherheitsforschung. Es galt, das gesamte Spektrum der Sicherheitsforschung, vom technisch Möglichen bis hin zum gesellschaftlich Akzeptierten, im Rahmen der Vorlesungsreihe widerzuspiegeln und die vielfältigen Aspekte einer neuen Sicherheitskultur zu diskutieren. Die Ringvorlesung schuf auf diese Weise einen Dialograum, der neben Wissenschaftlern und Vertretern aus Politik sowie behördlichen Institutionen auch Vertreter der Zivilgesellschaft umfasste, um einen offenen Diskurs über die Frage „Wie sicher wollen wir eigentlich in unserer Gesellschaft leben?" zu initiieren.

Die Diskussion zeigte in der Folge vor allem eines: den Wandel des Sicherheitsbegriffes. Er umfasst heute nicht nur die äußere, nationalstaatliche Sicherheit und eine restriktive äußere Gefahrenabwehr, sondern beinhaltet auch den Blick auf die Innere Sicherheit. Dieser postmoderne Sicherheitsbegriff entwickelte sich in der Vergangenheit kontinuierlich zu einem „erweiterten Sicherheitsbegriff" (vgl. Daase 2010), der neben die Risikogesellschaft tritt (vgl. Beck 1986) und eine Gesellschaft formt, in der Sicherheit zum Referenzthema wird. Heute erstreckt sich der Begriff der Sicherheit auf „[…] die vielfältigsten Problembereiche und Interventionsfelder von der Umwelt bis hin zur ‚menschlichen Sicherheit' (Human Security) und bringt dabei nicht nur neue staatliche Eingriffsbefugnisse, sondern auch neue Verpflichtungen hervor." (Krasmann et al. 2013: 10) Nicht der Staat ist alleiniger Akteur und Adressat, sondern auch dem Individuum und der Gesellschaft werden neue Aufgaben und Verantwortlichkeiten in diesem Prozess zuteil. Damit entwickelt sich eine Sicherheitskultur, die sich auszeichnet durch „[…] die Summe der Überzeugungen, Werte und Praktiken von Institutionen und Individuen […], die darüber entscheiden, was als eine Gefahr anzusehen ist und wie und mit welchen Mitteln dieser Gefahr begegnet werden soll." (Daase 2010: 9) Der Wandel der Begrifflichkeit geht mit einer veränderten Bedrohungslage sowie veränderten Bedrohungsgefühlen einher, denen sich die Gesellschaft ausgesetzt sieht. Neue Risiken und Bedrohungslagen ergeben sich nicht nur durch Klimaänderungen, transnationale organisierte Kriminalität, Infektionskrankheiten oder der Privatisierung der Daseinsvorsorge. Die Informationsgesellschaft hat durch eine fortschreitende Vernetzung der Informations- und Kommunikationstechnologie gänzlich neue Risiken und Gefahren hervorgebracht (vgl. Zukunftsforum Öffentliche Sicherheit 2008: 11). Diesen ist gemein, dass sie sich durch einen systemischen Charakter auszeichnen. Die neuen systemischen Risiken beziehen sich auf „[…] hochgradig vernetzte Problemzusammenhänge mit schwer abschätzbaren Breiten- und Langzeitwirkungen, deren Beschreibung, Kategorisierung und Bewältigung mit erheblichem Wissen und Bewertungsproblemen verbunden sind." (Renn et al. 2007: 176) Auf der gesellschaftlich-institutionellen Ebene werden diese Veränderungen und Konstruktionsprozesse von Sicherheit in unterschiedlicher Hinsicht manifest. So treten neben die traditionellen Akteure der öffentlichen Sicherheit – die polizeiliche Gefahrenabwehr

Wie sicher wollen wir leben? Sicherheitsforschung im Dialog

und die Einsatzkräfte des nichtpolizeilichen Bereiches wie Feuerwehren, Technisches Hilfswerk (THW) oder das Bundesamt für Bevölkerungsschutz (BBK) – heute weitere, vielfach privatwirtschaftliche Akteure wie Betreiber kritischer Infrastrukturen. Ebenso lassen sich eine zunehmende Verschmelzung von Kriminal- und Sicherheitspolitik sowie veränderte Abwägungsprozesse zwischen der öffentlichen Sicherheit und bürgerlichen Freiheitsrechten beobachten.[1] Auch die Aufnahme des Themenschwerpunktes Security in das 7. Europäische Forschungsprogramm (und dessen Fortführung im Rahmen des Programmes „Horizon 2020") sowie des Themas Sicherheit in die Hightech-Strategie der Bundesregierung und die Umsetzung des Sicherheitsforschungsprogrammes (2007–2017) verstetigten diese Diskussion (vgl. European Commission 2011; Bundesregierung 2014), definierten Sicherheitsforschung als ein politisches Aufgabengebiet und etablierten sie zugleich zu einem eigenen Forschungsfeld.

Die Herausforderungen an die öffentliche Sicherheit müssen vor diesem inhaltlich-begrifflichen sowie institutionellen Hintergrund des Wandels von Sicherheit, des erweiterten Sicherheitsbegriffes und der Herausschälung einer Sicherheitskultur betrachtet werden. Diese „erweiterte Sicherheitskultur" präsentiert und erfordert zugleich eine Moderne, die sich von der Idee einer vollständig erreichbaren Sicherheit verabschieden und eine Kultur der Unsicherheit verbalisieren sollte, so der Soziologe Wolfgang Bonß (2010: 58f). Es gibt es keine hundertprozentige Sicherheit von Technologien oder in einer Gesellschaft. Vielmehr gibt es Schutzniveaus, die in einer Gesellschaft bereitgestellt werden können, damit verknüpft bleiben aber stets Unsicherheiten. Eine Gesellschaft sollte hier selbstreflexiv ansetzen und sich darüber bewusst werden, dass Nichtbeherrschbarkeit nicht die Ausnahme, sondern der Normalfall ist (vgl. Krasmann et al. 2013: 13).

---

1   „Öffentliche Sicherheit umfasst im weitesten Sinne den Schutz einer Gesellschaft vor nachteiligen Entwicklungen. Die Definition leitet sich aus dem Polizei- und Ordnungsrecht sowie aus dem Bestreben ab, der allgemeinen Wohlfahrt einen Rechtsrahmen und Handlungssicherheit zu geben." (Zukunftsforum Öffentliche Sicherheit 2008: 14).

Die Forschung zur öffentlichen Sicherheit bedarf in diesem Rahmen als Ausdruck von Kultur des andauernden Diskurses, weil er Teil eines Aushandlungsprozesses wissenschaftlicher, politischer und gesellschaftlicher Akteure darüber ist, wie viel Sicherheit gewollt ist und was eine Gesellschaft bereit ist, dafür (nicht nur im monetären Sinne) zu bezahlen. Dies bedeutet für eine Gesellschaft, sowohl über Sicherheit als auch über Unsicherheit zu diskutieren und in einen gesamtgesellschaftlichen sowie inter- und transdisziplinären Dialog zu treten.

Eine Übersicht über die Beiträge

Die vorliegende Publikation stellt die unterschiedlichen Felder und fachspezifischen Ergebnisse der Sicherheitsforschung dar und diskutiert in gesamtgesellschaftlicher Hinsicht eine neue Sicherheitskultur unter der Fragestellung: Wie sicher wollen wir leben?

Aus sozial- und geisteswissenschaftlicher, naturwissenschaftlicher sowie rechtlicher Perspektive und in praxisrelevanter Hinsicht eröffnet dieser Band einen inter- und transdisziplinären Dialog über die unterschiedlichen Aspekte der Sicherheitsforschung. Dies geschieht anhand der vier strukturellen Kapitel „Sicherheit und Gesellschaft", „Sicherheit und Technik", „Sicherheit und Recht" und „Sicherheit in der Praxis".

Sicherheit und Gesellschaft

Das Kapitel „Sicherheit und Gesellschaft" beginnt mit dem Beitrag von Ortwin Renn, der das Augenmerk auf die Frage richtet, wie Menschen Informationen über Risiken, die ihr Leben und ihre Sicherheit bedrohen können, wahrnehmen, einschätzen und bewerten. Gerade im Bereich der öffentlichen Sicherheit sind Menschen auf Informationen durch andere angewiesen, da sie selbst den Grad der Gefährlichkeit nicht erkennen und auch durch eigene Erfahrung nicht erlernen können. Ortwin Renn erläutert die verschiedenen Stufen der Risikowahrnehmung, zeigt die Kriterien und Muster auf, nach denen sich Urteile und Meinungen zu Risiken herausbilden, und erklärt, warum es in der heutigen Gesellschaft häufig zu problematischen Deutungen von Sicherheitsrisiken kommt. So konstatiert er eine Risikogesellschaft, in der die eigenen Wahrnehmungsprozesse bezüglich Risiken künftig explizit bewusst gemacht und die Fallstricke der eigenen Informationsbewertung offensichtlich werden sollten, um zu adäquaten und realitätsnahen Einsichten über Gefährdungen der eigenen Person und der Gesellschaft zu gelangen.

In einem zweiten Beitrag blicken die Autorinnen Julia Drews und Juliana Raupp auf die Bedeutung von Sicherheit und Unsicherheit am Beispiel der onlinevermittelten Krisenkommunikation. Gerade hier zeigen sich eine zunehmende Dynamisierung der öffentlichen (Krisen-)Kommunikation, Veränderungen in Bezug auf das Kommunikationsverhalten und die Informationsbedürfnisse der Bevölkerung in Krisen sowie eine Veränderung der Bedeutung des Journalismus. Direkte Konsequenzen ergeben sich auch für die organisationale Krisenkommunikation von Behörden und die Organisation von Sicherheitsaufgaben. Der öffentlichen Kommunikation unter Onlinerahmenbedingungen kommt eine zentrale Stellung im Prozess des gesamtgesellschaftlichen Diskurses über Krisen zu. Die Entwicklung dieses Diskurses bestimme die Konstruktion und damit die Wahrnehmung von Sicherheit und Unsicherheit in einer Gesellschaft, konstatieren die Autorinnen und stellen weiterhin die Notwendigkeit einer vertieften interdisziplinären Forschung zu onlinevermittelter Krisenkommunikation heraus.

Die Erfindung der Sicherheit als Thema der Politik und des Rechtes steht im Mittelpunkt der Ausführungen von Reinhard Kreissl. Er zeichnet die Entwicklung der Sicherheit zu einer gesellschaftlichen Schlüsselmetapher nach und zeigt die Veränderungen der gesellschaftlichen Wahrnehmung hin zu einer Versicherheitlichung und einer Sicherheitsgesellschaft auf. Sicherheit und Risiko sind heute zentrale Elemente der kulturellen, gesellschaftlichen Semantik sowie Schlüsselmetaphern gesellschaftlicher Selbstbeschreibung. Hier zeigt sich eine Entwicklung weg von Gefahren hin zu Risiko, ein Übergang von einer Fremdattribuierung zu einer Selbstattribuierung und eine Ausdehnung der Vorsorge ins nahezu Unendliche. Im Bereich des Rechtes manifestiert sich dies in einer Risikoverrechtlichung. In deren Folge wird der Bürger sowohl zu einem „universellen Gefährder" als auch vonseiten des Staates in die Eigenverantwortung entlassen. Der Typus des *prudent citizen* markiert hier den Übergang von der Disziplinar- zur Kontrollgesellschaft und verdeutlicht, dass Sicherheitsgesellschaften heutzutage auch immer Präventionsgesellschaften sind.

Im Anschluss widmet sich Birgitta Sticher dem Verhältnis von Sicherheit und Gesellschaft und diskutiert am Beispiel von Deutschland und der Nuklearkatastrophe im japanischen Fukushima, wie viel Unsicherheit eine Gesellschaft ertragen kann und welche Faktoren das individuelle Sicherheitsniveau bedingen. Hierzu zieht sie das *transaktionale Stressmodell* heran, erweitert dieses um Kriterien der *Conservation of Resources Theory* (Hobfoll 1989) und konstatiert, dass das individuelle Ertragen von Unsicherheiten entscheidend davon abhänge, wie der Einzelne in eine Gemeinschaft eingebunden sei. Die Einbindung des Individuums sowie vor allem die Nutzung dieses Potenzials in der Planung zur Bewältigung von Krisen und Katastrophen würden in Deutschland von Akteuren des Katastrophenschutzes nicht ausreichend vollzogen. Die Autorin appelliert hier an staatliche Akteure, diese Aspekte der Selbstvorsorge und Selbsthilfe der Bevölkerung durch deren aktive Einbindung zu forcieren. Denn Grundlage der individuellen Bewältigung von Unsicherheiten in einer Gesellschaft seien gemeinschaftlich getragene Bewältigungsstrategien.

Sicherheit und Technik

Sicherheit hat in der naturwissenschaftlich-technischen Forschung eine hohe Relevanz. Im zweiten Kapitel stellt Jochen Schiller zu Beginn die Frage „Wissen wir, was wir tun?" und zeigt die Entwicklung von Informations- und Kommunikationstechnologien vom Telefon bis zum Smartphone auf. Diese Technologien stellen heute ein komplexes, hoch vernetztes System der kritischen Infrastrukturen dar, das sich durch eine Fehleranfälligkeit auszeichnet. Die Gründe für diese Anfälligkeit sind darin zu finden, dass heutige Technologien auf Entwicklungen der 1970er-Jahre basieren. Dies birgt insofern Probleme, als dass Netzwerkarchitekturen heute dynamisch sind und intelligente Dienste orchestrieren. Um weiterhin Sicherheit zu gewährleisten, sind Redundanzen und damit höhere Kosten erforderlich. Dies betrifft personelle Ressourcen ebenso wie materielle – beispielsweise hinsichtlich der Bereitstellung von zusätzlichen Systemen wie Notstromaggregaten. Diese zusätzlichen Kosten stoßen in einer Gesellschaft selten auf Akzeptanz und so sollte in einem gesamtgesellschaftlichen Dialog ausgehandelt werden, wie viel Sicherheit in einer Gesellschaft gewährleistet werden sollte.

Wie sicher wollen wir leben? Sicherheitsforschung im Dialog

In einem nächsten Beitrag beschäftigt sich Felix Freiling mit den Techniken der Überwachung und legt seinen Schwerpunkt dabei zunächst auf den verdeckten Einsatz technischer Ermittlungswerkzeuge zur Strafverfolgung und deren Anwendung. Basierend auf einer Analyse der speziellen Spähsoftware BckR2D2 präsentiert er exemplarisch die Funktionsweise staatlicher Spähsoftware. Felix Freiling betont, dass die sogenannte Spähsoftware nicht das einzige Instrument für verdeckte Ermittlungen im Netz sei, und erläutert die „anlassunabhängige Überwachung", die von Strafverfolgungsbehörden ebenfalls anwendet wird. In diesem Zusammenhang stellt sich sowohl für Ermittlungsbehörden als auch für eine Gesellschaft die Frage, wann verdeckte technische Ermittlungsinstrumente überhaupt angebracht sind und inwieweit es Alternativen gibt. So verfügen beispielsweise globale Internetkonzerne im Gegensatz zur Polizei aufgrund der Nutzung von Suchmaschinen und elektronischen Medien über weitaus konkretere Benutzerprofile von Individuen.

Christina Pöpper blickt mit ihrem Beitrag zunächst auf die Entstehung und Geschichte der Mobiltelekommunikation. Sie stellt die Entwicklungen und Fortschritte in der Kommunikationstechnik im Zuge der Digitalisierung dar und legt ihren Schwerpunkt auf die Ausführung von sicherheitsrelevanten Aspekten in der Funkkommunikation. An der Verwendung von Funktechnik in Automobilen, medizinischen Geräten oder GPS-Systemen erläutert Christina Pöpper etwaige Sicherheitslücken in diesen Bereichen und diskutiert, ob unsere heutige drahtlose Kommunikation grenzenlose Möglichkeiten bietet oder auf Kosten der Sicherheit geht. Neue potenzielle Schwachstellen bzw. Angriffsgefahren werden erst durch die Digitalisierung und IT-Vernetzung von Systemen geschaffen, die zugleich auf den relevanten Gegenpol dieser Entwicklung hinweisen: die wachsende Funktionalität für den Nutzer. Um die Sicherheit der Systeme zu garantieren, müssen daher neue Schutzkonzepte und Gegenmaßnahmen erarbeitet werden.

Sicherheit und Recht

Ein drittes Kapitel richtet den Fokus auf die Sicherheitsgesetzgebung und die Sicherheitspolitik. Christoph Gusy blickt mit seinem Beitrag auf die Schnittstelle von Recht und Sicherheit. Sicherheit ist nicht mehr allein ein gesellschaftlicher Zustand, sondern definiert sich darüber hinaus über objektive und subjektive Aspekte. Anhand der gesellschaftlichen Diskussion zeigt sich ein mit subjektiven Elementen aufgeladener Diskurs, der sowohl gesellschaftliche als auch politische und rechtliche Auswirkungen besitzt. Die Rolle des Staates ist heute nicht mehr allein die Gefahrenvorsorge, sondern auch ausgezeichnet durch eine Verstaatlichung der Risikoüberwachungs- und Risikogarantieverantwortung. Diese Kompetenzzuweisung an den Staat lässt eine verwaltete Sicherheit entstehen, begünstigt eine Verrechtlichung und stärkt ein Verwaltungssystem, das dementsprechend jede Quelle der Unsicherheit kennen muss. Diese Entwicklung, hat einen schleichenden Verlust der Privatsphäre zur Folge. Verbunden mit dieser Subjektivierung der Sicherheit zeigt sich ein Unsicherheitsgefühl in der Bevölkerung, das zum Teil unabhängig von der jeweiligen objektiven Sicherheitslage ist. Das heißt, für das Recht ergeben sich zwei wesentliche Aufgaben: die objektive Sicherheit, auch mit Zwangsmitteln, zu schützen und die subjektive Sicherheit vorauszusetzen, allerdings ohne Zwangsmittel. Denn obgleich der Schutz des Sicherheitsgefühls im Fokus des Staates liegen sollte, können und sollten Staat und Behörden Unsicherheitsgefühle niemals flächendeckend bannen.

Der Beitrag von Hans-Jörg Albrecht diskutiert die Abwägung zwischen ziviler Sicherheit und Freiheit. In den letzten Jahren fand in Deutschland eine Vorverlagerung der Strafbarkeit statt, die sich in einer präventiven Gesetzgebung manifestiert. Es ist nun nicht mehr nur das Vergehen selbst strafbar, sondern bereits die Absicht eines solchen. Darin zeigt sich eine Verschiebung hin zu einem aktuarischen Strafrecht, einem Strafrecht, das nicht auf Schuld achtet, sondern auf Risiken und Gefahren. Abgeleitet aus der Schutzfunktion des Staates wird das Strafrecht so zu einem Teil des Sicherheitsrechtes und greift zur Sicherheit der Bürger in Freiheitsrechte ein. Können und dürfen Innere Sicherheit und Freiheit bzw. Freiheitsrechte gegeneinander abgewogen werden? Neben einem grundlegenden Recht auf Sicherheit zeigt sich, dass eine Abwägung schwierig durchzuführen ist, da Emotionen und verschiedene Interessen diesen Prozess beeinflussen können. Weiterhin muss gesellschaftlich definiert werden, welchen konkreten Gefahren entgegnet bzw. welche bürgerlichen Freiheitsrechte eingeschränkt werden sollten. Am Beispiel des Terrorismus zeigt Hans-Jörg Albrecht die Schwierigkeit dieser gesellschaftlichen Abwägungsprozesse auf. Eine wichtige Instanz in diesem Prozess stellt das Bundesverfassungsgericht dar, dessen Urteile in der Vergangenheit darauf abzielten, den Grundsatz der Verhältnismäßigkeit zu wahren.

Sicherheit und Praxis

Unter diesem Kapitel wird der realitätsnahe Blick auf die Gewährleistung von Sicherheit gewagt. Zu Beginn stehen die Ausführungen von Albrecht Broemme, der als Präsident des Technischen Hilfswerkes (THW) die alltäglichen Sicherheitsherausforderungen, nicht nur in Krisensituationen, kennt. Er betrachtet die Herausforderungen des zivilen Bevölkerungsschutzes und erläutert in seinem Beitrag die Arbeit des THW. Ausgehend von einem historischen Rückblick auf Katastrophen und einer Analyse ihrer Charakteristika weist er darauf hin, dass heute z. B. die Nutzung von sozialen Medien durchaus die Zusammenarbeit verschiedener Organisationen sowie die Integration von Spontanhelfern aus der Bevölkerung fördert. Eine Herausforderung im Krisenfall stellt die Koordination der unterschiedlichen Akteure wie Feuerwehr, Polizei, Kommunen, Kommunalbetriebe und Hilfsorganisationen am Einsatzort dar. Resilienz, d. h. die Aufrechterhaltung der Handlungsfähigkeit, bedeutet hier in vielen Fällen eine praktische Kleinigkeit wie die Bereithaltung eines Notstromaggregates oder die Verpflegung der Einsatzkräfte. Forschung kann jene praktischen Erfahrungswerte oft nicht nachstellen, daher ist eine enge Zusammenarbeit mit Endanwendern zentral für die Entwicklung von Strategien für ein nachhaltiges Wissensmanagement und Resilienz im Bevölkerungsschutz.

Gegenstand des letzten Beitrages sind jene zwei Diskussionsrunden, die im Rahmen der Ringvorlesung stattgefunden und die gesellschaftliche Notwendigkeit für einen Dialog der Sicherheitsforschung verdeutlicht haben. Neben wissenschaftlichen Teilnehmern waren auch politische und gesellschaftliche Entscheidungsträger zu der gemeinsamen Diskussion über Auswirkungen und Folgen des Wandels der Sicherheitskultur geladen, um sich über die Themen „Naturkatastrophen in Deutschland – Herausforderungen für Politik und Wissenschaft" sowie „Zwischen Freiheit und Sicherheit – wie weit darf Forschung gehen?" auszutauschen. Die Dokumentation gibt die wesentlichen Aspekte der Diskussionen wieder, in denen verdeutlicht wurde: Forschung zur öffentlichen Sicherheit bedarf des andauernden gesellschaftlichen Diskurses bzw. Aushandlungsprozesses der wissenschaftlichen, politischen und gesellschaftlichen Akteure darüber, wie viel Sicherheit in einer Gesellschaft überhaupt gewollt ist und was eine Gesellschaft bereit ist, für die Gewährleistung von Sicherheit zu zahlen.

Literatur

Beck, U. (1986). Risikogesellschaft. Auf dem Weg in eine andere Moderne. Frankfurt am Main: Suhrkamp.

Bonß, W. (2010). Unsicherheit als Problem der Moderne. In: H. Münkler, M. Bohlender & S. Meurer (Hrsg.). Handeln unter Risiko: Gestaltungsansätze zwischen Wagnis und Vorsorge. Bielefeld: Transcript. 33–64.

Bundesregierung (2014). Neue Hightech-Strategie – Innovationen für Deutschland. Zivile Sicherheit. Verfügbar unter http://www.bundesre gierung.de/Content/DE/StatischeSeiten/Breg/Forschung/Artikel/zivilesicherheit.html?nn=1254718 [02.11.2014].

Daase, C. (2010). Wandel der Sicherheitskultur. Aus Politik und Zeitgeschichte 50. 89–93.

European Commission (2011). Investing into security research fort he benefits of European Citizens. Security research projects under the 7th Framework Programme for Research. Brussels: European Commission.

Krasmann, S., Kreissl, R., Kühne, S., Paul, B. & Schlepper, C. (2013). Die gesellschaftliche Konstruktion von Sicherheit. Zur medialen Vermittlung und Wahrnehmung der Terrorismusbekämpfung. Forschungsforum Öffentliche Sicherheit. Studie Nr. 12. Berlin: Freie Universität Berlin.

Renn, O., Schweizer, P. J., Dreyer, M. & Klinke, A. (2007). Risiko. Über den gesellschaftlichen Umgang mit Risiko. München: ÖKOM.

Zukunftsforum Öffentliche Sicherheit (2008). Risiken und Herausforderungen für die öffentliche Sicherheit in Deutschland. Szenarien und Leitfragen. Grünbuch des Zukunftsforums Öffentliche Sicherheit. Berlin/Bonn: ProPress.

Sicherheit und Gesellschaft

Ortwin Renn
Risikowahrnehmung in der Bevölkerung – Implikationen für das Sicherheitsempfinden[1]

Mit dem Begriff der Wahrnehmung werden in der kognitiven Psychologie alle mentalen Prozesse verstanden, bei denen eine Person über die Sinne Informationen aus der Umwelt (physische ebenso wie kommunikative) aufnimmt, verarbeitet und auswertet.[2] Das deutsche Wort „Wahrnehmung" deutet bereits darauf hin, dass wir das wahrnehmen, was wir als „wahr" annehmen. Wahrnehmungen sind Ausdruck unserer subjektiven Wahrheit, sie konstituieren also die reale Welt, in der wir uns bewegen. Man kann dieses Wortspiel noch weitertreiben: Die Medien sind die *Wahrgeber*, die Ingenieure, Techniker und Politiker die *Wahrmacher* und dann gibt es noch die Klasse der *Wahrsager*, die ohnehin schon alles im Voraus wissen und damit nicht hinter dem Berg halten. In diesem Beitrag geht es um die Frage, wie wir Informationen über Risiken, die unser Leben und unsere Sicherheit bedrohen können, wahrnehmen, einschätzen und bewerten.

Inzwischen gibt es eine lange Forschungstradition in Psychologie, Sozialpsychologie und Soziologie, Wahrnehmungsvorgänge, die wir zur Erfassung und Bewertung von Risiken benutzen, theoretisch und empirisch zu erkunden.[3] Die Risikowahrnehmung basiert auf der Vermittlung von physischen und kommunikativen Informationen über die Gefahrenquelle, den mentalen Verarbeitungsmechanismen von Informationen durch Dritte und früheren Erfahrungen mit Gefahren. Das Ergebnis dieses mentalen Prozesses ist das

---

1 Der folgende Beitrag umfasst auch wörtlich übernommene Abschnitte aus meinem Buch: Renn 2014.
2 Scholz 2011: 179; Jungermann & Slovic 1993: 89–107.
3 An dieser Forschungstradition sind meine Mitarbeiterinnen, Mitarbeiter und ich seit gut vier Jahrzehnten mit theoretischen und empirischen Arbeiten beteiligt. Übersichten über unsere Forschungsarbeit auf diesem Gebiet geben: Renn, Schweizer, Dreyer & Klinke 2007: 77ff.; Zwick & Renn 2002, Renn & Benighaus 2013: 293–314.

wahrgenommene Risiko, also ein Bündel von Vorstellungen, die sich Menschen aufgrund der ihnen verfügbaren Informationen und des „gesunden Menschenverstandes" (Common Sense) über Gefahrenquellen machen.[4] Das Augenmerk dieses Beitrages liegt also auf der Welt der Vorstellungen und Assoziationen, mit deren Hilfe Menschen Risiken identifizieren und bewerten.

Der Zwang zur Selektion

Der Prozess der Wahrnehmung beginnt mit der Aufnahme von physischen Signalen durch unsere Sinnesorgane und der Rezeption von Kommunikationsangeboten durch andere. Diese Angebote an direkten Sinneseindrücken und kommunikativen Informationen trommeln täglich in nahezu unendlicher Zahl und Form auf unsere Sinnesorgane ein. Obgleich es keine verlässlichen Zahlen dafür gibt, wie viele Informationen tagtäglich auf uns einprasseln und wie viele wir davon unbewusst oder bewusst aufnehmen, so kann man doch davon ausgehen, dass mehr als 99 % aller Signale, denen wir im Verlauf eines Tages ausgesetzt sind, schlichtweg ignoriert werden.[5] Von all diesen Signalen wird lediglich ein Bruchteil in unserem Kurzzeitgedächtnis abgespeichert und davon wiederum nur ein Bruchteil langfristig behalten.[6]

Aus der Einsicht heraus, dass wir die meisten Sinneseindrücke ignorieren und die Überzahl der Kommunikationsangebote bewusst oder unbewusst ausschlagen, ergibt sich die naheliegende Frage, wie wir die Signale auswählen, denen wir Beachtung schenken. Die beiden Sozialpsychologinnen Alice Eagly und Shelly Chaiken haben die Beantwortung dieser Frage auf zwei einfache Aspekte reduziert: Gelegenheit (*ability*) und Motivation (*motivation*).[7] Zunächst einmal müssen uns diese Signale

---

4 Slovic, Fischhoff & Lichtenstein 1982: 83–94, hier 84.
5 Lefrancois 1994: 160ff. Zu den Formen der selektiven Wahrnehmung und ihrer Bestimmungsgrößen vgl. den Überblicksartikel: Driver 2001: 53–78 sowie Malhortra 1982: 419–430.
6 Vgl. Geuter 2005: 48–55.
7 Eagly & Chaiken 1984: 268–359; siehe auch in Verbindung zu zentralen und heuristischen Informationsverarbeitungsmechanismen; speziell zu ability und motivation: Chaiken, Libermann & Eagly 1989: 240. Später wurde zu diesen

physisch erreichen und zwar so, dass wir in ihnen eine Bedeutung erkennen (können). Die Signale müssen zumindest kurzfristig in unserem Gehirn gespeichert und im Falle der bewussten Aufnahme mit einer bestimmten Bedeutung versehen werden. Die meisten spontanen Sinneseindrücke verblassen relativ schnell und sind dann nicht mehr bewusst abrufbar.[8] Nur sehr wenige werden langfristig in unserem Gedächtnis abgespeichert.

Bleiben wir bei der bewussten Auswahl von Signalen: Nach welchen Selektionsregeln wählen wir aus? Hier spielt der zweite Aspekt, die Motivation, eine große Rolle. Die Antwort ist zunächst verblüffend einfach: Wir selektieren und speichern die Angebote an Informationen und Sinneseindrücken danach, wie wichtig sie uns für die gerade ablaufende Situation und für unser Leben insgesamt erscheinen.[9] Wichtig ist vor allem das, was uns hilft, uns in unserer Umwelt zurechtzufinden und aus unserer Sicht bessere Entscheidungen zu treffen.[10] In beiden Fällen spielen dabei subjektive Bewertungskriterien eine entscheidende Rolle. Aufgrund unserer persönlichen Erfahrung und unserer Vertrautheit mit den sozialen und kulturellen Deutungen, die wir im Laufe unseres Lebens erlernt haben, schreiben wir den Informationsangeboten in unterschiedlichem Ausmaße subjektive Wichtigkeit zu.[11] Trotz dieses

---

beiden noch der Begriff opportunity hinzugefügt (siehe den MAO-Ansatz in: Andrews 1988: 219–225. Meines Erachtens ist opportunity aber schon im Begriff ability ausgedrückt. So habe ich den Begriff ability auch oben übersetzt.

8   Die Frage, wie wir Sinneseindrücke auswählen, speichern und vergessen, ist eines der wesentlichenUntersuchungsgebiete der kognitiven Psychologie. Zu den Klassikern, die schon sehr früh auf die Konstruktion von Bedeutungen bei der Aufnahme und Speicherung von Informationen hingewiesen haben, gehört das Buch: Bartlett 1932. Einen guten Überblick dazu bieten: Zimbardo & Gerrig 1999: 106ff. Sowie: Mansfeld 2001: 439–443.
9   „Es geht beim Sehen nicht um eine ‚Bildübertragung', sondern um die Übermittlung und Extraktion von Informationen, die für das Handeln signifikant sind." Aus: Goldstein 2008: 10.
10 Vgl. Fingham & Hewstone 2003: 217.
11 Nach Chaiken, Liberman und Eagly sind drei Motivatoren hier vor allem bedeutsam: accuracy (Was trifft unserer Meinung nach zu?), defense (Wie können wir unsere Meinungen verteidigen?) und impression (Wie können wir Neues aufnehmen, das uns weitere Horizonte erschließt?). Siehe Chaiken, Liberman & Eagly 1989.

subjektiven Charakters der Zuschreibung von Bedeutungen lassen sich vier generelle Kriterien zur Einstufung von Wichtigkeit isolieren:[12]

- *Orientierung*: Um uns in der Welt zurechtzufinden, brauchen wir Informationen über die uns umgebende Wirklichkeit und Einsichten in sinngebende Ablaufprozesse, die Vergangenheit, Gegenwart und Zukunft miteinander verknüpfen. Wir müssen wissen, was wir von den anderen zu erwarten haben und was die anderen von uns erwarten. Damit erwerben wir Wissen, das uns mit unserer natürlichen und sozialen Umwelt und ihren Gesetzmäßigkeiten vertraut macht.
- *Selbstwirksamkeit*: Wir benötigen Informationen, die uns helfen, Handlungen auszuführen. Darunter fallen: Optionen erkennen, Folgen von Optionen abschätzen, Wünschbarkeit dieser Folgen bestimmen und den eigenen Handlungsspielraum erkennen.
- *Nutzen*: Bezüglich aller Informationen ist uns wichtig zu erfahren, ob sie uns selber oder anderen, die uns nahestehen, etwas nützen. Sie müssen also unseren Interessen dienen. Wir hören eher hin, wenn jemand behauptet, diese Information sei für unser Wohlergehen nützlich, als wenn jemand uns über eine Sachlage aufklären will. Ohne Informationen über den Nutzen können wir auch schwer die Wünschbarkeit der vor uns liegenden Entscheidungsoptionen beurteilen.

---

12 Die folgenden vier Schlüsselmotive für die Auswahl von Informationen finden sich in dieser Form nicht in der Literatur, sondern sind Reflexionen aus mehreren Traditionen: zum einen die Motive aus der stärker nutzenorientierten Tradition der *Expectancy-value theory* und zum anderen die eher symbolischen und identitätsstiftenden Motive aus der Tradition des symbolischen Interaktionismus. Dazu zwei Quellen: Roese & Sherman 2007: 91–115; Sowie für den symbolischen Interaktionismus: Rose 1973: 226–282; Sowie das amerikanische Original: Blumer 2008: 78ff. Eine ähnliche Zusammenstellung, wie ich sie oben vorgenommen habe, findet sich bei: Fiske 2010: 89ff. Susan Fiske benennt die folgenden Grundmotive: *understanding* (entspricht meiner Orientierung), *controlling* (kommt dem Konzept der Selbstwirksamkeit nahe) und *self-enhancing* (Identitätsentfaltung). Seltsamerweise kommt bei ihr der Nutzen nicht vor, der zweifellos ein wichtiges Motiv darstellt. Für kollektive Handlungen siehe: van Zomeren, Postmes & Spears 2008: 504–535.

– *Identität*: Schließlich sind Informationen bedeutsam, die uns helfen, unsere eigene Rolle im sozialen Umfeld zu definieren und uns als ganzheitliches, integrales Wesen zu begreifen. Dazu gehören moralische Orientierungen ebenso wie persönliche Präferenzen und Vorlieben. Alles, was uns hilft, diese unsere eigene Persönlichkeit stärker zur Entfaltung zu bringen, wird in der Regel die Selektionsfilter der Aufmerksamkeit durchlaufen.

Faustregeln der intuitiven Risikowahrnehmung

Bleiben wir kurz bei diesen vier generellen Kriterien für die Auswahl von Informationen und Signalen. Um für uns *Orientierungssicherheit* zu erhalten, sammeln wir zunächst einmal Informationen ein, die uns durch unsere Sinnesorgane vermittelt werden. Allerdings dürfen wir dabei nicht vergessen, dass diese Organe nichts anderes als physische Signale weiterleiten, die wir dann erst mit Bedeutungen belegen.[13] Bei den Alltagsgegenständen, denen wir im Leben tagtäglich begegnen, lernen wir durch den Prozess der Sozialisation und Enkulturation, physische Sinneseindrücke (etwa Konturen und Farben) mit Bedeutungen zu verbinden und diese wiederum in eine hierarchische oder assoziative Ordnung aufeinander bezogener Begriffe zu bringen. Da alle sinnlichen Wahrnehmungen auf Interpretation beruhen, können sie nicht von sich aus wahr oder falsch sein. Erst durch unser Handeln, durch gezielte Interventionen in unsere Umgebung und durch das Erkunden der Welt gemeinsam mit anderen wird aus einzelnen Deutungsmustern die kollektiv konstruierte und vermittelte Realität.[14]

Bezüglich der traditionellen Risiken aus der vorindustriellen Zeit war dieser Prozess vor allem durch Erfahrungslernen geprägt. Hatte man mehrfach von einem Lebensmittel Magenkrämpfe bekommen, dann ließ man es in Zukunft lieber links liegen. Bei Unfällen war offenkundig, welche Ursache für das Missgeschick verantwortlich war, und bei Krankheiten oder Epidemien lag die Ursache außerhalb der eigenen Handlungssphäre

---

13 Westerhoff 2005: 42.
14 Vgl. zur Rolle der Interventionen: Janich 2012: 13. Zur kollektiven Form der Sinnvermittlung: Berger & Luckmann 2012: 144.

und konnte damit nur metaphysisch oder als Laune der Natur gedeutet werden[15]. Mit der Zunahme komplexer Modelle zur Ableitung naturwissenschaftlicher Erkenntnisse, mit der Abnahme offensichtlicher Gefährdungen und mit der Zunahme der Distanz zwischen den Erzeugern von Risiken (z. B., Industrieunternehmen) und den Erleidenden von Risiken (z. B. Konsumenten, die Produkte von diesen Industrieunternehmen nutzen) ist die unmittelbar wahrnehmbare Verbindung von Ursachen und Wirkungen verloren gegangen.

Gerade im Bereich öffentlicher Sicherheit sind wir auf Informationen durch andere angewiesen, weil wir selber den Grad der Gefährlichkeit nicht erkennen und auch ihn einzuschätzen durch eigene Erfahrung nicht lernen können.[16] Wie hoch das Risiko ist, beispielsweise Opfer eines Terroranschlages zu werden oder einem Mord zum Opfer zu fallen, können wir nicht aus der Lebenserfahrung ableiten. Wir sind dann auf Informationen durch Experten angewiesen, deren Gültigkeit und Wahrheit wir selber nicht oder nur schwer nachprüfen können. Diese Abhängigkeit führt zu einer Reihe von psychologischen Mechanismen der Orientierungssuche. Psychologen haben dabei die Wirksamkeit sogenannter Faustregeln untersucht, die uns die Orientierungssuche erleichtern, aber leider oftmals auch in die Irre führen. Für die Sicherheitsrisiken sind vor allem wichtig: die Faustregeln der Verfügbarkeit, der Verankerung, der Repräsentativität und der affektiven Aufladung.[17]

Die Faustregel der Verfügbarkeit legt uns nahe, den Informationen Glauben zu schenken, die direkt an gespeicherte Erinnerungen aus der Vergangenheit anknüpfen. Wenn wir Informationen erhalten, die analog zu den Informationen sind, an die wir schon immer glaubten, stufen wir deren Glaubwürdigkeit höher ein (Verankerung). Werden in Informationen, die wir erhalten, Behauptungen aufgestellt, die verallgemeinerungsfähige Schlüsse nahelegen, dann sind wir umso eher geneigt, diese Schlüsse auch nachzuvollziehen und für wahr zu halten, je redundanter die Informationen vorliegen, je häufiger wir ein zeitliches oder örtliches Zusammentreffen von vermeintlichen Auslösern und deren Wirkungen wahrnehmen und je

---

15 Wiedemann 1993: 43–67.
16 Renn, Schweizer, Dreyer & Klinke 2007: 80ff.
17 Jungermann, Pfister & Fischer 2010: 169ff.

mehr persönliche Erfahrungen wir mit dieser Verallgemeinerung verbinden können (Heurismus der Repräsentativität). Sind bestimmte Informationen dann noch mit positiven oder negativen Emotionen verbunden, dann hat dies auch Auswirkungen auf die Glaubwürdigkeit der Quelle (affektive Aufladung). Die Forscher um den Psychologen Paul Slovic, einen der Pioniere der Risikowahrnehmungsforschung, haben diese affektiven Auslöser näher untersucht.[18] Dabei zeigt sich, dass Risiken, die emotional negativ besetzt sind (etwa Morde oder Terroranschläge), wesentlich höher und gefährlicher eingestuft werden als Risiken, die emotional eher positiv besetzt sind (wie Fahren im eigenen PKW). Dies gilt auch dann, wenn man den Versuchspersonen die Folgen der Risiken so neutral und zutreffend wie möglich schildert. Gibt es darüber hinaus noch hohe Unsicherheiten über die Risiken (dies ist ja der Normalfall), werden bei emotional negativ geladenen Risiken die besonders pessimistischen Schätzungen und bei positiv geladenen die eher optimistischen Schätzungen als Referenzwerte genommen.[19]

Für die Einschätzung von Sicherheitsrisiken ist vor allem die Faustregel der Verfügbarkeit relevant. Nach dieser Faustregel werden Informationen über die Wahrscheinlichkeit von Ereignissen unter- und die Schwere des Ereignisses überschätzt. Die wissenschaftliche Risikoanalyse gewichtet die Häufigkeit und Wahrscheinlichkeit eines Schadens üblicherweise in gleichem Maße, die intuitive Wahrnehmung betont dagegen die Eigenschaften der Risikosituation sowie die Kontextbedingungen und misst der Wahrscheinlichkeit, dass jemand betroffen ist, weniger Bedeutung zu.[20] Also wenn in Deutschland beispielsweise vier oder fünf Menschen an Schweinegrippe sterben und dies plakativ in den Medien berichtet wird, so ist dieses Ergebnis ausschlaggebend für die wahrgenommene Höhe des Risikos. Oft reicht nur ein einziger Fall aus, wenn er medienwirksam präsentiert wird, um die Angst der Menschen auf diesen Fall und das dahinter liegende Risiko zu lenken. Diese Form der Konzentration auf Einzelfolgen kann

---

18 Slovic, Finucane, Peters & MacGregor 2004: 311–322. Siehe auch: Slovic & Slovic 2010: 79–84.
19 Vgl. die plastischen Beispiele dazu in: Gardner 2009: 85ff. Etwas populärer findet sich der Affekt-Heurismus beschrieben in: Dobelli 2012: 65–67.
20 Vgl. Slovic, Fischhoff & Lichtenstein 1976: 165–184. Sowie Tversky & Kahneman 1975: 141–162.

man sehr gut in Hinsicht auf die Risiken der Kriminalität und des Terrorismus beobachten. Auch wenn beispielsweise in Deutschland durch Mord und Totschlag in den letzten zehn Jahren nur relativ wenige Todesopfer zu beklagen waren, so ist doch jede Story über einen Mord Anlass für eine neue Welle öffentlicher Besorgnis und für bestimmte politische Kreise auch eine Chance, wieder einmal schärfere Überwachungsmaßnahmen oder die Einführung der Todesstrafe zu fordern. Dabei gerät die Betrachtung der statistischen Verteilung der Fälle vor allem im Vergleich zu anderen Bedrohungen ins Hintertreffen.

Faustregeln helfen uns, komplexe und widersprüchliche Informationen schnell und ohne größere innere Konflikte zu bearbeiten. Allerdings führen sie uns auch häufig genug in die Irre, weil sie komplexe Sachverhalte unsachgemäß vereinfachen und uns eine Sicherheit des eigenen Urteils vorgaukeln, die nach bestem Wissen aller Experten nicht gerechtfertigt ist.

Die Relevanz von Nutzen, Selbstwirksamkeit und Identität für die Risikowahrnehmung

Die Steuerung durch diese Faustregeln wirkt sich auch auf die anderen drei Selektionskriterien für die Auswahl von Informationen nach subjektiver Wichtigkeit aus. Nehmen wir zunächst den *Nutzen*: Botschaften, von denen ich mir einen direkten Nutzen verspreche, dienen häufig als Anker für die Suche nach weiteren Informationen.[21] Interesse moderiert also unsere Suche nach Orientierung. Wenn ich Raucher bin, suche ich nach Informationen, die das damit verbundene Risiko als gering und beherrschbar erscheinen lassen, während ich als Nichtraucher Informationen bevorzuge, die mir die Gewissheit vermitteln, dass ich mit diesem Verhalten ein hohes Gesundheits- und Lebensrisiko vermieden habe. Für alle Risiken, die mir von außen vorgegeben werden, bevorzuge ich das Motto „*Better safe than sorry*", während ich für die Risiken, die ich für mich selber gewählt habe, lieber das Motto „Es trifft nur die anderen!" wähle.

Die Faustregel der Repräsentativität steht wiederum in engem Einklang mit dem Wunsch der *Selbstwirksamkeit*. Um handeln zu können, muss ich relativ schnell Schlussfolgerungen ziehen, die ich aus anderen analogen

---

21 Brafman & Brafman 2008: 39.

Situationen gewonnen habe. Wenn ich jedes Mal an der Übertragbarkeit analoger Informationen zweifele und die Verallgemeinerungsfähigkeit einzelner Erlebnisse und Kommunikationsangebote infrage stelle, bleibe ich immobil. Von daher ist die Nutzung von Faustregeln bei der Bewältigung von Alltagsproblemen unumgänglich. Gerd Gigerenzer weist zu Recht darauf hin, dass sich diese Faustregeln in der Evolution bewährt haben und sie hinsichtlich vieler Alltagssituationen, aber auch schwieriger Entscheidungssituationen, in denen hohe Unsicherheit herrscht, den komplizierten Modellen von Experten überlegen sind.[22] Aus meiner Sicht führen uns diese Faustregeln aber dann in die falsche Richtung, wenn sie für die Erfassung und Lösung komplexer Probleme angewandt werden.[23] Denn dafür sind diese Faustregeln gerade nicht geschaffen. Es geht bei ihnen um Schnelligkeit und rasche, eindeutige Entscheidungsfähigkeit. Im Konflikt zwischen Komplexität und Handlungsfähigkeit steht bei den Faustregeln die Handlungsfähigkeit im Vordergrund. Wenn ich beispielsweise lese, dass es wieder zu einem Übergriff auf einen unschuldigen S-Bahn-Fahrer durch randalierende Jugendliche gekommen ist, dann ist es naheliegend anzunehmen, dass ich bei der nächsten S-Bahn-Fahrt auch Opfer eines solchen Übergriffes werden könnte. Dann ist es durchaus plausibel, dass ich aus Angst vor Überfällen lieber den eigenen PKW für die Fahrt zur Arbeit nehme. Dabei ist das Unfallrisiko bei einer PKW-Nutzung wesentlich höher als das Überfallrisiko in der S-Bahn. Im Vergleich wähle ich also aus den beiden Handlungsalternativen die risikoreichere, obwohl ich gerade das Risiko vermeiden oder verringern will. Dies wird in der Literatur als Risikoparadox bezeichnet.

Der Heurismus des Affekts ist wiederum in engem Zusammenhang mit der Ausbildung von Identität zu sehen.[24] Damit wir eine für uns einzigartige Identität entwickeln können, sind emotionale Assoziationen zu bestimmten Deutungsmustern und persönliche Präferenzen für das, was wir mögen, und das, was wir weniger mögen, unerlässlich. Sie definieren uns als Wesen mit unverkennbaren Vorlieben, Neigungen und affektiv geladenen Überzeugungen. Die Entwicklung dieser persönlichen Note,

---

22 Gigerenzer 2008: 64ff.
23 Siehe dazu ausführlich: Kahneman 2011: 50ff. und Silver 2012: 142ff. Ähnlich argumentiert: Hüther 2001: 114.
24 Kahneman 2011: 103ff.

also die Herausbildung einer eigenen, unverkennbaren Duftmarke, ist das Ergebnis von vorgegebenen genetischen Anlagen und der Sozialisation in die uns umgebende Gesellschaft und Kultur. Obwohl sich unser Selbstbild im Zeitverlauf wandelt und es viele verschiedene Rollenmuster in sich vereint,[25] haben wir dennoch das Gefühl der Kontinuität unseres eigenen Ichs, das wir auch pflegen und kultivieren. Dies führt dazu, dass wir bei der Auswahl von Informationen nur solche Signale berücksichtigen, die unser Selbstwertgefühl als Individuum stärken und unser Selbstbild unterstützen.[26] Selbst wenn wir Informationen bewusst aufgenommen haben, die offenkundig unsere Vorstellungen und Vorlieben infrage stellen können, helfen uns die Mechanismen der kognitiven Dissonanzreduktion, diese inneren Konflikte aufzulösen und unser Selbstbild erneut zu stärken.[27] Mechanismen dieser Dissonanzreduktion umfassen die Infragestellung der Glaubwürdigkeit von Informanten, die solche Informationen bereitstellen, die aktive Suche nach Bestätigung für unsere lieb gewonnenen Einstellungen und Vorlieben sowie die Herabstufung der Wichtigkeit und Relevanz der unser Wohlgefühl infrage stellenden Informationen.

Wenn ich also dazu neige, beim Fahrradfahren keinen Helm zu tragen, dann werde ich alle Experten, die diese Vorsichtsmaßnahme als übertrieben ansehen, als Autorität anerkennen und andere als „Weicheier" ablehnen. Ich werde bewusst im Internet nach Informationen suchen, die schwere Fahrradunfälle bei meinem Fahrstil als wenig wahrscheinlich einstufen. Und schließlich werde ich bei Freunden, die viel Wert auf den Helm legen, vermuten, dass sie sich aus völlig anderen Gründen (etwa, um sich als professionelle Fahrradfahrer zu outen) für eine Helmpflicht einsetzen. Und wenn das gar nichts nützt, suche ich mir halt andere Freunde.

Kodierung und Dekodierung: Was kommt beim Rezipienten an?

Der nächste Schritt in der Weiterverarbeitung der Informationen, die ich bewusst aufgenommen und auch schon nach den verschiedenen Faustregeln

---

25 Siehe dazu den Bestseller: Precht 2007.
26 Crocker & Park 2003: 291–313.
27 Überblick in: Beckmann 1984.

ausgewertet habe, besteht in der Dekodierung und Überprüfung der Botschaften, die ich in Form von physischen oder kommunikativen Signalen erhalte. Keineswegs ist es so, dass die vom Sender intendierte Botschaft genauso beim Empfänger ankommt und auch so von ihm verstanden wird. Aus Medienstudien wissen wir, dass die Konsumenten von Medienangeboten sehr selektiv Botschaften interpretieren, die sie auf der Basis der vorliegenden Informationsangebote zu eigenen Sinnmustern zusammenstellen.[28] Natürlich kann man durch eine geschickte Form der Kodierung von Botschaften bestimmte Deutungsmuster nahelegen. Dies wird durch den englischen Fachbegriff *framing* zum Ausdruck gebracht.[29] Je nachdem, wie wir Informationen in Worte kleiden, fällt der Eindruck beim Empfänger anders aus. Das ist vor allem bei Aussagen über relative Häufigkeiten und Wahrscheinlichkeiten der Fall. Sage ich etwa, dass 3.000 von 10.000 Personen zu Gewalt neigen, so scheint das ein relativ hoher Anteil zu sein. Drehe ich die Relation aber um und spreche davon, dass 70 % aller Menschen keinen Hang verspüren, ihre Wünsche mit Gewalt durchzusetzen, so klingt das eher beruhigend.

Bezieht sich der Inhalt der Information auf Themen im Bereich von Sicherheits- und Gesundheitsrisiken, dann kommen spezielle Muster der Risikowahrnehmung ins Spiel. Hier spielen die Begleitumstände der Risikoübernahme eine wichtige Rolle.[30] Kann ich die Höhe des Risikos selber steuern? Habe ich das Risiko selbst gewählt oder ist es mir von anderen aufgezwungen worden? Führt das Risiko zu besonders schrecklichen Folgen, wenn es tatsächlich zum Schadenseintritt kommt? Sind wir bereits an diese Risikoquelle gewöhnt und glauben, damit angemessen umgehen zu können? Ist die Risikoquelle künstlichen oder natürlichen Ursprungs? Dies sind nur einige der Merkmale, die bei der Bewertung von Risiken eine wichtige Rolle spielen. Hier zeigt sich schon, dass Sicherheitsrisiken besonders häufig auf Aufmerksamkeit stoßen, weil sie unfreiwillig eingegangen werden, plötzlich und unerwartet auftauchen und uns zusätzlich zum materiellen Schaden auch psychisch traumatisieren können.

Da es sehr viele dieser qualitativen Bewertungsmechanismen gibt, haben sich im Verlaufe der kulturellen Evolution semantische Muster der

---

28 Schmidt 2000: 78–84.
29 Tversky & Kahneman 1981: 453–458.
30 Slovic 1992: 153–178.

Wahrnehmung und Bewertung von Risiken herausgebildet.[31] Unter diesen semantischen Mustern fällt vor allem das Muster der schleichenden Gefahr auf, da es sich auf viele der aktuellen Sicherheits- und Lebensrisiken bezieht.[32] Risiken, die unter dieses semantische Muster fallen, zeichnen sich dadurch aus, dass sie von uns aus eigener Erfahrung gar nicht oder nur schwer wahrgenommen werden können, dass komplexe Strukturen der Ursache-Wirkungskette vorliegen und dass wir bei der Beurteilung dieser Risiken auf Informationen durch Dritte angewiesen sind. Halten wir diese Informationen für glaubwürdig, dann können wir aufgrund dieser Informationen eine für uns stimmige Abwägung von Nutzen und Risiko treffen. Halten wir keinen der Informationsträger für glaubwürdig, dann verlangen wir null risiko. Entweder entziehen wir uns dieser Risikoquelle ganz oder kämpfen dafür, dass sie auch gesellschaftlich nicht weiter geduldet wird. Im dritten Fall sind wir bestrebt, Glaubwürdigkeit an eine der konkurrierenden Informationsquellen zu vergeben. Wir können aber aus dem Inhalt bzw. der Botschaft der Information nicht ablesen, wer diese Glaubwürdigkeit verdient.

In diesem dritten Fall werden sogenannte periphere Merkmale besonders bedeutsam. Die beiden Sozialpsychologen Richard Petty und John Cacioppo haben bei ihren Untersuchungen zu Einstellungen und Einstellungsänderung festgestellt, dass die meisten Menschen entweder nach einer zentralen oder nach einer peripheren Vorgehensweise Urteile bilden.[33] Wenn ihnen das Thema besonders wichtig ist, verfolgen sie die zentrale Route, wenn ihnen das Thema weniger wichtig ist, die periphere. Kennzeichen der zentralen Route sind die Auseinandersetzung mit den Inhalten von Informationsangeboten und eine möglichst rationale Abwägung der jeweiligen Argumente für oder gegen eine bestimmte Sichtweise der Dinge. Bei der peripheren Route werden dagegen äußere Merkmale der Glaubwürdigkeitszuschreibung benutzt, um zwischen sich widersprechenden Argumenten eine schnelle Auswahl zu treffen. Solche peripheren Merkmale können die vermutete Interessenabhängigkeit (wie „Der wird bestimmt

---

31 Überblick in: Renn 2002: 73–90.
32 Renn 2004: 102–114.
33 Petty & Cacioppo 1986: 123–205. Siehe auch: Cacioppo, Petty, Kao & Rodriguez 1986: 1032–1043.

von der Industrie bezahlt"), das äußere Auftreten („Wer so ungepflegt daherkommt, kann wohl kaum Recht haben") oder die persönliche Ausstrahlung („Die hat einen so flotten und einnehmenden Sprachstil, der nehme ich das ab") sein. Das Besondere an den schleichenden Risiken besteht nun darin, dass auch diejenigen, für die das jeweilige Thema zentrale Bedeutung hat, keine oder nur wenige Möglichkeiten haben, die Argumente im Einzelnen nachzuprüfen und eine auf Evidenz basierende Abwägung zu treffen.[34] Unabhängig davon, ob man die zentrale oder die periphere Route in einer Streitfrage verfolgen will, ist man in jedem Fall auf periphere Merkmale angewiesen, um die Glaubwürdigkeit von Argumenten einzustufen. Da diese peripheren Merkmale meist nur zufällig mit dem Wahrheitsgehalt der entsprechenden Aussagen in Verbindung stehen, ist es folgerichtig dann auch vom Zufall abhängig, welche Argumentationskette einen größeren Eindruck bei den Rezipienten hinterlässt.

Soziale Verstärker der Wahrnehmung: Mitmenschen und Medien

Der nächste Schritt im Prozess der Urteilsbildung besteht darin, die vorläufigen Urteile, die man aus der Anwendung der Faustregeln und den speziellen Wahrnehmungsmustern zur Bewertung von Risiken entwickelt hat, mit den Urteilen, Einstellungen und Positionen derjenigen abzugleichen, die einem in dieser Frage als kompetent und/oder wichtig gelten.[35] Darunter fallen natürlich die Mitglieder der eigenen Familie, der Bekanntenkreis, das weitere soziale (private und berufliche) Umfeld sowie die Öffentlichkeit. Wenn man sich beispielsweise zu einem Urteil durchgerungen hat, das im eigenen sozialen Umfeld nur auf Unverständnis stößt, dann wird man sich eindringlich überlegen, ob man bei diesem Urteil bleibt oder, wenn einem dieses Urteil selbst als zwingend erscheint, ob man damit nicht lieber hinter dem Berg hält. Vor allem wenn große Unsicherheit über die Folgen eines Risikos herrscht und wir – wie bei vielen Sicherheitsrisiken – keine eigenen Anhaltspunkte dafür haben, welche der konkurrierenden Aussagen stimmt und welche nicht, werden die Urteile des sozialen Umfeldes

---

34 Renn 2008: 233ff.
35 Hogg 2007: 55.

besonders bedeutsam. Denn sich nur auf die peripheren Merkmale der Glaubwürdigkeit zu verlassen, reicht vielen von uns nicht aus. Dann ist es uns wichtig, diese Urteile mit anderen abzustimmen und uns rückzuversichern, dass wir mit unseren Urteilen nicht völlig alleine dastehen.[36] Aus der Forschung ist bekannt, dass Individuen Risiken in Gruppensituationen unterschiedlich beurteilen, je nachdem, ob die anderen Gruppenmitglieder eher zu einem risikofreudigen oder risikoaversen Verhalten neigen.[37] Selbst wenn alle unsere Sinneswahrnehmungen eine bestimmte Deutung nahelegen, kann es sein, dass wir diesen Eindruck revidieren, wenn relevante soziale Bezugsgruppen einheitlich eine andere Deutung bevorzugen.

Von besonderem Interesse für unser Thema der Sicherheitsrisiken ist die Einflussnahme der Medien auf die eigene Urteilsbildung. Da die meisten unserer Freunde und Bekannten ebenso sehr unter dem Eindruck von Unsicherheit und Ambivalenz leiden wie wir, ist der Abgleich der Meinungen innerhalb des eigenen sozialen Umfeldes oft wenig ertragreich. Die anderen wissen offenbar auch nicht mehr als wir selbst. Dagegen sind die Medien wichtige Informationsträger für die Positionen, die von professionellen Gruppierungen zum Thema Risiko und Sicherheit vertreten werden. Aber auch hier herrschen Pluralität und zum Teil Beliebigkeit vor. Da auch Journalisten schlecht beurteilen können, welche Meinung in einem Risikostreit wissenschaftlich haltbar ist und welche nicht (Was ist absurd, möglich, wahrscheinlich oder sicher?), neigen sie dazu, alle in der Gesellschaft öffentlich vertretenen Positionen nebeneinanderzustellen und damit den Eindruck der Relativierung zu hinterlassen.[38] Selbst klare Erkenntnisse aus der Wissenschaft erscheinen dann verwässert und unbestimmt. Dadurch entsteht bei den Medienkonsumenten der Eindruck, die Wissenschaftler hätten entweder selber keine Ahnung von Risiken, über die sie andauernd forschen, oder sie seien von mächtigen Interessengruppen zur Stellungnahme in die eine oder andere Richtung bestochen oder zumindest beeinflusst worden.[39] In der Öffentlichkeit herrscht dann das Bild vor, dass wir alle schwimmen, wenn es um die Einstufung von Risiken geht, und wir

---

36 Vgl. dazu die Übersicht in: Wiswede 1976.
37 Van Avermaet 2003: 476f.
38 Stocking 1999: 23–41. Sowie: Peters 1994: 241–250.
39 Vgl. Gardner 2009: 181f. und 197ff. Vgl. auch: Ropeik 2010.

orientierungslose Versuchskaninchen eines gigantischen Risikoapparates sind, der selber nicht weiß, wie das Großexperiment ausgehen wird.

Diese Abhängigkeit von den Einschätzungen anderer und den Eindrücken, die Medien und Internet uns über Sicherheit vermitteln, lässt sich gut am Beispiel der Gewaltkriminalität aufzeigen. In Deutschland geschehen pro Tag rund fünf Morde. Wenn man alle TV-Programme auswertet, finden dagegen in den Fernsehsendungen (die Nachrichten ausgenommen) im Schnitt mehr als 50 Morde pro Tag statt. Im Verlauf einer Fernsehwoche zeigen die einschlägigen Fernsehsender nahezu 500 Mordszenen. Umgerechnet auf Sender und Tag bedeutet das:[40]

- ProSieben zeigt rund 20 Mordszenen (oder fast stündlich eine),
- Tele 5 und RTL zeigen jeweils 13 Mordszenen,
- Sat. 1 präsentiert neun Morde,
- das ZDF zeigt sieben Mordszenen,
- die ARD zeigt sechs,
- das Vormittagsprogramm von ARD und ZDF zeigt zwei Morde.

Einer Untersuchung der Fernsehzeitschrift „Hörzu" zufolge wurden 1998 in TV-Spielfilmen 439-mal Kinder geprügelt, vergewaltigt, ermordet. 25.000 Morde werden pro Jahr im deutschen Fernsehen gezeigt, 25 Stunden Mordszenen pro Woche.[41] Bei allen Kriminalfilmen wird der Eindruck suggeriert, in deutschen Städten seien jeden Tag neue Mordopfer zu beklagen. In Wirklichkeit haben selbst Großstädte nur mit wenigen Morden pro Monat zu tun. Und die meisten davon geschehen in der Familie oder im Bekanntenkreis. Ähnliches gilt für andere Gewaltdelikte wie schwere Körperverletzung.

Hat diese Häufigkeit der Gewaltdarstellung einen Einfluss auf unsere Wahrnehmung der Realität? Oder wissen wir nicht alle, dass dies nur erdachte Geschichten sind, die mit der Realität wenig zu tun haben? Dazu gibt es ein aufschlussreiches Experiment des Forschers George Gerbner.[42] Der

---

40 Berghof Foundation.
41 Müchler 2002.
42 Gerbner 2000: 101–121. Sowie: Gerbner & Gross 1976: 173–199. Siehe zu diesem Ansatz auch die kritischen methodologischen Bemerkungen in: Potter 1993: 564–601.

amerikanische Kommunikationsforscher hat sich für seine Untersuchung zwei Gruppen ausgesucht: Gruppe A bestand aus Personen, die täglich mehrere Stunden vor dem Fernseher verbrachten und sich vor allem Krimis, Sitcoms und Spielfilme ansahen. Gruppe B umfasste Personen, die weniger als der Durchschnitt fernsahen und überwiegend Informationssendungen bevorzugten. Beide Gruppen erhielten von Gerbner den gleichen Fragebogen. Dort waren für eine Reihe von Gewaltverbrechen jeweils zwei Häufigkeiten angegeben: zum einen die statistisch für die USA ermittelten Werte und zum anderen die aus Inhaltsanalysen der Fernsehfilme abgeleiteten Häufigkeiten. Auf Deutschland übertragen würde zum Beispiel eine Frage lauten: Wie viele Menschen, glauben Sie, werden jeden Tag in Deutschland Opfer eines Mordes, liegt die Zahl eher bei fünf oder eher bei 50? Das Ergebnis dieser Befragungen war eindeutig. Mitglieder der Gruppe A tendierten in der Mehrzahl zu den Häufigkeitsangaben, die der Forscher aus der Filmanalyse abgeleitet hatte, während die überwiegende Zahl der Mitglieder aus Gruppe B die faktisch korrekten Zahlen aus der Kriminalstatistik als realistischer einstufte. Interessanterweise war der Effekt bei Gruppe A stärker als bei Gruppe B. Das bedeutet: Die Mitglieder der Gruppe A waren sich überwiegend einig, dass die Zahlen aus der virtuellen Realität korrekt waren. Dagegen waren viele Mitglieder der Gruppe B im Zweifel, welche der beiden angebotenen Zahlen stimmte. Das weist darauf hin, dass auch diejenigen, die seltener Fernsehfilme konsumieren, nicht immun sind gegenüber den durch die Medien vermittelten Eindrücken bezüglich der Realität von Gewaltverbrechen. Offenkundig trägt der Konsum von fiktionalen Sendungen mit dazu bei, unser Bild von der Realität nachhaltig zu prägen.

Übertragen auf die Berichterstattung über Sicherheitsrisiken zeigt sich also, dass die häufige Nennung von Risiken und deren Visualisierung in Nachrichtensendungen ebenso wie in fiktionalen Beiträgen bei den Medienkonsumenten zu einer verstärkten Repräsentation dieser Risiken als besonders häufig und schwerwiegend führt.[43] Dies würden wir auch aufgrund der uns bekannten Faustregeln der Verfügbarkeit und der Repräsentativität erwarten. Doch mit dieser Berichterstattung und den visuellen Bildern sind noch zwei weitere, subtilere Implikationen verbunden.

---

43 Siehe dazu auch: Bonfadelli, Jarren & Siegert (Hrsg.) 2010: 163ff.

Lost in Translation: Die eigene Realität der virtuellen Welt

Zunächst einmal sind wir durch die heutige Medienlandschaft so global vernetzt, dass jede Katastrophe, die irgendwo auf der Welt stattfindet, in Sekundenschnelle auf unseren Bildschirmen erscheint oder im Internet verbreitet wird.[44] Auf diese Weise haben wir den Eindruck, dass es in der Welt nur so von Katastrophen wimmelt und wir zunehmend gefährlich leben. Früher blieben diese Katastrophen entweder völlig unbeachtet, weil keine Beobachter in der Nähe waren, um sie uns zu berichten, oder sie wurden nur im lokalen Umfeld verbreitet. Heute sind wir dagegen Zeugen einer globalisierten Wirklichkeit. Doch diese globale Präsenz vermittelt uns eine Wirklichkeit, die überwiegend aus Gewalt, Naturkatastrophen, Zusammenbrüchen und Tragödien besteht.[45] Uns erscheint die eigene kleine Welt um uns herum wie eine Insel der Seligen, die von lauter Brandungen dramatischer Ereignisse umgeben ist. Wenn man aber die statistischen Zahlen über Katastrophen heranzieht, ist dies eindeutig ein Zerrbild der Wirklichkeit. Nahezu überall in der Welt steigt die Lebenserwartung und immer weniger Menschen werden Opfer von Unglücken oder Gewaltexzessen. Dass unsere Welt immer sicherer wird, ist angesichts der virtuellen Realität, in der es nur so von Risiken und Katastrophen wimmelt, einfach nicht nachzuvollziehen.

Insofern ist es auch nicht verwunderlich, dass die Mehrzahl der Menschen in Umfragen angibt, dass sie sich zwar in ihrer lokalen Umgebung meist sicher fühle, dass aber für die anderen draußen in der Welt die Situation immer bedrohlicher werde.[46] Hier kontrastiert die eigene sinnliche

---

44 Kübler 2003: 92.
45 „Mehr und mehr Medien haben sich von ihren früheren Trägern – politischen Parteien und Verbänden, Kirchen oder einzelnen Verlegerfamilien – gelöst und sind zu Unternehmen mit Renditeerwartung geworden. ‚Dies bedeutet, dass die einst politischen Kriterien der Auswahl und Interpretation von Ereignissen durch solche abgelöst wurden, die sich an den Aufmerksamkeits- und Unterhaltungsbedürfnissen der Medienkonsumenten orientieren', analysiert Imhof. Und Katastrophen seien nun einmal spektakuläre Vorgänge von hohem *News*-Wert: ‚Sie lassen sich ausgezeichnet visualisieren, und sie schaffen Betroffenheit aufseiten des Publikums, die wieder effektvoll bewirtschaftet werden kann.'" Aus: Schnabel 2000.
46 Wissenschaftlicher Beirat der Bundesregierung Globale Umweltveränderungen 1999: 91.

Wahrnehmung innerhalb der von uns überschaubaren Nahperspektive mit der uns nur durch die Medien vermittelten Wirklichkeit von Katastrophen und Überfällen an all den Orten, die uns nur über die Medien zugänglich sind.

Ein zweiter Punkt betrifft unser offenkundiges Bedürfnis nach Mord und Totschlag in der virtuellen Welt. Kein Fernsehsender dieser Welt würde Krimis und Katastrophenfilme produzieren und senden, wenn es dafür nicht eine große Nachfrage gäbe. Warum also konsumieren wir als Zuschauer so gerne Krimis und Katastrophenfilme, obwohl wir doch selber in relativer Sicherheit leben? In den Ländern, in denen Mord und Totschlag tatsächlich an der Tagesordnung sind oder in denen Naturkatastrophen besonders häufig sind und sich verheerend auswirken, haben Krimis und Katastrophenfilme selten Hochkonjunktur. Nur an den Orten, an denen wir uns im Grunde unseres Herzens sicher sind, dass uns all dies nicht widerfahren wird, sind solche Filme äußerst beliebt. Denn mit unserem Streben nach Sicherheit haben wir inzwischen ein so hohes Niveau erreicht, dass unser Bedürfnis nach Situationen, in denen wir Gefahren erfolgreich meistern können, im alltäglichen Leben kaum mehr gestillt wird.[47] Biologen haben nachgewiesen, dass Menschen mit Glückshormonen belohnt werden, wenn sie Gefahren erfolgreich überstanden haben.[48] Diesen Effekt kennt man etwa von der Bezwingung einer schwierigen Klettertour am Berg oder – die ganz Mutigen – vom Bungeespringen.[49]

Dass uns der Körper mit Endorphinen (das sind die sogenannten Glückshormone) für eine erfolgreiche Gefahrenbewältigung belohnt, ist auch anthropologisch verständlich. Denn auf diese Weise konnten sich die Menschen in der Frühzeit der Menschwerdung Abläufe zur Überwindung von Gefahrensituationen besser einprägen.[50] Dies gilt vor allem für die Phase der Adoleszenz, also den Übergang von einer behüteten familiären

---

47 Zuckerman 1990: 313–345.
48 Allgemein in: Hüther 2005: 17ff.
49 Für alle Extremsportler der Hinweis: Bungeespringen erhöht den Endorphinspiegel des Menschen um rund 200 % gegenüber dem normalen Spiegel. Aus: Emch 2011.
50 Otto, Nolting & Bässler 2007: 171f.

Ausgangssituation in ein neues, von äußeren Gefahren geprägtes Lebensumfeld. Die meisten Kulturen haben in dieser Phase Übergangsrituale, sogenannte Initiationsriten, in das Leben der Jugendlichen einbezogen, in denen häufig Mutproben oder andere Formen der erfolgreichen Gefahrenbewältigung Voraussetzung für die Übernahme in den Erwachsenenstatus waren.[51]

Da es offenkundig ein evolutiv gewachsenes Bedürfnis nach Gefahrenbeherrschung gibt, wir aber in der realen Welt ein Risiko, das auch bedrohlich ausgehen könnte, nicht eingehen wollen, verlagern wir zunehmend das Erlebnis von Gefahrenbewältigung in den für uns schmerzlosen virtuellen Raum. Krimis lösen bei uns den Zyklus von Anspannung und Entspannung aus, ohne dass wir uns aus dem Wohnzimmersessel erheben müssen. Computerspiele vermitteln eine von Gefahrensituationen und Risiken geprägte virtuelle Welt der individuellen Herausforderungen, die wir durch Geschicklichkeit, strategisches Denken und gelegentlich auch Brutalität meistern können. Wir lernen virtuell, uns gegen Gefahren zu behaupten. Kurzum: Wir kompensieren die Reizarmut unserer realen Welt durch eine Reizüberflutung in der virtuellen Welt. Hier können wir uns, indem wir uns immer wieder neuen Reizen und Gefährdungssituationen aussetzen, eine Parallelwelt schaffen, die uns hilft, uns von der „langweiligen" Welt der Realität abzusetzen.

Das Leben in Parallelwelten ist natürlich nichts völlig Neues. Schon nach dem Erscheinen von Goethes Roman „Die Leiden des jungen Werthers" 1774 ging eine Selbstmordwelle durch die deutsche Bevölkerung.[52] Der Roman wurde deshalb sogar zeitweise verboten. Die neue Qualität des Internets liegt aber in der scheinbaren Nähe zur realen Welt: Zwischen Roman und Wirklichkeit zu unterscheiden, ist nicht so schwer, aber mit der Vermischung von Dokumentarischem und Fiktionalem, mit

---

51 Siehe dazu den Klassiker: van Gennep 1999: 90ff.
52 „Es besteht kein Zweifel: Als Goethes Briefroman veröffentlicht wurde, löste der darin beschriebene Freitod eine Reihe von Suiziden aus, und zwar nicht nur in Deutschland, sondern in mehreren europäischen Ländern. Genaue Daten sind natürlich rückblickend nicht mehr objektivierbar. Einige Wissenschaftler sprechen aber von einer regelrechten ‚Suizid-Epidemie'. Andere warnen vor Übertreibungen. Dass es ‚Werther-induzierte Selbsttötungen' gab, ist aber nicht zu leugnen." Aus: Faust o. J.

der Globalisierung von Welterfahrung, die nicht anders als vermittelt sein kann, und durch die Erfüllung elementarer Bedürfnisse nach erfolgreicher Gefahrenbewältigung in einer ansonsten reizarmen Alltagswelt gewinnt die Welt des Internets so viel an Attraktivität, das wir darin ganz versinken können.[53] Für viele ist diese Welt so attraktiv, dass sie darin vollends aufgehen und den Bezug zur äußeren und inneren Realität verlieren.

Wie stark die virtuelle Welt bereits Einfluss auf unser Alltagsdenken nimmt, sieht man daran, dass katastrophale Ereignisse, die in anderen Ländern der Welt stattfinden, plötzlich auch bei uns als Bedrohungen wahrgenommen werden. Geradezu grotesk ist das Beispiel, dass in den vier Wochen nach dem Fukushima-Unfall in Japan in Deutschland mehr Jodtabletten verkauft worden sind als in ganz Japan.[54] Die Wahrscheinlichkeit, dass radioaktive Partikel von Japan bis nach Deutschland transportiert werden, ist nahezu null. Dies gilt vor allem für das radioaktive Jod, gegen das man ja vorsorglich die Jodtabletten einnimmt. Aber die Allgegenwärtigkeit der Reaktorkatastrophe auf allen Fernsehkanälen und der ständige visuelle Eindruck einer nahenden Bedrohung haben die 9.000 Kilometer lange Distanz zwischen Japan und uns in unserer Wahrnehmung zu einer marginalen Größe schrumpfen lassen. In der virtuellen Realität sind reale Orte und Zeiten nicht mehr relevant.[55] Alles ist gleichzeitig und miteinander vernetzt. In der Wirklichkeit sind aber die meisten (physischen) Risikoereignisse lokal begrenzt und stark von Örtlichkeiten und Zeitabläufen geprägt.

Die virtuelle Realität, die vor allem durch die visuellen und multimedialen Angebote geschaffen wird, kann also eine wichtige verstärkende oder abschwächende Funktion in der Wahrnehmung von Risiken und Bedrohungen ausüben. Die Selektionsmechanismen der Medien und die strukturellen Eigenschaften der virtuellen Realitäten laufen also parallel

---

53 „Die Gefahr des Verlustes des Dokumentarischen in der virtuellen Gesellschaft ginge in letzter Konsequenz mit dem Verlust der Fähigkeit einher, zwischen Realität und Virtualität überhaupt unterscheiden zu können." Aus: Bühl 1997: 58.
54 Dazu muss man zusätzlich wissen, dass die frei verkäuflichen Jodtabletten in Deutschland zu niedrig dosiert sind, um als Schutz vor radioaktiver Jodverseuchung zu helfen.
55 Fischbach 2005.

zu den psychologischen Wahrnehmungsmustern und Faustregeln. Die wirklich entscheidenden Risiken für unsere Gesundheit wie Rauchen, Trinken, Übergewicht und Bewegungsmangel sind für Medien wie für die Erschaffer der virtuellen Welten wenig attraktiv. Dagegen sind punktuelle und meist ohnehin überbewertete Risiken wie Terroranschläge, Mord und Totschlag, von Menschen erzeugte technische Katastrophen und Pandemien beliebte Themen virtueller Welten in TV-Sendungen und Computerspielen.

Zusammenfassung und Ausblick

Die verschiedenen Stufen der Risikowahrnehmung, wie ich sie in diesem Beitrag skizziert habe, sollte man nicht als eine Reihenfolge ansehen, nach der sich Urteile und Meinungen zu Risiken herausbilden. Alle hier diskutierten Schritte, die Selektion von Informationen, die Zuordnung von Bedeutung und Relevanz, die Nutzung von Faustregeln und Schlussfolgerungen zur Ableitung von generellen Ansichten, sowie die kontextgebundenen Einflüsse durch soziale, kulturelle und mediale Deutungsanbieter werden im Prozess der eigenen Urteilsbildung simultan wirksam und verstärken sich gegenseitig. Dennoch ist es angebracht, diesen Prozess wie eine Sequenz zu beschreiben, weil uns damit plastisch vor Augen geführt wird, nach welchen Kriterien und Mustern unsere Urteilsbildung abläuft.

So viel zur Diagnose, warum es in unserer heutigen Gesellschaft so häufig zu problematischen Deutungen von Sicherheitsrisiken kommt. Der Eindruck von globalen Bedrohungen, uns umzingelnden Gefahrenherden und allgegenwärtigen Sicherheitsrisiken kontrastiert augenfällig mit den tatsächlichen Gefahren und Risiken, die uns in Deutschland bedrohen. In der Welt der Risikowahrnehmung erwartet uns eine Zunahme von allgemeiner Verunsicherung, von inneren und äußeren Bedrohungen und von Vertrauensverlusten in gesellschaftliche Institutionen. Um es klar zu sagen: Wir wissen heute mehr über Risiken als jemals zuvor.[56] Mit den Hilfsmitteln der wissenschaftlichen Methoden der Stochastik können wir Risiken besser und treffender beschreiben als jede Generation vor uns. Diese neuen Methoden können zwar keine Gewissheiten und eindeutig beschreibbaren

---

56 Dazu die Überblicke in: Proske 2004. Sowie: Ropeik & Gray 2002.

Ursache-Wirkungsketten aufzeigen, aber sie geben uns wichtige Einblicke in die relativen Gefährdungen und vermitteln uns verwertbare Erkenntnisse über die Wahrscheinlichkeiten ihrer Verursachung. Das ist zwar weniger, als wir gerne hätten, aber alles andere als pure Beliebigkeit, wie es häufig dargestellt wird. Und mit den Mitteln des integrierten Risikomanagements können wir auch die meisten Sicherheitsrisiken, die unser Leben bedrohen, effektiv eingrenzen und reduzieren. Wir leben also gerade nicht in einer Risikogesellschaft, verstanden in dem negativen Sinne, wie es Ulrich Beck in seinem Buch „Die Risikogesellschaft" skizziert.[57] Wir haben uns nur mit der Überzeugung angefreundet, in einer Risikogesellschaft zu leben. Und wir leben darin recht gut.

Sich über Risiken, aber vor allem über die eigenen Wahrnehmungsprozesse bezüglich Risiken bewusst zu werden und die Fallstricke bei der Bewertung von Informationen zu Risiken zu kennen, sind wichtige Schritte, um zu adäquaten und realitätsnahen Einsichten über die Gefährdung unserer Person und unserer Gesellschaft zu gelangen. Der Dialog basiert auf dem Prozess der Selbstbeobachtung und der kritischen Rückversicherung, ob wir bei unseren Schlussfolgerungen einem der berichteten Verzerrungseffekte zum Opfer gefallen sind. Er trägt mit dazu bei, unser eigenes Leben nach bestem Wissen und im Einklang mit unseren Werten und Präferenzen zu gestalten sowie Verantwortung in unserer Gesellschaft zu übernehmen. Die Bewusstwerdung über unsere eigenen Mechanismen der Urteilsbildung ermöglicht uns, in der täglichen Lebenspraxis mit den Herausforderungen komplexer Risiken im Alltag und in unserer Umgebung besser fertig zu werden.

Literatur

Andrews, J. C. (1988). Motivation, Ability, and Opportunity to Process Information: Conceptual and Experimental Manipulation Issues. In: NA - Advances in Consumer Research 15. 219–225.

Bartlett, F. C. (1932). Remembering. A Study in Experimental and Social Psychology. Cambridge: Cambridge University Press.

Brafman, O. & *Brafman, R.* (2008). Sway. The Irresistible Pull of Irrational Behavior. New York: Crown.

---

57 Beck 1986. Und kritisch dazu: Campbell & Currie 2006: 149–172.

Beck, U. (1986). Die Risikogesellschaft. Auf dem Weg in eine andere Moderne. Frankfurt a. M.: Suhrkamp.

Beckmann, J. (1984). Kognitive Dissonanz. Band 11 von Lehr- und Forschungstexten Psychologie. Heidelberg: Springer.

Berger, P. L. & Luckmann, T. (2012). Die gesellschaftliche Konstruktion der Wirklichkeit. 24. Auflage. Frankfurt am Main: Fischer. 144.

Berghof Foundation (o. J.). „Fiktive" Gewalt und „reale" Gewalt in den Nachrichten. Verfügbar unter http://www.friedenspaedagogik.de/themen/medien_gewalt_in_medien/gewalt_in_den_medien_die_krise_als_dauernachricht/fiktive_gewalt_und_reale_gewalt_in_den_nachrichten [11.04.2014].

Blumer, H. (2008). Symbolic Interactionism. Perspective and Method. Berkeley/Los Angeles: University of California Press. 78ff.

Bonfadelli, H., Jarren, O. & Siegert, G. (Hrsg.) (2010). Einführung in die Publizistikwissenschaft. 3. Auflage. Bern: Haupt. 63ff.

Bühl, A. (1997). Die virtuelle Gesellschaft: Ökonomie, Politik und Kultur im Zeichen des Cyberspace. In: L. Gräf und M. Krajewski (Hrsg.). Soziologie des Internet. Handeln im elektronischen Web-Werk. Frankfurt am Main: Campus. 39–59.

Cacioppo, J. T., Petty, R. E., Kao, C. F. & Rodriguez, R. (1986). Central and Peripheral Routes to Persuasion: An Individual Difference Perspective. Journal of Personality and Social Psychology 51. 1032–1043.

Campbell, S. & Currie, G. (2006). Against Beck: In Defence of Risk Analysis. Philosophy of the Social Sciences. 36/2. 149–172.

Chaiken, S., Libermann, A. & Eagly A. (1989). Heuristic and Systematic Information Processing with and beyond the Persuasion Context. In: J. S. Uleman & J. A. Bargh, (Hrsg.). Unintended Thought. New York: Guilford Press. 211–25.

Crocker, J. & Park, L. E. (2003). Seeking Self-Esteem: Construction, Maintenance and Protection of Self-Worth. In: M. R. Leary & J. P. Tangney (Hrsg.). Handbook of Self and Identity. New York: Guilford Press. 291–313.

Dobelli, R. (2012). Die Kunst des klugen Handelns. München: Hanser. 65–67.

Driver, J. (2001). A Selective Review of Selective Attention Research from the Past Century. British Journal of Psychology 92. 53–78.

Eagly, A. H. & Chaiken, S. (1984). Cognitive Theories of Persuasion. In: Advances in Experimental Social Psychology. 17/1984.. 268–359.

Emch, P. (2011). Sex, Drugs, and Over-exercising: The Quest for Endorphins. Verfügbar unter http://theprimalparent.com/2011/08/18/sex-drugs-and-over-exercising-endorphins/ [11.04.2014].

Faust, V. (o. J.). Selbstmord als Nachahmungstat. Verfügbar unter http://www.psychosoziale-gesundheit.net/psychiatrie/werther.html [11.04.2014].

Fingham, F. & Hewstone, M. (2003). Attributionstheorie und –forschung. Von den Grundlagen zur Anwendung. In: W. Stroebe, K. Jonas & M. Hewstone (Hrsg.). Sozialpsychologie. Eine Einführung. 4. Auflage. Heidelberg: Springer. 215–264.

Fischbach, R. (2005). Mythos Netz. Kommunikation jenseits von Raum und Zeit? Zürich: Rotpunkt.

Fiske, S. F. (2010). Social Beings. Core Motives in Social Psychology. New York: John Wiley. 2. Auflage. 89ff.

Gardner, D. (2009). Risk. The Science and Politics of Fear. London: Virgin. 85ff.

Gerbner, G. (2000). Die Kultivierungsperspektive: Medienwirkungen im Zeitalter von Monopolisierung und Globalisierung. In: A. Schorr (Hrsg.). Publikums- und Wirkungsforschung. Ein Reader. Wiesbaden: Springer VS. 101–121.

Gerbner, G. & Gross, L. (1976). Living with Television: The Violence Profile. In: Journal of Communication. 26/2. 173–199.

Geuter, U. (2005). Erinnern und Vergessen. In: R. Oehler, V. Bernius & K.-H. Wellmann (Hrsg.). Was kann Psychologie? Wer wir sind und was wir sein können. Weinheim/Basel: Beltz. 48–55.

Gigerenzer, G. (2008). Bauchentscheidungen. Die Intelligenz des Unbewussten und die Macht der Intuition. München: Goldmann. 64ff.

Goldstein, E. (2008). BRUCE: Wahrnehmungspsychologie. Der Grundkurs. Berlin: Spektrum. 10.

Hogg, M. A. (2007). Social Identity and the Group Context of Trust: Managing Risk and Building Trust through Belonging. In: M. Siegrist, T. C. Earle & H. Gutscher (Hrsg.). Trust in Cooperative Risk Management. Uncertainty and Scepticism in the Public Mind. London: Earthscan. 51–72.

Hüther, G. (2005). Biologie der Angst. Wie aus Stress Gefühle werden. Göttingen: Vandenhoeck und Ruprecht. 17ff.

Hüther, G. (2001). Bedienungsanleitung für ein menschliches Gehirn. Göttingen: Vandenhoeck und Ruprecht. 114.

Janich, P. (2012). Das Bild des Menschen in den Wissenschaften. In: P. Janich & R. Oerten (Hrsg.). Der Mensch zwischen Natur und Kultur. Philosphie und Psychologie im Dialog. Göttingen: Vandenhoeck und Ruprecht. 9–30.

Jungermann H. & Slovic P. (1993). Charakteristika individueller Risikowahrnehmung. In: Bayerische Rückversicherung (Hrsg.). Risiko ist ein Konstrukt. Wahrnehmungen zur Risikowahrnehmung. München: Knesebeck. 89–107.

Jungermann, H., Pfister, H.-R. & Fischer, K. (2010). Die Psychologie der Entscheidung. Eine Einführung. 3. Auflage. Berlin und Heidelberg: Spektrum. 169ff.

Kahneman, D. (2011). Thinking Fast and Slow. London/New York: Penguin. 50ff.

Kübler, H.-D. (2003). Kommunikation und Medien. Eine Einführung. Münster: Lit Verlag. 92.

Lefrancois, G. R. (1994). Psychologie des Lernens. Berlin/Heidelberg: Springer. 160ff.

Malhortra, N. K. (1982). Information Load and Consumer Decision Making. Journal of Consumer Research. 8(4). 419–430.

Mansfeld, R. (2001). Wahrnehmung. In: G. Weniger (Hrsg.). Lexikon der Psychologie. Band 4. Heidelberg/Berlin: Spektrum. 439–443.

Müchler, G. (2002). Medien und Gewalt. In: Die politische Meinung. 391/2002. 2.

Otto, K.-S., Nolting, U. & Bässler, C. (2007). Evolutionsmanagement. München: Hauser. 171f.

Peters, H. P. (1994). Mass Media as an Information Channel and Public Arena. Risk: Health, Safety und Environment. 5(3). 241–250.

Petty, R. E. & *Cacioppo, J. T.* (1986). The Elaboration Likelihood Model of Persuasion. In: L. Berkowitz (Hrsg.). Advances in Experimental Social Psychology, Band 19. San Diego: Academic Press. 123–205.

Potter, J. W. (1993). Cultivation Theory and Research. A Conceptual Critique. In: Human Communication Research. 19/4. 564–601.

Precht, R. D. (2007). *Wer bin ich – und wenn ja, wie viele? Eine philosophische Reise.* München: Goldmann.

Proske, D. (2004). Katalog der Risiken. Risiken und ihre Darstellung. 3. Auflage. Dresden: Eigenverlag.

Ropeik, D. & *Gray, G.* (2002). Risk: A Practical Guide for Deciding What's Really Safe and What's Really Dangerous in the World Around You. New York: Mariner Books.

Renn, O. (2014). Das Risikkoparadox. Warum wir uns vor dem Falschen fürchten. Frankfurt am Main: Fischer.

Renn, O. (2002). Die subjektive Wahrnehmung technischer Risiken. In: R. Hölscher & R. Elfgen (Hrsg.). Herausforderung Risikomanagement. Identifikation, Bewertung und Steuerung industrieller Risiken. Wiesbaden: Gabler. 73–90.

Renn, O. (2004). Perception of Risks. The Geneva Papers on Risk and Insurance. 29(1). 102–114.

Renn, O. (2008). Risk Governance. Coping with Uncertainty in a Complex World. London: Earthscan. 233ff.

Renn, O., Schweizer, P.-J., Dreyer, M. & *Klinke, A.* (2007). Risiko. Über den gesellschaftlichen Umgang mit Unsicherheit. München: Oekom. 77ff.

Renn, O. & *Benighaus, C.* (2013). Perception of Technological Risk – Insights from Research and Lessons for Risk Communication and Management. Special Issue of the Journal of Risk Research. 16/3–4. 293–314.

Roese, N. J. & *Sherman, J. W.* (2007). Expectancy. In: A. W. Kruglanski & E. T. Higgins (Hrsg.). Social Psychology. Handbook of Basic Principles. New York: Guilford. 2. Auflage. 91–115.

Rose, A. M. (1973). Systematische Zusammenfassung der Theorie des Symbolischen Interaktionismus. In: H. Hartmann (Hrsg.). Moderne amerikanische Soziologie. Stuttgart: Ferdinand Enke. 2. Auflage. 226–282.

Schmidt, S. J. (2000). Medien – die alltäglichen Instrumente der Wirklichkeitskonstruktion. In: H. R. Fischer & S. J. Schmidt (Hrsg.). Wirklichkeit und Welterzeugung. Heidelberg: Carl-Auer-Verlag. 78–84.

Schnabel, U. (2008). Die Konjunktur der Ängste. Verfügbar unter http://www.zeit.de/2008/26/U-Risikowellen [11.04.2014].

Scholz, R. W. (2011). Environmental Literacy in Science and Society. Cambridge: Cambridge University Press. 179.

Silver, N. (2012). The Signal and The Noise. New York: Penguin. 142ff.

Slovic, P. (1992). Perception of Risk: Reflections on the Psychometric Paradigm. In: S. Krimsky & D. Golding (Hrsg.). Social Theories of Risk. Westport/London: Praeger. 153–178.

Slovic, P., Fischhoff, B. & Lichtenstein, S. (1976). Cognitive Processes and Societal Risk Taking. In: J. S. Carroll & J. W. Payne (Hrsg.). Cognitive Processes and Social Behavior. Hillsdale: Earlbaum. 165–184.

Slovic, P., Fischhoff, B. & Lichtenstein, S. (1982). Why Study Risk Perception? In: Risk Analysis, 2/1982. 83–94.

Slovic, P., Finucane, M. L., Peters, E. & MacGregor, D. (2004). Risk as Analysis and Risk as Feelings: Some Thoughts about Affect, Reason, Risk and Rationality. Risk Analysis. 24. 311–322.

Slovic, S. & Slovic, P. (2010). Numbers and Nerves: Toward an Affective Apprehension of Environmental Risk. In: P. Slovic (Hrsg.). The Feeling of Risk. London: Earthscan. 79–84.

Stocking, S. H. (1999). How Journalists Deal with Scientific Uncertainty. In: S. M. Friedman, S. Dunwoody & C. L. Rogers (Hrsg.). Communicating Uncertainty: Media Coverage of New and Controversial Science. Mahwah: Lawrence Erlbaum. 23–41.

Tversky, A. & Kahneman, D. (1975). Judgement under Uncertainty. Heuristics and Biases. In: D. Wendt & C. Vlek (Hrsg.). Utility, Probability and Human Decision Making. North-Holland: Dordrecht. 141–162.

Westerhoff, N. (2005). Wahrnehmen und bewusst sein. In: Oehler et al., a.a.O., S. 41–47.

Wiedemann, P. M. (1993). Tabu, Sünde, Risiko: Veränderungen der gesellschaftlichen Wahrnehmung von Gefährdungen. In: Bayerische Rückversicherung (Hrsg.): Risiko ist ein Konstrukt. Hamburg: Kneesebeck. 43–67.

Wissenschaftlicher Beirat der Bundesregierung Globale Umweltveränderungen (1999). Welt im Wandel. Umwelt und Ethik. Sondergutachten 1999. Metropolis: Marburg.

Wiswede, G. (1976). Soziologie konformen Verhaltens. Stuttgart: Kohlhammer.

Van Avermaet, E. (2003). Sozialer Einfluss in Kleingruppen. In: W. Stroebe, K. Jonas & M. Hewstone (Hrsg.). Sozialpsychologie. Eine Einführung. Heidelberg: Springer. 4. Auflage. 451–497.

van Gennep, A. (1999). Übergangsriten (Les rites de passages). Übersetzt und bearbeitet von K. Schomburg und S. M. Schomburg-Scherff. Campus: Frankfurt am Main. 90ff.

van Zomeren, M., Postmes, T. & Spears, R. (2008). Toward an Integrative Social Identity Model of Collective Action: A Quantitative Research Synthesis of Three Socio-Psychological Perspectives. Psychological Bulletin, 134(4). S. 504–535.

Zimbardo, P. G. & Gerrig, R. J. (1999). Psychologie. Springer: Berlin/Heidelberg. 106ff..

Zuckerman, H. (1990). The Psychophysiology of Sensation Seeking. Journal of Personality. 58. 313–345.

Zwick, M. M. & Renn, O. (2002). Wahrnehmung und Bewertung von Risiken. Ergebnisse des Risikosurvey Baden-Württemberg 2001. Arbeitsbericht 202. Akademie für Technikfolgenabschätzung in Baden-Württemberg/Stuttgart.

Julia Drews, Juliana Raupp

Kommunikation? – Aber sicher! Onlinevermittelte Krisenkommunikation und ihre Auswirkungen auf Journalismus, Bevölkerung und Organisationen

Verschiedene sozialwissenschaftliche Disziplinen befassen sich mit Sicherheit und Unsicherheit (vgl. z. B. Gerhold & Schiller 2012; Lange, Wendekamm & Endreß 2014). Für die Publizistik- und Kommunikationswissenschaft stellt sich die Frage, wie „Sicherheit" und mehr noch ihre rein logische Entsprechung „Unsicherheit" öffentlich vermittelt und diskutiert werden. Sicherheit ist gleichwohl keine genuin kommunikationswissenschaftliche Kategorie. Es existiert kein etabliertes Forschungsfeld „Sicherheitskommunikation", anders als beispielsweise in der Politikwissenschaft, in der es ein Politikfeld und entsprechend auch ein Forschungsfeld „Sicherheitspolitik" gibt. Vielmehr sind Sicherheit und Unsicherheit bezeichnend für bestimmte Formen der öffentlichen Kommunikation, nämlich der Krisenkommunikation. Denn es sind gerade Krisen, die sich durch ein hohes Maß an Unsicherheit über ihre Ursachen, Konsequenzen und Bewältigungsformen auszeichnen. Insofern sind Sicherheit und Unsicherheit in der Kommunikationswissenschaft insbesondere im Forschungsfeld Krisenkommunikation zu verorten. Kommunikationswissenschaftler erforschen verschiedene Aspekte der Krisenkommunikation, z. B. wie Krisen in der journalistischen Berichterstattung dargestellt werden, wie Personen Krisen wahrnehmen oder wie Organisationen über Krisen kommunizieren. Zudem finden in der diesbezüglichen Forschung neue Kommunikationstechnologien zunehmend Beachtung.

Vor diesem Hintergrund eruiert der folgende Beitrag die Bedeutung von Sicherheit und Unsicherheit im Kontext der Krisenkommunikation. Darüber hinaus soll eine weitere Schwerpunktsetzung vorgenommen werden: Krisenkommunikation lässt sich heutzutage ebenso wie die öffentliche

Kommunikation insgesamt nur noch unter Berücksichtigung der Digitalisierung unserer Gesellschaft und des daraus resultierenden Medienwandels, in dem wir uns derzeit befinden, betrachten. Deshalb richten wir unser Augenmerk vor allem auf die Bedeutung von Sicherheit und Unsicherheit im Rahmen der onlinevermittelten Krisenkommunikation. Wir gehen der Frage nach, welche Rolle onlinevermittelte Krisenkommunikation gegenwärtig spielt, und untersuchen ihre Wirkungsdimensionen anhand von drei Gruppen: Journalisten, Bevölkerung und Organisationen.

Im Folgenden werden wir zunächst in aller Kürze skizzieren, wie sich öffentliche (Krisen-)Kommunikation in der Onlinewelt dynamisiert. Da der traditionelle Journalismus nach wie vor eine zentrale Bedeutung für die öffentliche (Krisen-)Kommunikation einnimmt, werden wir im zweiten Schritt auf die Krisenberichterstattung in der Onlinewelt eingehen. Im dritten Schritt fragen wir nach dem Kommunikationsverhalten und den spezifischen Informationsbedürfnissen der Bevölkerung in Krisen und legen dar, wie sich diese unter Onlinerahmenbedingungen verändern. Im vierten Schritt gehen wir schließlich darauf ein, welche Konsequenzen sich daraus für die organisationale Krisenkommunikation, insbesondere von Behörden und Organisationen mit Sicherheitsaufgaben (BOS), ergeben. Abschließend diskutieren wir die dargelegten Erkenntnisse hinsichtlich ihrer Implikationen für die drei Gruppen, Journalisten, Bevölkerung sowie BOS, und skizzieren den aktuellen Forschungsbedarf.

Dynamisierung der öffentlichen (Krisen-)Kommunikation

Die Verbreitung von neuen Informations- und Kommunikationstechnologien und der damit einhergehende Medienwandel haben zu zahlreichen Veränderungen der öffentlichen Kommunikation geführt und beeinflussen die Organisationsgrundlagen und Geschäftsmodelle der traditionellen Massenmedien (Jarren, Künzler & Puppis 2012; Sutter & Mehler 2010). Gleichzeitig wird der Medienwandel von einem neuen „Wandel der Öffentlichkeit" (Raupp 2012: 106) begleitet. Im Rahmen dieses Öffentlichkeitswandels verändern sich die Kommunikationsrollen und -beziehungen zwischen Kommunikatoren, Vermittlern und dem Medienpublikum. Zudem verknüpft das Internet als Hybridmedium (Beck 2014; Höflich 1997) mehrere unterschiedliche Kommunikationsebenen miteinander: Individualkommunikation (z. B. E-Mails), Gruppenkommunikation (z. B. Foren) und Massenkommunikation (z. B. Nachrichtenportale) können online auf nur einem Kommunikationsträger parallel und verzahnt stattfinden. Das Internet und mobile Endgeräte sind allgegenwärtig, neue Onlineöffentlichkeiten resultieren daraus. Diese neuen Öffentlichkeiten sind durch Beschleunigung, Dynamik und Anonymität gekennzeichnet (vgl. im Überblick Fraas, Meier & Pentzold 2012; Schweiger & Beck 2010).

Besondere Formen der Onlinekommunikation bieten Social-Media-Kanäle. Dazu zählen soziale Netzwerkplattformen wie Facebook, Mikroblogs wie Twitter und Videoportale wie YouTube. Auch Weblogs/Blogs und Wikis werden unter dem Begriff Social Media gefasst (Schmidt 2013).[1] Bereits 1996 hat Castells angesichts des medialen Wandels den Begriff der „vernetzten Gesellschaft" eingeführt (Castells 1996). Doch erst heute entfaltet sich im Zuge der Diffusion von Social Media das ganze Veränderungspotenzial für die öffentliche Kommunikation: Neben Vernetzung gelten inzwischen auch Partizipation, Offenheit, Konversation und die

Herausbildung von Communitys als Merkmale der öffentlichen Kommunikation im Web 2.0 (vgl. im Überblick Fuchs 2014; Hunsinger & Senft 2014).

Die hier skizzierten Veränderungen beeinflussen ebenfalls Prozesse der öffentlichen Kommunikation in Krisen, darüber hinaus jedoch auch Krisen selbst. So wird beispielsweise die Dynamik von Krisenverläufen und folglich auch die Dynamik der Krisenkommunikation durch die Möglichkeiten der Kommentierung und Weiterleitung von Informationen beschleunigt. Mitglieder verschiedener Öffentlichkeiten können sich in Krisen stärker

---

1 Im Nachfolgenden wird der Begriff Social Media für soziale Netzwerkplattformen, Weblogs/Blogs, Mikroblogs, Wikis und Multimediaplattformen verwendet. Darüber hinaus wird der Terminus Social Web für die „Gesamtheit aller Social Media" (Wassmer et al. 2012: 3) genutzt (vgl. für die weiterführende Begriffsarbeit u. a. Ebersbach, Glaser & Heigl 2011; Schmidt 2013).

vernetzen, Informationen austauschen und ihre Meinungen artikulieren. Das wiederum kann von Akteuren und Organisationen, die institutionelle Krisenkommunikation betreiben, beobachtet und genutzt werden (Schultz & Utz 2013).

Doch werden Krisen durch Onlinekommunikation nicht nur dynamisiert, sie können auch in und aufgrund der Onlineumgebung erst entstehen. Solche „Cyber-Krisen" (Hallahan 2010: 415) können etwa Hackerangriffe, ebenso aber Angriffe inhaltlicher Art darstellen, etwa wenn absichtlich Gerüchte und Falschmeldungen verbreitet werden. Situationen, in denen große Unsicherheit herrscht, können dazu führen, dass kommunikationsethische Richtlinien für einen angemessenen, respektvollen Umgang im Internet ausgehebelt werden (Hofmann 2013). Sogenannte Shitstorms, Stürme „der Entrüstung in einem Kommunikationsmedium des Internets, [die] zum Teil mit beleidigenden Äußerungen einhergeh[en]" (Duden 2014), können die Folge sein (vgl. Steinke 2014; Stoffels & Bernskötter 2012).

Krisenberichterstattung in der Onlinewelt

Nicht nur die Geschäftsgrundlagen der traditionellen Medienorganisationen, sondern auch die Arbeitsweisen des Journalismus haben sich im Zuge des Medienwandels verändert (vgl. Neuberger, Nuernbergk & Rischke 2009; Neuberger & Quandt 2010). Neue Kommunikationstechnologien, insbesondere Social Media, beeinflussen die Herstellung und Verbreitung journalistisch-redaktioneller Angebote in mehrfacher Hinsicht.

Längst publizieren Journalisten nicht nur in den traditionellen Massenmedien, sondern verlagern ihre Berichterstattung ins Internet. Nahezu jede Medienorganisation pflegt ihren eigenen Internetauftritt und stellt journalistische Angebote online zur Verfügung. Immer mehr Medienorganisationen unterhalten darüber hinaus eigene Social-Media-Abteilungen, um Inhalte auf diesen Kanälen kontinuierlich beobachten zu können. So verfügt etwa ARD-aktuell, die zentrale Redaktion, in der unter anderem die Nachrichten für die „Tagesschau" und die „Tagesthemen" entstehen, über eine eigene Social-Media-Redaktion, die das Social Web nach geeigneten Themen und nach Filmmaterial durchsucht. Zudem soll die Berichterstattung hierüber vervielfältigt und Kontakt zu Social-Media-Nutzern aufgenommen werden (Siegert 2011). Onlinemedien wie beispielsweise „Spiegel Online" nutzen den Mikroblogging-Dienst Twitter sowie die sozialen Netzwerkplattformen Facebook und Google Plus und verlinken dort eingestellte Mitteilungen zu ihren eigentlichen Nachrichtenwebsites. Insbesondere über Twitter soll eine Berichterstattung in Echtzeit angeboten und die direkte Kommunikation mit dem Publikum ermöglicht werden (Neuberger, vom Hofe & Nuernbergk 2010).

In Hinblick auf die Berichterstattung über Krisen besitzen Social Media besonderes Potenzial für klassische Medien. Journalisten können auf nutzergenerierte Inhalte aus Social-Media-Kanälen (Texte, Bild- und Videomaterial) zugreifen und diese in die Krisenberichterstattung einspeisen. Dies ist vor allem dann der Fall, wenn in einer Krisensituation noch keine offiziellen Informationen von verantwortlichen Organisationen (z. B. von Behörden mit Sicherheitsaufgaben) veröffentlicht wurden (Ebermann et al. 2010; Kögl 2011). Gleichzeitig sind die Inhalte der klassischen Medienberichterstattung ausschlaggebend für einen Teil der Kommunikation auf Social-Media-Plattformen. Studien belegen, dass Nachrichten über Krisen eher aus traditionellen Medien geteilt, verbreitet und kommentiert werden als aus Social-Media-Kanälen. Ein Grund dafür wird darin gesehen, dass den Inhalten klassischer Medien mehr Glaubwürdigkeit und Neutralität zugeschrieben wird (Schultz, Utz & Göritz 2011; Utz, Schultz & Glocka 2013).

Viele Onlinenachrichtenplattformen bieten ihrem Publikum Möglichkeiten des Dialoges, der Interaktion und Partizipation, z. B. indem Artikel kommentiert oder eigene Texte, Fotos und Videos zugesendet werden können. In einer Krise können die Beiträge solcher „Leserreporter" (Wassmer et al. 2012: 1) wichtige Informationen über das Ereignis zur Verfügung stellen und auf den Nachrichtenportalen entsprechend vervielfältigt werden. Nach den Bombenexplosionen in der Londoner U-Bahn 2005 gingen bei der BBC um die 22.000 E-Mail- und Textnachrichten, 300 Fotos und diverse Videoausschnitte über das Ereignis ein. Das Material wurde zum Teil als aktueller und wertvoller für die Berichterstattung beurteilt als professionell erstellte Inhalte (Hermida & Thurman 2008).

Wenn Internetnutzer die Produktion von Nachrichten mitgestalten, verschwimmen dadurch die Grenzen zwischen Nachrichtenproduktion und Nachrichtenkonsum. Dieser *partizipative Journalismus*, auch als

Bürgerjournalismus bezeichnet, beeinflusst die traditionelle Nachrichtenproduktion, was wiederum Einfluss darauf hat, wie über Krisen berichtet wird (Karlsson 2010). Es können fünf verschiedene Formen des partizipativen Journalismus identifiziert werden: (1) das Vorschlagen von Beiträgen und Ideen, (2) die Auswahl und Filterung von Nachrichten, (3) die Erstellung und Bearbeitung von Nachrichten, (4) die Verbreitung von Nachrichten und (5) die Interpretation von Nachrichten, etwa durch Kommentare (Domingo et al. 2008).

Ein Beispiel des Krisen-Bürgerjournalismus stellt „Ushahidi" dar. Die kenianische Open-Source-Plattform diente ursprünglich dazu, die aus der Präsidentenwahl in Kenia im Jahr 2008 resultierenden gewalttätigen Konflikte und die Friedensbemühungen auf einer Karte zu dokumentieren. „Ushahidi" koordinierte und visualisierte in dieser Zeit Berichte kenianischer Bürgerjournalisten aus verschiedenen Regionen des Landes und stellte diese Informationen online zur freien Verfügung (Ushahidi 2014). Die Plattform wurde später von Journalisten und Hilfsorganisationen zur Informationsgewinnung in Krisensituationen genutzt, etwa bei dem Erdbeben in Haiti 2010 sowie bei dem Taifun auf den Philippinen 2013 (Bruns 2014).

Unsicherheit ist mit Nichtwissen verknüpft und entsteht oft aus einem Mangel an Informationen (Gerhold 2009; Günther, Milde & Ruhrmann 2011). Partizipativer Journalismus kann in der medienvermittelten Krisenkommunikation dazu beitragen, Unsicherheit zu reduzieren, weil Informationen leichter zur Verfügung gestellt werden können. Da Journalisten online in Echtzeit auf Inhalte von betroffenen Bürgern zurückgreifen können, können Ungewissheit und Unsicherheit bezüglich des Geschehens abgebaut werden. Gleichzeitig können Journalisten nicht automatisch voraussetzen, dass die zur Verfügung gestellten Informationen auch „sichere" Informationen sind. Daher obliegt ihnen in Krisen die Aufgabe, Informationen hinsichtlich ihrer Authentizität, Validität und Neutralität zu prüfen.

Trotz dieser grundlegenden Veränderungen und der ökonomischen Krise, in der sich Medienorganisationen befinden, herrscht in der Kommunikationswissenschaft weitgehend Einigkeit darüber, dass der Journalismus seine gesellschaftliche Funktion als Gatekeeper nicht eingebüßt hat, dass jedoch zunehmend auch andere Akteure Gatekeeper-Funktionen wahrnehmen (Bruns 2009; Singer 2014).

Auch in Hinblick auf Krisenkommunikation wird auf die Bedeutung des traditionellen Journalismus hingewiesen (vgl. im Überblick Raupp 2013). So legt eine Studie über die Verschmutzung des Golfes von Mexiko aufgrund der Explosion einer Ölplattform im Jahr 2010 nahe, dass klassische Medien wie Zeitungen die Kommunikation im Internet und damit die Wahrnehmung der Krise bei den Rezipienten nach wie vor stark beeinflussen. Die Untersuchung zeigt, dass traditionelle Medien in der Krise noch immer aktiv versuchen, ihren zentralen Einfluss auf die öffentliche Meinung zu verteidigen (Schultz et al. 2012). Gleichwohl finden sich in der Krisenkommunikationsforschung auch Indizien dafür, dass sich der Einfluss der traditionellen Medien in Krisen relativiert. So untersuchte Karlsson (2010) den öffentlichen Diskurs über die H1N1-Influenza in Schweden und zeigte dabei, dass klassische Medien nicht mehr unangefochten die öffentliche Kommunikation bestimmen und dass ihre Deutungshoheit selbst auf ihren eigenen Onlinenachrichtenportalen vermehrt abnimmt. Allerdings bedarf es weiterer Forschungsergebnisse über die Rolle des klassischen Journalismus in verschiedenen Krisensituationen, um fundierte Aussagen über die Bedeutung der traditionellen Krisenberichterstattung in der Onlinewelt treffen zu können.

Informationsbedürfnisse und Kommunikationsverhalten der Bevölkerung in Krisen

Wenn sich in Krisen- und Bedrohungssituationen Unsicherheit in der Bevölkerung verbreitet, ändern sich die Informationsbedürfnisse der Menschen im Vergleich zum Alltag. Dann beginnen Personen, aktiv nach Informationen auf mehreren Kanälen und aus möglichst verschiedenen Quellen zu suchen (Gehrau & Görke 2008; Heinrichs & Grunenberg 2009; Siedschlag 2013). Dabei spielen Onlinemedien eine bedeutende Rolle, wie bereits im Jahr 2001 bei den Ereignissen des 11. September zu beobachten war (Emmer et al. 2002).

Informationsbedürfnisse, die Menschen in einer Krisensituation befriedigen möchten, lassen sich nach Thelwall und Stuart (2007) in das „allgemeine Informationsbedürfnis", das „persönliche Informationsbedürfnis" und die „Informationsnutzung" differenzieren. Jedes lässt sich anhand unterschiedlicher Kommunikationskanäle verschiedenartig bedienen. Das *allgemeine Informationsbedürfnis* verlangt nach Informationen über die Krise und kann über klassische Medien wie Zeitungen, Fernsehen oder Onlinenachrichten zufriedengestellt werden. In der Krise zu erfahren, wie es Angehörigen und Freunden geht, entspricht dem *persönlichen Informationsbedürfnis*. Traditionell wurden dafür Telefonate und E-Mails genutzt. Es ist davon auszugehen, dass Social-Media-Kanäle in dieser Hinsicht von zunehmender Bedeutung sind (Austin, Liu & Jin 2012). Bereits im Jahr 2011 hat etwa ein Drittel der amerikanischen Internetnutzer in der Krise Social-Media-Kanäle genutzt, um Familie und Bekannte über das eigene Wohlbefinden zu informieren (American Red Cross 2011). Das Bedürfnis der *Informationsnutzung* verlangt nach eigener, aktiver Kommunikation über das Krisenereignis. Für diesen Zweck wird vor allem persönliche Kommunikation verwendet, die ebenfalls durch die Nutzung von Social Media intensiviert wird (Krämer 2011). Da das Social Web zu einer Verschmelzung der Kommunikationsformen und -funktionen beiträgt, muss davon ausgegangen werden, dass künftig nicht mehr explizit zwischen allgemein-öffentlichen und persönlich-privaten Informationsbedürfnissen in der Krise differenziert werden kann (Raupp 2011).

Die Gründe für die Nutzung von Social Media in Krisensituationen unterscheiden sich von denen der Social-Media-Nutzung im Alltag. Bisherige wissenschaftliche Erkenntnisse haben die folgenden Gründe für die Nutzung von Social Media in Krisensituationen identifiziert: Informationssuche, -generierung und -verbreitung, Organisation und Inanspruchnahme von Hilfe, Kontaktaufnahme mit Angehörigen und Freunden, Weiterleiten offizieller Ankündigungen, Verweise auf massenmediale Quellen, Diskussion des Geschehens, emotionale Unterstützung, Suche nach Vermissten, Mobilisierung von Spenden (Gründe aggregiert in Anlehnung an Krämer 2011; Rutsaert et al. 2012; Schmidt 2011).

Wie der zuletzt genannte Grund, die Mobilisierung von Spenden, zeigt, erleichtert das Social Web in der Krise den Prozess der Formierung von Teilöffentlichkeiten anhand gewisser Kriterien wie etwa Einstellungen oder Bedürfnisse. Gruppen, z. B. Helfende oder Betroffene, können sich in unsicheren Situationen über Social Media leichter und schneller zusammenfinden (Hallahan 2010). Räumliche und zeitliche Grenzen spielen dabei nur noch eine untergeordnete Rolle, mögliche Distanzen werden digital überwunden. Insbesondere die Plattform Facebook hat großes Potenzial,

Massenbewegungen auszulösen, wie das Hochwasser in Deutschland 2013 gezeigt hat. Hier haben sich Betroffene und freiwillige Helfer in Gruppen zusammengefunden und so „vernetzte Selbsthilfe" (Kaufhold & Reuter 2014) organisiert und koordiniert. Kaufhold und Reuter (2014) differenzieren folglich die freiwilligen Helfer in Krisensituationen in zwei Gruppen. Zum einen gibt es „reale" Helfer: Personen, die sich tatsächlich vor Ort zusammenfinden, um Schäden einer Krise zu beheben. Zum anderen die virtuellen Freiwilligen, die online Unterstützung leisten. Helfende auf der Netzwerkplattform Twitter haben dafür den Namen „Voluntweeter" erhalten (Starbird & Palen 2011). Während des Hochwassers wurden die Aktivitäten auf den Social-Media-Kanälen vielfach zu Bestandteilen der klassischen Medienberichterstattung (vgl. z. B. Obergassner 2013; Steiner 2013), was dazu führte, dass weitere Teile der Bevölkerung von Betroffenen und Helfenden erfuhren. Der MDR Sachsen-Anhalt bot auf Twitter sogar an, Mitteilungen der Helfernetzwerke zu retweeten (Kaufhold & Reuter 2014).

Die bisherigen Ausführungen verdeutlichen, dass der klassische Mediennutzer, dem Inhalte in selektierter, aufbereiteter Form präsentiert werden, heutzutage nur noch bedingt existiert. Mediennutzern kommt inzwischen häufiger eine Zwitterrolle zwischen Nutzer und Produzent zu, aus ihnen sind „Produser" (Bruns 2008) geworden. Im Social Web können Nutzer selbst zu Medienanbietern und damit auch zu Gatekeepern werden. Durch die Verbreitung bestimmter Nachrichten kann heutzutage jeder dazu beitragen, dass bestimmte Schleusen der öffentlichen Krisenkommunikation geöffnet werden. Besonders bei Ereignissen, die mit hoher Unsicherheit behaftet sind, werden Teile der Bevölkerung selbst zu Kommunikatoren (Schultz & Utz 2013). Dann sind nutzergenerierte Inhalte oft die zuerst publizierten, etwa wenn Videos über das Geschehen auf Facebook hochgeladen oder Neuigkeiten auf Twitter gepostet werden.

Obgleich die in der Onlinewelt partizipierende Bevölkerung von anderen Logiken dominiert wird als Journalisten (z. B. persönliches Interesse vs. Ausrichtung an Nachrichtenfaktoren, bekanntes Publikum vs. unbekannte Masse als Zielgruppe, Subjektivität vs. Neutralität), ist erkennbar, dass beide Gruppen nicht isoliert voneinander zu betrachten sind. Sie bedingen und überschneiden sich (Schmidt 2011). Es ergeben sich neue Formen der Onlinekommunikation, die für die Wahrnehmung von Unsicherheit in Krisensituationen entscheidende Auswirkungen haben können. Die traditionelle Krisenberichterstattung hat einen bedeutenden Einfluss darauf, wie Unsicherheiten in Krisensituationen konstruiert und wahrgenommen werden, gleichzeitig kann die Bevölkerung über Onlinekanäle sowohl zu einer Reduzierung als auch zu einer Verstärkung von Unsicherheit beitragen.

Onlinevermittelte Krisenkommunikation von Behörden und Organisationen mit Sicherheitsaufgaben

Für Behörden und Organisationen mit Sicherheitsaufgaben (BOS), deren oberstes Ziel die Bewahrung und, wenn nötig, die Wiederherstellung der öffentlichen Sicherheit ist, ergeben sich aus den bisherigen Erkenntnissen zur onlinevermittelten Krisenkommunikation zahlreiche Konsequenzen. Im Folgenden werden einige dieser Auswirkungen in Hinblick auf die eigene professionelle Kommunikationsarbeit der BOS skizziert und es wird dargelegt, inwiefern diese als Chancen und Herausforderungen zu begreifen sind (nachfolgend aggregiert in Anlehnung an Hofmann 2013; Krämer 2011; Raupp 2012; Reynolds & Seeger 2012; Schultz & Utz 2013).

In Krisensituationen sind Onlinekommunikationskanäle, insbesondere Social Media, effiziente Formen der Informationsgewinnung und -verbreitung. Nicht nur Journalisten, auch verantwortliche BOS können online Informationen sammeln, koordinieren und zur Verfügung stellen. Von einer Krise betroffene oder verunsicherte Personen können sich dann direkt auf den Onlinekanälen der verantwortlichen BOS über die Geschehnisse informieren. Dies alles kann in hoher Geschwindigkeit, auf Social-Media-Plattformen sogar in Echtzeit, stattfinden. Aufgrund dessen benötigen BOS nicht mehr zwingend die traditionellen Massenmedien, wenn sie in der Krise mit ihren Anspruchsgruppen kommunizieren möchten. Daraus kann das Phänomen resultieren, dass Organisationen den organisierten Journalismus online bewusst umgehen, um eine direkte Kommunikation mit ihren Anspruchsgruppen zu etablieren (u. a. Neuberger & Quandt 2010).

Viele der identifizierten Potenziale von Social Media, etwa die Möglichkeit einer dialogischen, transparenten und interaktiven Kommunikation, gelten gleichermaßen für die organisationale Krisenkommunikation.

Zudem bietet das Social Web für Organisationen vergleichsweise kostengünstige Formen der Kommunikation. Über Social-Media-Kanäle lassen sich darüber hinaus Entwicklungen und Trends im Rahmen eines Frühwarnsystems kontinuierlich beobachten. So konnten beispielsweise Wissenschaftler durch die Beobachtung von Profilen und anhand der Analyse von Posts werdender Mütter auf sozialen Netzwerkplattformen (Twitter, Facebook) vorhersagen, welche der Mütter von einer postnatalen Depression betroffen sein werden (Horsten 2014). Solche Prognosemöglichkeiten eröffnen neue Dimensionen für die Krisenkommunikation der BOS: Situationen, die mit großer Unsicherheit behaftet sind, lassen sich antizipieren. Ein Beispiel ist „Google Flu Trends". Das Angebot von Google schätzt die Häufigkeiten von Grippeerkrankungen in verschiedenen Ländern anhand der Suchanfragen zum Thema Grippe über die Google-Website. Das Tool bereitet die gesammelten Daten in Grafiken und Tabellen auf (Ginsberg et al. 2009; Google Grippe-Trends 2014). Es ist anzunehmen, dass solche Angebote für die Vorhersage schwerwiegender Epidemien oder Pandemien an Bedeutung gewinnen. Das Forschungsprojekt „Monitoring biologischer Gefahrenlagen in der digitalen Gesellschaft" (Mobi diG), an dem das Robert-Koch-Institut beteiligt ist, untersucht, wie die Analyse von Social-Media-Inhalten für das strategische Krisenmanagement genutzt werden kann (Robert-Koch-Institut 2012). Je präziser sich Krisenereignisse antizipieren lassen, desto besser kann ihnen frühzeitig entgegengewirkt und die Entstehung von Unsicherheit reduziert werden.

Neue Formen der Koordination, Mobilisierung und Selbstorganisation, die durch das Social Web möglich werden, können für BOS eine große Unterstützung sein. Digital Helfende stellen eine beachtliche Chance für die Krisenkommunikation der BOS dar. Sie können zudem zu real Helfenden vor Ort werden und für die Krisenbewältigung der BOS unterstützend tätig sein. Solche „ungebundenen Helfer" sind oft nicht von der Krise betroffen und gehören keiner Hilfs- oder Katastrophenschutzorganisation an (Deutsches Rotes Kreuz 2013). Da sie meist nicht für die spezifische Krisensituation ausgebildet sind, können sie jedoch ebenso Unsicherheit induzieren. Es kann als gegeben vorausgesetzt werden, dass das Social Web auch in Zukunft die Formierung von Teilöffentlichkeiten mit der Absicht der Mobilisierung und Spontanhilfe fördert. Für BOS ist es deshalb zwingend notwendig, Möglichkeiten zu entwickeln, mit denen digitale und reale Hilfsangebote aus der Bevölkerung stringent in die eigenen Krisenkommunikations- und Krisenbewältigungsstrategien integriert werden können.

Neben den genannten Chancen sind auch Herausforderungen zu bedenken, die sich für die Krisenkommunikation der BOS in der Onlinewelt ergeben. So stellt der mögliche Kontrollverlust über Kommunikationsinhalte eine Herausforderung dar. Hinzu kommt, dass die schnelle Verbreitung von Falschmeldungen oder Gerüchten eine Gefahr bedeuten kann. Allerdings gilt diesbezüglich auch, dass Communitys im Social Web dazu tendieren, fehlerhafte Meldungen von allein und schnell wieder zu korrigieren (Reynolds & Seeger 2012). Eine weitere, grundsätzliche Gefahr für die onlinebasierte Krisenkommunikation von BOS besteht in der Abhängigkeit von der technologischen Infrastruktur. Da in extremen Krisensituationen ein (Teil-)Ausfall der Informations- und Kommunikationstechnik nicht ausgeschlossen werden kann, führt die erschwerte Informationsbereitstellung zu erhöhter Unsicherheit, was sich wiederum selbst zu einer Krise entwickeln kann.

Bezogen auf die Organisationsabläufe und Strukturen von BOS erfordert die Onlinekrisenkommunikation organisationale Anpassungen, möglicherweise sogar Umstrukturierungen. Die strategische Nutzung von Social Media beansprucht personelle, zeitliche und damit auch finanzielle Ressourcen, die entweder zusätzlich bereitgestellt werden müssen oder durch eine Neuverteilung von Aufgaben zur Verfügung gestellt werden können. Zudem bedeutet die Beschleunigung der Kommunikation in der Onlinewelt eine Herausforderung für Organisationen in der zeitlichen Dimension: Wenn BOS in der Krise über Social Media kommunizieren, kann es keine Feierabende und Wochenenden geben, da aktuelle Informationen und eine dialogische Ausrichtung der Kommunikation erforderlich sind. Schichtdienste und eine transparente Abstimmung zwischen allen Beteiligten sind deshalb Voraussetzungen für die strategische Onlinekrisenkommunikation.

Diskussion und Ausblick

Welche Rolle spielt onlinevermittelte Krisenkommunikation in Hinblick auf den Journalismus, die Bevölkerung sowie die BOS? Für diese

Ausgangsfrage des Beitrages wurden verschiedene Wirkungsdimensionen aufgezeigt, aus denen sich mehrere Schlussfolgerungen ziehen lassen.

Obgleich der traditionelle *Journalismus* nicht länger die alleinige Deutungshoheit über massenmedial vermittelte Nachrichten zu Krisen besitzt, ist davon auszugehen, dass er nach wie vor eine große Bedeutung für die Konstruktion von Krisen hat. Klassische Nachrichtenmedien sind noch immer deutungsmächtige Akteure, wenn auch nicht mehr die einzigen. Wollen sie diese Stellung beibehalten, kommen sie nicht umhin, neue Bedürfnisse ihres Publikums ernst zu nehmen und, wenn nötig, auch in der Krise den direkten Dialog aufzunehmen. Die Grenzen zwischen „autorisierten" journalistischen Gatekeepern und Bloggern bzw. „Bürgerjournalisten" werden durchlässiger. Es ist anzunehmen, dass der reine Nachrichten- und Informationsjournalismus an Bedeutung verlieren wird, dass aber aufgrund der Unübersichtlichkeit der Onlinekommunikation die journalistischen Funktionen der Orientierung, Einordnung und Kommentierung zentraler werden. Chancen bestehen demnach für einen kritischen, unabhängigen und hintergründigen Journalismus. Hier liegen die Stärken der traditionellen Medien, die sie sich bei ihrer Krisenberichterstattung zunutze machen sollten.

Die Informationsbedürfnisse der *Bevölkerung* verändern sich in Krisensituationen. Der Onlinekommunikation kommt aufgrund ihrer Schnelligkeit und grenzüberschreitenden Funktionen eine bedeutende Rolle zu. Wenn in Krisensituationen das Bedürfnis nach Informationen stark aktiviert ist, nutzen Informationssuchende alle verfügbaren Kanäle. Obwohl davon auszugehen ist, dass das Social Web den organisierten Journalismus vorerst nicht ersetzen wird, so ist doch ein erheblicher Einfluss auf die traditionelle Krisenberichterstattung zu erkennen.

Die professionelle Nutzung von Onlinekanälen und insbesondere von Social Media stellt *BOS* vor verschiedene Herausforderungen. So ergeben sich z. B. neue Fragen der organisationalen Zuständigkeiten und Verantwortlichkeiten. Zudem ist noch ungewiss, inwieweit Organisationen, die in ihrer professionellen Kommunikationsarbeit bislang vor allem Informationsfunktionen wahrgenommen haben, nun stärker interaktive Kommunikationsformen implementieren können. Nicht zuletzt erfordert die professionelle Nutzung von Social Media einen hohen Ressourceneinsatz, den gerade öffentliche Organisationen nicht ohne weiteres leisten können. Dennoch scheint uns die professionelle Nutzung von Onlinemedien und Social Media alternativlos zu sein, weil Onlinekommunikation in jedem Fall stattfindet. Es geht für Organisationen deshalb darum, die Chancen und Möglichkeiten von Social Media in Krisensituationen sinnvoll und angemessen zu nutzen. Angesichts der beschleunigten, komplexen Kommunikation in der Onlinewelt können „sichere" Informationen nur unter Vorbehalt gegeben werden, sämtliche Informationen müssen fortlaufend aktualisiert werden. Durch die Bereitstellung kontinuierlich aktualisierter Erkenntnisse über mögliche Ursachen und Folgen einer Krise könnten sich BOS in Krisensituationen als besonders verlässliche Informationslieferanten auch online positionieren. Zudem eröffnen die neuen Kommunikationskanäle vielfältige Möglichkeiten, die Bevölkerung in die Krisenbewältigung einzubinden, ihre Selbstwirksamkeit zu stärken und als Knotenpunkt für vernetzte Krisenkommunikationsverläufe zu dienen. Aus diesen Gründen sollte die Diskussion nicht darüber geführt werden, *ob* Social Media in der Krise genutzt werden sollen, allenfalls *wie* eine Nutzung von Social Media in der Krise erfolgen soll (vgl. z. B. Duhé 2012; White 2012).

Zusammenfassend lässt sich festhalten, dass die Onlinewelt neue Potenziale für verschiedene öffentliche Formen der Krisenkommunikation offeriert und die Antizipation, Vorbereitung und Bewältigung von Krisen verbessern und erleichtern kann. Ferner laden Social-Media-Plattformen aufgrund ihrer dialogischen Ausrichtung zur Partizipation ein und ermöglichen so deliberative Diskurse (Renn 2004 u. 2013) für die Risiko- und Krisenkommunikation.

Wenn sich verantwortliche BOS, aber auch Journalisten in der Krise weigern, die öffentliche Kommunikation ebenfalls unter Onlinerahmenbedingungen zu gestalten, versäumen sie die Möglichkeiten, den gesamtgesellschaftlichen Diskurs über Krisen zu prägen und Deutungsmacht zu erlangen. Die Entwicklung dieses Diskurses bestimmt die Konstruktionen und damit Wahrnehmungen von Sicherheit, jedoch viel mehr von Unsicherheit, die für die mediale Logik einen hohen Stellenwert einnimmt. Sicherheit kann nur im Zusammenhang mit Unsicherheit gedacht werden. Aus kommunikationswissenschaftlicher Perspektive ist es deshalb erforderlich, Sicherheit und Unsicherheit gleichermaßen konsequent im Kontext der Onlinekommunikation zu erforschen.

Bislang sind die Nutzung von Onlinekommunikation, insbesondere von Social Media, durch verschiedene Akteure sowie die daraus resultierenden Auswirkungen in Krisensituationen jedoch noch unzureichend erforscht. Bisherige Studien konzentrieren sich auf Krisen im internationalen Umfeld sowie auf die Plattform Twitter, was auch auf Gründe der Operationalisierbarkeit zurückzuführen ist (z. B. Helsloot & Groenendaal 2013; Vieweg et al. 2010). Insbesondere für Deutschland besteht in Bezug auf die Bedeutung von Social Media für Krisenverläufe Forschungsbedarf. So stellt beispielsweise der journalistische Umgang mit Social Media als Informationsquelle für die Krisenberichterstattung hierzulande eine Forschungslücke dar. Weiterhin stellt sich die Frage, inwiefern die Umgehung des organisierten Journalismus hinsichtlich einer direkteren Kommunikation mit den Anspruchsgruppen für die onlinevermittelte Krisenkommunikation von öffentlichen Organisationen relevant ist.

In der Auseinandersetzung mit der Frage, wie sicher wir leben wollen, haben wir in diesem Beitrag Erkenntnisse zur onlinevermittelten Krisenkommunikation in den Mittelpunkt gestellt. Denn gerade hier werden Fragen der öffentlichen und medial vermittelten Konstruktion von Sicherheit und Unsicherheit virulent. Die Ergebnisse der kommunikationswissenschaftlichen Arbeiten können für die interdisziplinäre Sicherheitsforschung fruchtbar gemacht werden. Gleichermaßen kann die Kommunikationswissenschaft von Erkenntnissen der anderen Disziplinen profitieren. Weitere interdisziplinäre Forschungsanstrengungen sind erforderlich, um auf die Frage „Wie sicher wollen wir mit und in der Onlinewelt leben?" sozialwissenschaftliche Antworten für Bürger, Sicherheitsbehörden, Politiker, Unternehmer und viele weitere theoretisch und empirisch herleiten zu können.

Literatur

American Red Cross (2011). Social Media in Disasters and Emergencies: Online Survey of 1,046 respondents and telephone survey of 1,011 respondents. Verfügbar unter http://www.redcross.org/about-us/media/subject-matter-experts/social-communications [12.06.2013].

Austin, L. L., Liu, B. F. & Jin, Y. (2012). How audiences seek out crisis information: Exploring the Social-Mediated Crisis Communication Model. Journal of Applied Communication Research. 40(2). 188–207.

Beck, K. (2014). Soziologie der Online-Kommunikation. essentials. Wiesbaden: Springer.

Bruns, A. (2014). Soziale Medien in Krisensituationen. In: J. Brautmeier & T. Fuchs (Hrsg.). Programmbericht 2013: Fernsehen in Deutschland. Programmforschung und Programmdiskurs. Berlin: Vistas. 163–166.

Bruns, A. (2009). Vom Gatekeeping zum Gatewatching. Modelle der journalistischen Vermittlung im Internet. In: C. Neuberger, C. Nuernbergk & M. Rischke (Hrsg.). Journalismus im Internet. Wiesbaden: VS Verlag für Sozialwissenschaften. 107–128.

Bruns, A. (2008). Blogs, Wikipedia, Second life, and Beyond: From production to produsage. Digital formations: Vol. 45. New York: Peter Lang.

Castells, M. (1996). The rise of the network society. Information age: Vol. 1. Malden, Mass.: Blackwell Publishers.

Deutsches Rotes Kreuz (2013). Die Rolle von ungebundenen Helfern und Sozialen Netzwerken bei der Bewältigung des Jahrhunderthochwassers im Juni 2013. Verfügbar unter http://kats20.leiner-wolff.de/wp-content/uploads/2013/10/131017-DRK_Untersuchung-Rolle-ungebundene-Helfer.pdf [26.05.2014].

Domingo, D., Quandt, T., Heinonen, A., Paulussen, S., Singer, J. B. & Vujnovic, M. (2008). Participatory journalism practices in the media and beyond: An international comparative study of initiatives in online newspapers. Journalism Practice, 2(3). 326–342.

Duden (2014). Shitstorm, der. Verfügbar unter http://www.duden.de/rechtschreibung/Shitstorm [26.05.2014].

Duhé, S. C. (Hrsg.) (2012). New media and public relations. New York: Peter Lang [2. Auflage].

Ebermann, J., Fleck, M., Meckel, M., Plotkowiak, T. & Stanoevska-Slabeva, K. (2010). Die Rolle von Journalisten in Sozialen Medien am Beispiel Twitter. Konferenzpapier (SGKM-Jahrestagung 2010: Online-Kommunikation: Aktuelle Tendenzen & Dynamiken). Luzern.

Ebersbach, A., Glaser, M. & Heigl, R. (2011). Social Web. Konstanz: UVK [2. Auflage].

Emmer, M., Kuhlmann, C., Vowe, G. & Wolling, J. (2002). Der 11. September – Informationsverbreitung, Medienwahl, Anschlusskommunikation. Media Perspektiven (04). 166–177.

Fraas, C., Meier, S. & Pentzold, C. (2012). Online-Kommunikation: Grundlagen, Praxisfelder und Methoden. München: Oldenburg.

Fuchs, C. (2014). Social media: A critical introduction. Los Angeles: Sage.

Gehrau, V. & Görke, A. (2008). Alarm im Wohnzimmer: Wie sich die Mediennutzung in Krisenzeiten ändert. In: M. Löffelholz, C. F. Trippe & A. C. Hoffmann (Hrsg.). Praktischer Journalismus: Vol. 70. Kriegs- und Krisenberichterstattung. Ein Handbuch. Konstanz: UVK. 292–297.

Gerhold, L. & Schiller, J. (Hrsg.) (2012). Perspektiven der Sicherheitsforschung: Beiträge aus dem Forschungsforum Öffentliche Sicherheit. Frankfurt am Main: Lang.

Gerhold, L. (2009). Umgang mit makrosozialer Unsicherheit: Zur individuellen Wahrnehmung und Bewältigung gesellschaftlich-politischer Phänomene. Lengerich: Pabst.

Ginsberg, J., Mohebbi, M. H., Patel, R. S., Brammer, L., Smolinski, M. S. & Brilliant, L. (2009). Detecting influenza epidemics using search engine query data. Nature (457). 1012–1014.

Google Grippe-Trends (2014). Wie funktioniert das? Verfügbar unter http://www.google.org/flutrends/about/how.html [26.05.2014].

Günther, L., Milde, J. & Ruhrmann, G. (2011). Pandemie: Wahrnehmung der gesundheitlichen Risiken durch die Bevölkerung und Konsequenzen für die Risiko- und Krisenkommunikation. (Schriftenreihe Sicherheit Nr. 7). Berlin: Forschungsforum Öffentliche Sicherheit.

Hallahan, K. (2010). Crisis and Risk in Cyberspace. In: R. L. Heath & H. D. O'Hair (Hrsg.). Handbook of Risk and Crisis Communication. New York: Routledge. 412–445.

Heinrichs, H. & Grunenberg, H. (2009). Klimawandel und Gesellschaft: Perspektive Adaptionskommunikation. Wiesbaden: VS Verlag für Sozialwissenschaften.

Helsloot, I. & Groenendaal, J. (2013). Twitter: An Underutilized Potential during Sudden Crises? Journal of Contingencies and Crisis Management. 21(3). 178–183.

Hermida, A. & Thurman, N. (2008). A clash of cultures: The integration of user-generated content within professional journalistic frameworks at British newspaper websites. Journalism Practice. 2(3). 343–356.

Höflich, J. R. (1997). Zwischen massenmedialer und technischer Kommunikation. Der Computer als Hybridmedium und was die Menschen damit machen. In: K. Beck & G. Vowe (Hrsg.). Computernetze – ein Medium öffentlicher Kommunikation? Berlin: Spiess. 85–104.

Hofmann, T. (2013). Krise 2.0: Erfolgreiches Reputationsmanagement mit Social Media. In: A. Thießen (Hrsg.). Handbuch Krisenmanagement. Wiesbaden: Springer VS. 343–357.

Horsten, C. (2014). Forscher sagen postnatale Depressionen voraus. Verfügbar unter http://www.welt.de/gesundheit/article124970411/Forscher-sagen-postnatale-Depressionen-voraus.html [26.05.2014].

Hunsinger, J. & Senft, T. M. (Hrsg.) (2014). The social media handbook. New York: Routledge.

Jarren, O., Künzler, M. & Puppis, M. (Hrsg.) (2012). Medienwandel oder Medienkrise?: Folgen für Medienstrukturen und ihre Erforschung. Baden-Baden: Nomos.

Karlsson, M. B. (2010). Participatory Journalism and Crisis Communications: A Swedish Case Study of Swine Flu Coverage. Observatorio (OBS*) Journal, 4(1). 201–220.

Kaufhold, M.-A. & Reuter, C. (2014). Vernetzte Selbsthilfe in Sozialen Medien am Beispiel des Hochwassers 2013. i-com. 13(1), 20–28.

Kögl, M. (2011). Die Wirklichkeit im Netz finden. Verfügbar unter http://www.swr.de/swrinfo/social-media-redakteure-die-wirklichkeit-im-netz/-/id=7612/did=8199330/nid=7612/16yhxt8/index.html [26.05.2014].

Krämer, N. C. (2011). Nutzung sozialer Netzwerke in Krisensituationen. Gutachten für das Bundesamt für Bevölkerungsschutz und Katastrophenhilfe, Bonn.

Lange, H.-J., Wendekamm, M. & Endreß, C. (Hrsg.) (2014). Dimensionen der Sicherheitskultur. Wiesbaden: Springer VS.

Neuberger, C. & Quandt, T. (2010). Internet-Journalismus: Vom traditionellen Gatekeeping zum partizipativen Journalismus? In: W. Schweiger & K. Beck (Hrsg.). Handbuch Online-Kommunikation. Wiesbaden: VS Verlag für Sozialwissenschaften. 59–79.

Neuberger, C., vom Hofe, H. J. & Nuernbergk, C. (2010). Twitter und Journalismus: Der Einfluss des „Social Web" auf die Nachrichten (Band 38). Düsseldorf: LfM-Dokumentation. Verfügbar unter http://www.lfm-nrw.de/fileadmin/lfm-nrw/Publikationen-Download/LfM_Doku38_Twitter_Online.pdf [26.05.2014].

Neuberger, C., Nuernbergk, C. & Rischke, M. (Hrsg.) (2009). Journalismus im Internet: Profession – Partizipation – Technisierung. Wiesbaden: VS Verlag für Sozialwissenschaften.

Obergassner, P. (2013). Fluthilfe 2.0. Stuttgarter Zeitung. 14.06.2013. 7.

Raupp, J. (2013). Krisenkommunikation und Media Relations. In: A. Thießen (Hrsg.). Handbuch Krisenmanagement. Wiesbaden: Springer VS. 175–193.

Raupp, J. (2012). Medien und (Un-)Sicherheit. In: L. Gerhold & J. Schiller (Hrsg.). Perspektiven der Sicherheitsforschung. Beiträge aus dem Forschungsforum Öffentliche Sicherheit. Frankfurt am Main: Lang. 97–112.

Raupp, J. (2011). Organizational Communication in a Networked Public Sphere. SCM Studies in Communication/Media, 1. 71–93.

Renn, O. (2013). Partizipation bei öffentlichen Planungen. Möglichkeiten, Grenzen, Reformbedarf. In: S. I. Keil & S. I. Thaidigsmann (Hrsg.). Zivile Bürgergesellschaft und Demokratie. Aktuelle Ergebnisse der empirischen Politikforschung. Wiesbaden: Springer VS. 71–96.

Renn, O. (2004). The Challenge of Integrating Deliberation and Expertise: Participation and Discourse in Risk Management. In: T. McDaniels & M. J. Small (Hrsg.). Risk analysis and society. An interdisciplinary characterization of the field. Cambridge: Cambridge University Press. 289–366.

Reynolds, B. & *Seeger, M.* (2012). Crisis and emergency risk communication. Atlanta: Centers for Disease Control and Prevention. Verfügbar unter http://emergency.cdc.gov/cerc/pdf/CERC_2012edition.pdf [26.05.2014].

Robert-Koch-Institut (2012). Was bewegt uns in biologischen Gefahrenlagen? Das Verbundprojekt: Monitoring biologischer Gefahrenlagen in der digitalen Gesellschaft (Mobi diG). Verfügbar unter http://www.rki.de/DE/Content/Infekt/Biosicherheit/Projekte/mobidig/mobidig_node.html [26.05.2014].

Rutsaert, P., Regan, Á., Pieniak, Z., McConnon, Á., Moss, A., Wall, P. & *Verbeke, W.* (2012). The use of social media in food risk and benefit communication. Trends in Food Science & Technology. 30(1). 84–91.

Schmidt, J.-H. (2011). Öffentlichkeiten im Social Web. Praktiken, Strukturen und Einsatzmöglichkeiten in Krisenszenarien. Unveröffentlichtes Gutachten für das Bundesamt für Bevölkerungsschutz und Katastrophenhilfe, Bonn.

Schmidt, J.-H. (2013). Social Media. Medienwissen kompakt. Wiesbaden: Springer.

Schultz, F. & *Utz, S.* (2013). Krisenkommunikation und Soziale Medien in der vernetzten Gesellschaft – Theoretische Perspektive und empirische Befunde. In: A. Thießen (Hrsg.). Handbuch Krisenmanagement. Wiesbaden: Springer VS. 331–342.

Schultz, F., Kleinnijenhuis, J., Oegema, D., Utz, S. & *van Atteveldt, W.* (2012). Strategic framing in the BP crisis: A semantic network analysis of associative frames. Public Relations Review. 38(1). 97–107.

Schultz, F., Utz, S. & *Göritz, A.* (2011). Is the medium the message? Perceptions of and reactions to crisis communication via twitter, blogs and traditional media. Public Relations Review. 37. 20–27.

Schweiger, W. & *Beck, K.* (Hrsg.) (2010). Handbuch Online-Kommunikation. Wiesbaden: VS Verlag für Sozialwissenschaften.

Siedschlag, A. (2013). Bevölkerungszentrierte Kommunikation im Katastrophenmanagement: Wahrnehmung und Wirklichkeit. In: H.-J. Lange, C. Endreß & M. Wendekamm (Hrsg.). Versicherheitlichung des Bevölkerungsschutzes. Wiesbaden: Springer VS. 147–172.

Siegert, S. (2011). Revolution! Verfügbar unter http://www.journalist.de/?id=574 [26.05.2014].

Singer, J. B. (2014). User-generated visibility: Secondary gatekeeping in a shared media space. New Media & Society. 16(1). 55–73.

Starbird, K. & Palen, L. (2011). "Voluntweeters": self-organizing by digital volunteers in times of crisis. Proceedings of the SIGCHI Conference on Human Factors in Computing Systems. 1071–1080.

Steiner, F. (2013). Online-Mobilisierung: Der Einsatz in den überschwemmten Regionen wird im Netz organisiert, vor allem auf Facebook und Twitter. taz, die tageszeitung. 11.06.2013. 4.

Steinke, L. (2014). Bedienungsanleitung für den Shitstorm: Wie gute Kommunikation die Wut der Masse bricht. essentials. Wiesbaden: Springer.

Stoffels, H. & Bernskötter, P. (2012). Die Goliath-Falle: Die neuen Spielregeln für die Krisenkommunikation im Social Web. Wiesbaden: Springer.

Sutter, T. & Mehler, A. (Hrsg.) (2010). Medienwandel als Wandel von Interaktionsformen. Wiesbaden: VS Verlag für Sozialwissenschaften.

Thelwall, M. & Stuart, D. (2007). RUOK? Blogging Communication Technologies During Crises. Journal of Computer-Mediated Communication. 12(2). 523–548.

Ushahidi (2014). About us. Verfügbar unter http://ushahidi.com/about-us/ [26.05.2014].

Utz, S., Schultz, F. & Glocka, S. (2013). Crisis communication online: How medium, crisis type and emotions affected public reactions in the Fukushima Daiichi nuclear disaster. Public Relations Review. 39. 40–46.

Vieweg, S., Hughes, A. L., Starbird, K. & Palen, L. (2010). Microblogging During Two Natural Hazards Events: What Twitter May Contribute to Situational Awareness. Proceedings of the ACM conference on Computer Human Interaction (CHI). 1079–1088.

Wassmer, C., Künzler, M., Jarren, O. & Puppis, M. (2012). Kategorisierung von Social Media: Forschungsbericht zu Händen des BAKOM (Bundesamt für Kommunikation). Verfügbar unter www.bakom.admin.ch/themen/infosociety/04837/index.html?lang=de&download=NHzLpZeg7t,

lnp6I0NTU042l2Z6ln1acy4Zn4Z2qZpnO2Yuq2Z6gpJCDfH95fWym162epYbg2c_JjKbNoKSn6A-- [29.01.2015].

White, C. M. (2012). Social media, crisis communication, and emergency management: Leveraging Web 2.0 technologies. Boca Raton: CRC Press.

Reinhard Kreissl
Sicherheit als symbolisches Gut[1]

In der guten alten Zeit galt die Regel, dass das Recht die Grenzen des staatlichen Zugriffes in der Gesellschaft festlegt. Modernes Recht im bürgerlichen Rechtsstaat war typischerweise Abwehrrecht. Es sollte einerseits die minimalen Voraussetzungen für den gesellschaftlichen Verkehr regeln – Verträge sind einzuhalten, Eigentum ist zu respektieren, Gewalt nicht als Mittel der Auseinandersetzung zwischen den Bürgern zu verwenden – und andererseits festlegen, wann der Staat, in Gestalt von Polizei, Finanzamt und sonstigen Behörden, sich in die Privatsphäre der Bürger einmischen durfte. Die allgemeine Grundannahme war, dass die Zivilgesellschaft sich selbst regelt und rechtlich vermittelte staatliche Eingriffe nur im Fall manifester Störungen (etwa krimineller Handlungen) gerechtfertigt sind. Sicherheit war, wie man auf Neudeutsch sagen würde, der „Default State" der Gesellschaft. Die Kriminologie beschäftigte sich traditionell mit dem Verbrechen und seiner Handhabung durch staatliche Instanzen. Das hat sich fundamental geändert. Es gibt einen paradigmatischen Aufsatz von Lucia Zedner mit dem schönen Titel „Precrime and post-criminology?". Dieser Titel bringt die neue Situation zum Ausdruck. Es geht nicht mehr um das „Crimen", die Kriminalität, d. h. einen Normenbruch, sondern es geht um das, was davor ist. Und es geht auch gar nicht mehr so sehr um die Sanktionen, sondern um Kontrolle und um Sicherheit. Das Thema Sicherheit soll im Folgenden im Rahmen einer kleinen Tour de Force durch diverse soziologische Ansatzpunkte dargestellt werden.

Die Ausführungen folgen hierbei drei Orientierungspunkten: Ich gehe zunächst auf die Erfindung der Sicherheit als Thema der Politik, des

---

1 Es handelt sich hier um eine Transkript-Überarbeitung des Vortrages, den ich im Rahmen der Ringvorlesung gehalten habe. Auf einen Anmerkungsapparat wurde dabei verzichtet, der Charakter des Textes entspricht weitgehend dem einer mündlichen Präsentation für ein breiteres Publikum.

Rechtes und der gesellschaftlichen Diskussionen ein. Sodann werde ich mögliche Erklärungen, die es dafür gibt, kurz beleuchten. Sodann wenden wir uns den Folgen und Mechanismen der Versicherheitlichung zu. Sicherheit verstehe ich dabei als eine Art Masterframe, eine semantische Linse, durch die man die Gesellschaft betrachten kann. Der folgende Vortrag argumentiert im Wesentlichen soziologisch. Psychologische und politikwissenschaftliche Ansätze kommen am Rande vor, sind aber nicht der Schwerpunkt der Ausführungen.

Erfindung der Sicherheit – die Sicherheitsgesellschaft

Die Erfindung der Sicherheit – das klingt, als hätte es die Sicherheit früher nicht gegeben. Am Beispiel des Umweltbegriffes wird ein Wandel, d. h. die Erfindung eines Objektes deutlich. Mit diesem Beispiel lässt sich an einem parallel gelagerten Fall studieren, wie Sicherheit als zentrales Thema in die Welt kam. Der Begriff Umwelt war eigentlich ein Fachbegriff, der in erster Linie in der Biologie verwendet wurde. Er bezeichnete die Umwelt, in der eine Zelle lebt, oder Umwelt in ökologischen Zusammenhängen. Umwelt hat sich aber innerhalb von wenigen Jahrzehnten von einem esoterischen Fachbegriff zu einem gesellschaftlichen Schlüsselbegriff entwickelt. Heute gibt es Umweltprobleme, eine Umweltpolitik, ein Umweltrecht, ein Umweltministerium, Umweltwissenschaft, Umweltvergehen, die Umweltethik. Plötzlich, so könnte man sagen, bekam die Gesellschaft eine Umwelt. Die war so vorher nicht da. Wenn ich sage, dass sie vorher nicht da war, heißt das, sie war vorher kein Thema. Umwelt war kein symbolisch wichtiges Objekt. Es gab keine Politik, die irgendwelche Folgen hatte, sondern man hat die Welt anders gesehen. Man hat Flüsse verschmutzt oder die Atomkraft als die Lösung aller technischen Probleme der Energieversorgung betrachtet. Und dann gab es drei, vier Dinge, die das Bewusstsein verändert haben, und dann kamen – in Deutschland – die Grünen. Blickt man die letzten 30 bis 40 Jahre zurück, zeigt sich, wie Umwelt plötzlich zu einer dieser Schlüsselmetaphern wurde, mit der die Welt heute betrachtet wird. Die Umwelt ist in gewisser Weise das neue Außen in der globalisierten Gesellschaft – wir leben davon und zugleich lauern dort die Gefahren. Eines der zentralen Bilder, die das Umweltbewusstsein geschärft haben, war der

Blick der Astronauten, mit dem man zum ersten Mal die Erde von außen sah. Diesen blauen Planeten, der fragil und schön im Universum schwebt: Das ist unsere Erde, das hatte man vorher nie gesehen, und plötzlich wurde gesagt, das müssen wir retten. Solche Bilder, die um die Welt gingen, gepaart mit plötzlich wahrnehmbaren ökologischen Katastrophen auf Erden förderten die Entwicklung des Umweltbewusstseins. Die Umwelt als das quasi neue Außen hat die Gesellschaft stark verändert, unsere Wahrnehmung verändert, hat die Art, wie wir leben, wie wir entscheiden, wie wir denken, wie wir handeln, verändert.

Ähnlich lässt sich die Entwicklung des Begriffes der Sicherheit rekonstruieren. Plötzlich taucht dieser Begriff zur Beschreibung der Gesellschaft auf. Vergleichbare Prozesse finden sich maßstabsverkleinert auch in anderen Bereichen. Betrachten wir etwa die aktuelle Konjunktur der Neurowissenschaften, die im Übrigen auch für die Sicherheitsdebatte eine Rolle spielt, wenn es darum geht, zukünftige Kriminalität vorherzusagen. Die Neurodebatte hat uns eine Reihe neuer Begrifflichkeiten beschert: Wir haben Neuroethik, Neuroökonomie, Neurophilosophie, Neuro-was-auch-immer. Plötzlich stellt man fest, der Mensch hat ein Gehirn, und es wird versucht, die Welt neu zu definieren. Es gibt immer solche Schlüsselmetaphern oder Schlüsselsymbole, die dazu führen, dass die gesellschaftliche Wahrnehmung sich ändert, und Sicherheit und Sicherheitsgesellschaft zählen dazu.

Die Sicherheitsgesellschaft entspricht einer Gesellschaft, die ihr Selbstverständnis über das spezifische Label Sicherheit definiert, die unter dem Oberbegriff der Sicherheit gewisse Diskurse, bestimmte Medien und Praktiken entwickelt. Diese Sicherheitsgesellschaft, die sozusagen ein Topos ist, der nicht nur in der Wissenschaft, sondern auch im Feuilleton, in den Medien überall auftaucht, ist ihrerseits wiederum eine Variante von dem, was in der Soziologie als Bindestrichgesellschaften bezeichnet wird.

Die Wissensgesellschaft, die Risikogesellschaft, geprägt durch die Arbeiten von Ulrich Beck, und eben auch die Sicherheitsgesellschaft sind solche Formen von Bindestrichgesellschaften. Es gibt noch die Erlebnisgesellschaft und die Multioptionsgesellschaft. In jedem Buchladen mit einer gut sortierten Abteilung für soziologische Literatur findet man jede Menge Bindestrichgesellschaften, denn jeder Gesellschaftstheoretiker muss sozusagen seine eigene Marke entwickeln. Wissens-, Risiko- und Sicherheitsgesellschaft sind drei der zentralen Bindestrichgesellschaften, die in der Gesellschaftswissenschaft und der Gesellschaftstheorie, in der Soziologie, derzeit diskutiert werden.

Alle drei hängen zusammen. Mehr Wissen schafft mehr Risikobewusstsein, mehr Risikobewusstsein erhöht die Nachfrage nach Sicherheit. Soziologisch gesehen stellt sich hier die Frage: Was heißt Sicherheit?

Es gibt eine Reihe von soziologischen Debatten, soziologischen Forschungsrichtungen, die verschiedene Dimensionen aufgreifen, in denen Sicherheit dann ausdifferenziert wird. Ein Begriff, der immer wieder auftaucht, der popularisiert worden ist von dem britischen Sozialtheoretiker Anthony Giddens, ist die sogenannte ontologische Sicherheit. Diese bezieht sich im Wesentlichen auf das, was wir im Alltagsverständnis gemeinhin Vertrauen nennen. Also Vertrauen in die unmittelbare Umgebung, das Vertrauen darin, dass die Dinge, so wie sie sind, funktionieren. Wenn das, was hinter meinem Rücken passiert, unhinterfragt funktioniert, habe ich eine gewisse ontologische Sicherheit. Wenn ich nun anfange zu zweifeln, ob das, was mir passiert, was ich sehe, was ich alltäglich mache, so funktioniert wie bisher, wenn ich also anfange, die Dinge des Alltags infrage zu stellen, verliere ich ontologische Sicherheit.

Ontologische Sicherheit ist etwas ganz Basales, ein psychologisches Moment der Alltagssicherheit. Andere Dimensionen von Sicherheit umfassen die soziale Sicherheit. Hier geht es um die ökonomische Absicherung gegen die Risiken des Arbeitsmarktes – ein klassisches soziologisches Thema. Interessant ist es hierbei, in den Registern von Lehrbüchern nachzuschauen, in welcher Form das Thema Sicherheit in der Soziologie auftaucht. Bis vor gar nicht allzu langer Zeit bedeutete Sicherheit in der soziologischen Diskussion im Wesentlichen soziale Sicherheit. Sicherheit galt als Absicherung gegen die Risiken des Arbeitsmarktes, gegen Krankheit, Alter, Arbeitslosigkeit und dergleichen. Soziologisch wurde Sicherheit kaum im Sinne der neuen Formen von epochalen und katastrophalen Bedrohungen, von denen man vermutet, dass sie über die Gesellschaft hereinbrechen könnten, thematisiert. Fragen von Krieg und Zerstörung durch äußere oder innere Feinde, durch Umweltkatastrophen oder wirtschaftlichen Zusammenbruch, durch massive Störungen der technologischen Infrastruktur waren bis vor kurzem kein Thema. Mit Fragen der Bedrohung durch äußere Feinde, also mit Fragen der äußeren Sicherheit befasste sich die Politikwissenschaft und da ging es mehr um die militärische Bedrohung durch fremde Staaten. Demgegenüber umfasste die sogenannte Innere Sicherheit Phänomene wie Kriminalität und vor allen Dingen die Kriminalitätsfurcht. Kriminalität ist etwas Alltägliches. Wenn Sie die Zeitung aufschlagen, ist sie präsent: Wir sind umgeben von bösen Buben – selten übrigens Mädchen. In Österreich haben wir derzeit immer wieder die Debatte über die reisenden Diebesbanden, die aus dem Osten über das Land hereinbrechen und alle Wohnungen in Österreich und Wien überfallen und ausrauben. Das ist natürlich übertrieben, aber auf der medialen Ebene wird dieses Bild in dieser Übertreibung gezeichnet. Nun gibt es zwar diese Kriminalitätsfurcht und sie bleibt in Umfragen auch relativ konstant, interessanterweise aber bröckelt ihr allmählich die empirische Basis weg, z. B. sollen in Niedersachsen zwei Gefängnisse geschlossen werden, weil sie keine Gefangenen mehr haben. Im epochalen Trend werden die Kriminellen heute immer weniger und die Gefängnisse füllen sich zunehmend mit Ausländern, die keine Aufenthaltsgenehmigung haben, oder mit Drogenkranken, die im Rahmen von Beschaffungskriminalität zu Haftstrafen verurteilt werden. Die klassische Gefängnispopulation hat sich geändert. Eine Ursache dafür ist der demografische Wandel. Kriminalität ist „männlich" und typischerweise ein „Jugendphänomen". Wenn man kriminell ist, dann statistisch gesehen im Alter von 14 bis 24 Jahren. Durch eine demografische Verschiebung – wir werden alle immer älter, Gott sei Dank – haben Sie folglich weniger Kriminelle und damit weniger Kandidaten für den Strafvollzug.

Sicherheit lässt sich also ausdifferenzieren in ontologische, soziale, innere Sicherheit und, nicht zu vergessen, äußere Sicherheit. Auch hier gab es sozusagen traditionelle externe Bedrohungen, z. B. zu Zeiten des Kalten Krieges: Im Osten befand sich das Reich des Bösen. Deswegen brauchten wir die NATO, die uns vor den Kommunisten beschützen sollte, deswegen erhielten wir die Abschreckungsbalance zwischen den Blöcken aufrecht, um Angriffe zu verhindern.

Damit sind die klassischen Formeln der Thematisierung von Sicherheit, die sich aus der soziologischen Literatur ergeben, genannt. Die ontologische Sicherheit, die soziale Sicherheit, die innere und die äußere Sicherheit hängen zusammen und können an die drei Bindestrichgesellschaften, die Wissens-, die Risiko- und die Sicherheitsgesellschaft, gekoppelt werden. Man kann also die Gesellschaft unter der Perspektive Sicherheit in diesen verschiedenen Ausprägungen interpretieren. Die jeweiligen Sicherheitsdimensionen waren – bisher eigentlich getrennt voneinander – Gegenstand der Kriminologie, der Sozialpolitikforschung, der Psychologie und im Wesentlichen der Internationalen Beziehungen als Teilbereich der Politikwissenschaft. Das war das klassische Feld, in dem man sich mit den externen Bedrohungen der Sicherheit beschäftigte.

Inzwischen gehen die verschiedenen Dimensionen von Sicherheit zusehends ineinander über. Ein Beispiel dafür liefert die Diskussion über die „Festung Europa" – eines der Schlagworte, das einem in der Diskussion über Sicherheit immer wieder begegnet. Hier werden Vertrauen, Ökonomie, Kriminalität und externe Bedrohung zusammengeführt. Eine der wunderbaren Formulierungen aus dem Poesiealbum der Europäischen Union, aus dem Vorwort eines aktuellen Justice-and-Home-Berichtes der Europäischen Kommission besagt, dass es darum gehe, die Europäische Union als einen Raum der Freiheit, der Sicherheit und des Rechtes zu stärken. Drei zentrale Begriffe: Freiheit, Sicherheit und Recht. Und nun kann man sich fragen: Was heißt das für eine europäische Gesellschaft, die sich unter dieser Dreifaltigkeit aus Freiheit, Sicherheit und Recht betrachtet? Wessen Freiheit, wessen Sicherheit und welches Recht? In Diskussionen der Europäischen Gemeinschaft wurde immer wieder festgestellt, Europa sei kein Staat, keine Nation. Es gibt kein Staatsvolk, aber es gibt sozusagen einen Versuch, Europa als Einheit zu definieren, die durch Abgrenzung entsteht. Wir – die Festung Europa – im Innern, wo Sicherheit, Recht und Freiheit herrschen sollen, versus das Außen, das diese unsere Sicherheit, unsere Freiheit und unser Recht bedroht. Die konventionelle Logik sagt: Das Recht schafft Sicherheit als Voraussetzung für Freiheit, aber es gibt Einschränkungen, die Kosten der Freiheit. Sicherheit wird zum dominanten Leitmotiv, dem Recht und Freiheit untergeordnet werden.

Wenn man beispielsweise die Debatte über Überwachung und Datenschutz betrachtet, dann werden hier die sogenannten Kosten der Freiheit aufgerechnet und man landet bei dieser eigenartigen Balance-Theorie, die besagt, man müsse etwas Freiheit aufgeben, um mehr Sicherheit zu erhalten. Man muss also mehr in die Überwachung investieren, um die Freiheit vor Bedrohungen zu sichern, die alle von außen über uns hereinbrechen. Was aber selten im Zusammenhang mit der Diskussion über Freiheit, Sicherheit und Recht thematisiert wird, ist die Frage: Wer bleibt unfrei, wer ist unsicher und wer bleibt rechtlos? Denken Sie an das aktuelle Stichwort Lampedusa: Welche Freiheit haben die Flüchtlinge, die über das Mittelmeer auf dieser italienischen Insel landen? Und welche Sicherheit haben sie? Welches Recht steht ihnen zu?

Sicherheit entfaltet sich im Gegensatz von Innen und Außen, beides bedingt sich gegenseitig und schafft das, was man als den sicheren Binnenraum Europas bezeichnet, in dem sich die guten Dinge entwickeln und die schlechten von außen kommen. Die zunächst sehr formal erscheinende Differenzierung von Innen und Außen lässt sich aus einer soziologischen Perspektive verwenden, um die gegenwärtige Debatte über Sicherheit der Gesellschaft zu rekonstruieren. Jedes soziale System, jede Gruppe grenzt sich durch diese Differenzierung vom Rest der Welt ab. Hier wird die Unterscheidung getroffen zwischen *uns*, die wir im Inneren sind, und den *anderen*, die draußen sind. Wer wir sind, definiert sich ex negativo über die anderen. Was immer *uns* im Binnenraum voneinander unterscheiden mag, was uns verbindet, ist, dass wir nicht so sind wie diejenigen auf der anderen Seite der Grenze. Draußen sind die bedrohlichen Feinde oder, wie es auf alten Landkarten hieß, auf denen man unerforschte Gebiete Afrikas markierte: *Hic sunt leones* (lat. für „Hier sind die Löwen"). Diesen basalen Mechanismus haben Soziologen von George Herbert Mead und Émile Durkheim bis zu Niklas Luhmann spezifiziert und angewandt, um den Zusammenhalt von Gesellschaften zu erklären. Ohne Außen kein Innen und umgekehrt.

Kehren wir vor dem Hintergrund dieser Überlegung noch einmal zum Thema Umwelt zurück. Auch die Umwelt ist ein latent bedrohliches Außen, das die Gesellschaft und ihre innere Ordnung gefährdet.

In einer globalisierten Welt, in der alle mit allen vernetzt sind und die Weltgesellschaft kein geografisches Außen mehr hat, wie es etwa noch mit dem Ost-West-Konflikt der Fall war, bildet die Umwelt mit ihren globalen Bedrohungen das neue Außen. Die Umwelt ist sozusagen etwas, das von außen über uns hereinbricht. Auch hier kann man also dieses Modell einer Integration durch Grenzziehung und Ausschluss anwenden.

Im Binnenbereich der globalisierten Weltgesellschaft haben wir natürlich immer noch den Nord-Süd-Konflikt und der beschert uns unter Sicherheitsgesichtspunkten bedrohliche Figuren wie die Taliban oder die Dschihadisten und gefährliche Bewegungen wie den Islamismus. Und dieser Mechanismus von Innen und Außen ist skalierbar. Das heißt, Sie können diese Differenzierung auf ganz verschiedenen Ebenen anwenden: in einer Zweierbeziehung, in der Familie, in der Nachbarschaft. In Beziehungen kann man sagen, ich und meine Liebste oder mein Liebster, je nachdem, wir sind hier und da draußen ist das Böse. Oder: Ich habe jetzt eine Familie und die will ich abgrenzen gegen andere in der Nachbarschaft. Denken Sie an die in den USA und im angelsächsischen Raum oder auch in Südafrika und anderen Ländern weitverbreiteten Gated Communitys. In der geschlossenen Gemeinschaft, der Gated Community, herrscht Ordnung, draußen herrscht das Chaos. Wichtig ist, dass es in dieser Konstruktion das unbestimmte Äußere gibt, dieses unbestimmte Äußere, in das man Gefahren abschieben kann. Wir haben etwas, das draußen ist, aber drinnen geht es uns gut. Und wenn Gefahren drohen, kommen sie von draußen. Wir haben also die Grenze, die uns Sicherheit bietet. Wir sind drinnen und die anderen sind draußen. Die wollen dann möglicherweise rein – wir wollen sie nicht reinlassen. Das heißt, Gefahren werden dem Außen attribuiert.

Verantwortlich für Unsicherheit ist das Schicksal – dieses bricht über uns herein; wenn man es religiös sagt: Gott schickt die Strafe. Der strafende Gott geht mit uns in Gericht oder die Natur. Die Naturkatastrophen kommen, oder die Barbaren. All das sind Kräfte, die sich irgendwo im Äußeren befinden. Dort, wo wir nicht sind. Und die zentrale Differenzierung, mit der wir es zu tun haben, ist die zwischen Sicherheit – die wir drinnen haben, die wir drinnen erhalten wollen, die wir nur behalten können, indem wir uns abgrenzen – auf der einen Seite und Unsicherheit und Gefahr – die von draußen drohen – auf der anderen Seite. Diese Gefahren, die von außen auf uns lauern und deren Eintreten nicht vorhersehbar ist, definieren den Sicherheitsdiskurs. Ob Gott uns straft, das Schicksal zuschlägt – wer weiß es? Ob die Barbaren kommen oder die Naturkatastrophe, ist weitgehend unvorhersehbar.

Völlig anders stellt sich die Situation dar, wenn wir mit dem neueren Begriff des Risikos operieren. Risiko bedeutet, dass zukünftige Schadensereignisse von meinem eigenen gegenwärtigen Handeln abhängen. Aus der Gefahrenperspektive ergibt sich: Wenn es gewittert und der Blitz mich trifft, dann ist das Schicksal; der Blitz hat mich getroffen, dumm gelaufen. Wenn ich aber sage, es hängt von meinem eigenen Handeln ab, habe ich eine völlig andere Logik, an der ich mich orientieren muss. Man kann nämlich in der Gegenwart unterschiedlich handeln und jedes gegenwärtige Handeln hat zukünftige Folgen. Auch das Nichthandeln hat Folgen. Hätte ich den Blitzableiter angebracht, wäre es anders gekommen, wäre ich beim Gewitter nicht spazieren gegangen, ebenfalls. Sobald wir unser Handeln in Risikobegriffen beschreiben, haben wir in gewisser Weise die Unschuld verloren. Auch wenn Sie ein Risiko lieber nicht eingehen, ist das ein Risiko. Mit der Umpolung von Gefahr auf Risiko sind wir in eine neue Logik hineingezogen und entkommen ihr kaum mehr. Wir sind gezwungen, die zukünftigen Folgen gegenwärtigen Handelns zu berücksichtigen. Ich schaue voraus und sage, wenn ich jetzt A mache, wird möglicherweise B eintreten, aber es könnte auch passieren, dass wenn ich B mache, C eintritt. Oder wenn ich C mache, könnte D eintreten. Ich handle, betrachte alles, was ich in der Gegenwart unternehme, unter dem Gesichtspunkt, zukünftige Schäden zu vermeiden oder zukünftige Gewinne zu erzielen. Die Börse ist ein Beispiel für das klassische Risikohandeln: Ich stelle die möglichen Folgen in Rechnung und setze entweder auf steigende oder fallende Kurse. Das ist das Grundparadigma des Risikohandelns. Hinzu kommt, im Vergleich zu früheren, lokal begrenzten Gesellschaften, die Vernetzung mit anderen Dingen: Alles oder vieles, was ich tue, ist mit vielem, was andere tun, vernetzt. Das macht Prognosen schwierig. Die Umpolung von Gefahr auf Risiko, die wir in der Sicherheitsgesellschaft beobachten, entfaltet ihre Wirkung in zwei Dimensionen: zum einen in der Zeitdimension, zum anderen in der sozialen Dimension. In der Zeitdimension erfolgt die Umpolung oder Veränderung des Blickes von der Vergangenheit und Gegenwart auf die Gegenwart in Richtung Zukunft. Also traditionelles Handeln sagt: Ich stehe vor einem Problem. Soll ich heiraten? Soll ich eine Schulausbildung machen? Soll ich VW-Aktien kaufen? Soll ich ein Haus bauen? Und was hat mein Vater gemacht, was hat meine Familie gemacht, wie war das früher? Wie macht man so etwas richtig? Aus diesen Traditionen heraus traf man seine Entscheidungen. Eine Risiko- und Sicherheitsgesellschaft schaut in die Zukunft. Ich frage nicht, wie man es richtig macht, sondern: Wenn ich das heute mache, welche Folgen wird das in der Zukunft haben?

Das ist eine zentrale Umkehrung der Logik des Denkens, der Logik des Entscheidens, der Logik, wie eine Gesellschaft funktioniert. Und in der sozialen Dimension ändert sich die Orientierung an lokal überschaubaren zur Orientierung an global vernetzten Verhältnissen, die mehr oder weniger unberechenbar sind. Es gab früher im Bayerischen diesen wunderbaren Spruch, wenn man etwas für besonders unwichtig hielt, dann sagte man: Das interessiert mich so viel, wie wenn in Peking a Radl umfällt. Damit brachte man zum Ausdruck: Es ist eigentlich völlig egal. Wenn heute in Peking ein Rad umfällt, erfindet ein Chinese einen neuen Fahrradständer, der ist dann in drei Wochen auch hier auf dem Markt. Das umfallende Fahrrad in Peking kann zu globalen Folgen führen. Denken Sie an Dinge, bei denen einem die Vernetzung sehr schnell klar wird, wie z. B. die Ausbreitung der Vogelgrippe oder BSE. Wenn Sie die Wege verfolgen, wie sich bestimmte Erreger oder bestimmte Phänomene verbreiten, zeigt sich, was globale Vernetzung heißt und was Berechenbarkeit und Unberechenbarkeit bedeuten.

Die Veränderung zeigt sich also in der Zeitdimension und in der Sozialdimension, sie hat von der Orientierung an der Vergangenheit und einem lokalen Denken mit überschaubarem Handeln hin zu einem zukunftsorientierten, globalen und letztendlich nicht mehr überschaubaren Handeln geführt. Man antizipiert zukünftige Schäden und richtet sein gegenwärtiges Handeln danach aus. Bevor ich ein Haus baue, informiere ich mich anhand wissenschaftlicher Forschungen und Karten über potenziell erdbebengefährdete Gebiete und baue dort besser kein Haus. Ereignisse wie Erdbeben oder Blitzschlag, ehemals Schicksalsschläge, werden zum Thema klugen, vorausschauenden Handelns eines risikobewussten Akteurs.

Und wie schützt man sich nun gegen die Barbaren, die unsere Innere Sicherheit bedrohen? Gegen die Barbaren muss man politische Maßnahmen ergreifen. Man muss rechtzeitig dafür sorgen, dass sie eben nicht übers Mittelmeer kommen oder über den Osten oder von sonst wo her. Also fallen sie nicht mehr über uns herein wie früher, wie die Hunnen, sondern man kann sich dagegen verteidigen. Man kann Vorsorge treffen, man kann Maßnahmen in der Gegenwart beschließen. Es ist ja noch nichts passiert. Es hat noch kein Blitz eingeschlagen, es hat noch kein Erdbeben stattgefunden und es ist ja noch kein Barbar da gewesen. Wir präparieren uns im Vorhinein weil etwas passieren könnte. Um unsere Sicherheit aufrechtzuerhalten, ergreifen wir Maßnahmen. Ein Blitz ist ein Blitz, ein Erdbeben ist ein Erdbeben und ein Barbar ist nun mal ein Barbar. Die Phänomene bleiben gleich. Was sich ändert, ist unser Verhältnis dazu.

Wir haben also keinen neuen Blitz in der Risikogesellschaft. Er ist genauso eine elektrische Entladung wie ein Blitz in einer traditionellen Gesellschaft. Und ein Erdbeben ist eben ein Erdbeben. Daran ändert sich nichts. Aber was sich ändert, ist die Attribution – und zwar von der Fremd- zur Selbstattribution. Der neue Slogan lautet also nicht mehr „Dumm gelaufen" oder „Pech gehabt", sondern „Selber schuld!" Hinsichtlich dieser drei angeführten Beispiele von Blitz, Erdbeben und Migration gilt: Man muss etwas unternehmen und zwar in Antizipation eines noch nicht eingetretenen Schadens. Schadensfälle sind nichts, was über uns von außen hereinbricht, sondern es sind Ereignisse, auf die wir uns vorbereiten können. Ereignisse, die unter dem Gesichtspunkt der Sicherheit präventive Maßnahmen erfordern.

Machen wir es an einigen Beispielen fest: Nehmen Sie das Beispiel der Krankheit. In alten Gesellschaften oder bei Stammesgesellschaften galt Krankheit als von bösen Geistern verursacht. Dies änderte sich mit der Wissenschaft, die feststellte: Das ist eine Grippe, das ist kein böser Geist, und das sind Viren, das sind Erreger, die man medizinisch identifizieren kann und gegen die man auch etwas unternehmen kann. Das war die moderne Lesart. Der spätmoderne Diskurs über Gesundheit bzw. Krankheit führt ganz schnell zur Lebensführung. Viren und Erreger sind noch etwas, das in uns eindringt, das uns erwischt, aber dieses Neue, das moderne Lebensführung heißt, postuliert, dass wir vorbeugende Maßnahmen treffen können, um das Eindringen von Viren und Erregern zu vermeiden.

Nehmen Sie das Beispiel der Arbeitslosigkeit: Schicksal, dumm gelaufen, bis vor Kurzem hatte ich noch einen Job, jetzt habe ich keinen mehr. Die Wirtschaftskrise, der *jobless growth*, eine ganze Reihe von Theorien erklären Arbeitslosigkeit und identifizieren heute auch zunehmend das Problem der mangelnden Fortbildung. Das heißt, wenn ich heute arbeitslos bin, dann bin ich in gewisser Weise selber daran schuld, denn ich hätte es ja ahnen können, ich hätte mich ja darauf einstellen können – nach dem Motto: Hättest du was Gescheites gelernt, wärst du nicht arbeitslos. Auch hier finden wir also die Umpolung der Attribuierung von der Fremd- zur Selbstattribuierung: Wir attribuieren Krankheit als eine Folge unserer unangemessenen, möglicherweise krankheitsfördernden und riskanten Lebensführung. Und wir attribuieren Arbeitslosigkeit letztendlich als selbst verschuldete mangelnde Vorbereitung auf einen sich wandelnden Arbeitsmarkt. Es ist nicht mehr die Dynamik eines kapitalistischen Wirtschaftssystems, die Arbeitslosigkeit verursacht – es ist der Einzelne, der sich auf erwartbare Veränderungen nicht vorbereitet hat und daher jetzt arbeitslos wird.

Nehmen Sie Kriminalität, hier gibt es scheinbar eine ganz einfache Lösung: Kriminalität, das sind die bösen Buben, die Diebe, Betrüger und Mörder. Nun informiert uns die Polizei, dass wir uns vorbereiten sollten. Die Kriminalpolizei veranstaltet Präventionsabende, wo Sie hingehen können, sich neue Sicherheitsschlösser erklären lassen können, sich über Maßnahmen, wie Sie sich vor der Kriminalität schützen, informieren können. Und in der Kriminologie findet in den letzten zehn, fünfzehn Jahren ein Wiederaufleben der Viktimologie statt, also der Lehre vom Opfer – und auch hier wird immer wieder festgestellt, dass Kriminalität mitunter etwas ist, woran die Opfer partiell mit schuld sind. In der Boulevard-Dummbeutel-Version heißt das dann, dass die Frauen, die nachts mit einem kurzen Rock durch den Park laufen, selber schuld sind, wenn sie von Männern sexuell belästigt werden. Hätten sie sich anders angezogen, wäre das nicht passiert. Aber diese Boulevard-Dummbeutel-Version gibt es auch in avancierteren Formen. So gibt es angeblich bestimmte Merkmale des Opfers, Leute sollen bestimmte Orte nicht besuchen, sie sollen verantwortungsvolle Bürger sein, sie sollen Vorkehrungen treffen – auch hier eine Verschiebung der Attribuierung.

Das gilt auch für andere Bereiche der Lebensplanung. Früher hieß es im Hinblick auf den berühmten Bund der Ehe: „... bis dass der Tod euch scheidet". Ein klassischer Spruch. Ein Plan für die Ewigkeit. Heute haben Sie Parship und können über die Onlinekontaktbörsen schauen, wer zu Ihnen passt – eine Art Verwissenschaftlichung der Partnersuche. Gleichzeitig weiß man, dass die Scheidungsraten steigen. Langfristige Lebensplanung wird schwierig bis unmöglich. Orientierte man sich früher an Traditionen beim Entwurf eines Lebensplanes – wenn es darum ging, eine Familie zu gründen, eine Arbeit anzunehmen –, so wird das heute zu einer Frage der Risikoabwägung. Man muss schauen: Wer oder was passt zu mir? Und stets geht es dabei auch um Sicherheit. In allen Fällen geht es darum, sich gegen Krankheit, Kriminalität und die sonstigen Risiken des Lebens zu rüsten. Immer geht es darum, dass man sich um sich selbst kümmert und kluge Entscheidungen trifft, um spätere Schäden zu vermeiden. Das ist sozusagen das Mantra, das die Sicherheitsgesellschaft und alle Entscheidungen bestimmt, das tief in die Kultur eingedrungen ist und das ein typisch spätmodernes Phänomen ist.

Historisch gesehen lassen sich die ersten Risikokalkulationen bei den venezianischen Kaufleuten im 14., 15. Jahrhundert finden. Aber als ein trivialisiertes und in den trivialen Alltag eingegangenes Denkmodell ist das Risikodenken relativ neueren Datums. Das wesentliche Merkmal dieses Denkens ist, dass Entscheidungen auf der Grundlage von Kalkülen getroffen werden. Und wenn Sie sozusagen die Empirie vor der Haustür nehmen und einfach in die Zeitung schauen oder fernsehen, werden Sie diesen Typus von Denken, diesen Typus von risikominimierenden Hinweisen immer wieder finden. Ein sehr schönes Beispiel sind die unzähligen How-to-do-Bücher, die sogenannte Ratgeberliteratur. Sie können Ihr Leben mit dieser Literatur gestalten. Sie nehmen die Bücher „Wie ich die richtige Person für mein weiteres Leben treffe?", „Wie ich richtig flirte?", „Wie ich richtig zeuge?", „Wie ich ein Kind richtig auf die Welt bringe?". Und das Ganze endet dann mit Ratgebern für richtiges Sterben. Und dazwischen haben Sie alles. Gehen Sie in den Buchladen, Sie werden diese Ratgeberliteratur finden. Man bürdet den Leuten auf, Entscheidungen zu treffen, und immer steht die Warnung im Raum: Hey, du kannst es auch falsch machen! Mach dich kundig, siehe zu, dass du auf der sicheren Seite bist!

Soziologisch betrachtet lässt sich dies als Übergang von der Disziplinargesellschaft zur Kontrollgesellschaft bezeichnen. Die Disziplinargesellschaft basiert auf Traditionen und Vorschriften, gleichförmigen Verhaltensvorschriften, die von außen auferlegt werden. Wenn man sich an den Regeln orientiert – das militärische Modell –, dann ist üblicherweise alles gut. Wenn es danebengeht, greift schlimmstenfalls das Recht ein. Wer von der Norm abweicht, kommt in den Knast oder wird ausgesondert. Aber im Wesentlichen ist das Leben vorgegeben. Das ändert sich mit dem Übergang zur Kontrollgesellschaft. Hier geht es um Selbststeuerung der verantwortungsvollen Bürger, es entsteht ein neuer Typus: der schlaue, der kalkulierende, auf seine eigene Autonomie bedachte Bürger. Das neue Bild des Bürgers ist nicht mehr das des normbefolgenden, sich an Traditionen orientierenden, sondern das des umsichtigen Bürgers. Mit dem Begriff „*prudent citizen*" hat ein englischer Kollege, Nikolas Rose, diesen Typus auf eine wunderbare Formel gebracht. Was sich damit entwickelt, bezeichnet Rose als „*governing through freedom*", Regieren durch Freiheit: Ihr braucht keine Normen mehr, Leute, macht, was ihr wollt, ihr habt die Freiheit, aber wenn was passiert, seid ihr selber daran schuld. Das ist sozusagen die Botschaft. Diese Nötigung, diese Selbstnötigung, auf sich selbst zurückgeworfen zu werden unter riskanten Bedingungen, ist etwas, das uns an allen Orten widerfährt. Wir haben ein Selbstbild, das uns vorgegeben wird, und es ist unsere Aufgabe, diesem vorgegebenen Selbstbild gerecht zu werden. Selbstverantwortung als Steuerungsmodus, „*governing through freedom*". Und das geht sehr weit, das umfasst sozusagen das Leben. Denken Sie an vormals natürliche Tatsachen, die Leben und Tod betreffen: Sie kommen auf die Welt, Sie bekommen ein Kind und irgendwann sterben Sie, dann sind Sie tot – natürliche Tatsachen. Heute haben Sie durch pränatale Diagnostik die Möglichkeit zu entscheiden. Plötzlich werden Sie mit Entscheidungen konfrontiert, die Sie vor 30 Jahren noch nicht hätten treffen können. Trisomie 21 ist relativ früh festzustellen. Was tun? Sie sind nun schwanger, was machen Sie? Treiben Sie ab? Bekommen Sie das Kind? Die „Krüppelbewegung" spricht hinsichtlich solcher Debatten von Genozid: Wenn diese Kinder abgetrieben werden, wird eine Lebensform vernichtet – Genozid. Da stehen wir ziemlich schlecht da mit unserer Ethik und Moral. Das Gleiche ergibt sich am anderen Ende. Hier haben wir das Problem der Sterbehilfe, z.B. beim Schlaganfall: Menschen liegen da, komatös, nicht mehr ansprechbar. Was soll man tun? Die lebenserhaltenden Apparaturen abschalten, nicht abschalten, weitermachen? Geburt und Tod waren früher vollendete Tatsachen, natürliche Ereignisse, die nicht im Horizont unserer Entscheidungen lagen. Heute werden wir von uns selbst genötigt, riskante Entscheidungen zu treffen: Wollen wir, sollen wir, dürfen wir? Damit taucht ein neuer Begriff auf: die Prävention. Prävention bedeutet die Verhinderung von zukünftigen Schäden durch Gestaltung der Gegenwart. Es gibt die These, dass wir in der Präventionsgesellschaft leben – eine weitere Bindestrichgesellschaft! Man spricht auch im Strafrecht vom präventiven Turn. In diesem Sinne sind Sicherheitsgesellschaften immer auch Präventionsgesellschaften, denn sie antizipieren einen Schadensfall und sind plötzlich mit Situationen konfrontiert, in denen Entscheidungen getroffen werden müssen, die sich auf die Zukunft beziehen, um einen Schaden zu verhindern. Auch Nichthandeln enthält ein Risiko.

Einige Folgen

Einige Folgen des Ganzen zeigen sich am Beispiel des Rechtes. Nun ist das Recht bekanntlich eine der zentralen Steuerungsformen moderner Gesellschaften. Recht basiert eigentlich auf einem einfachen Modell. Es gibt die Normen: Du sollst nicht töten, du sollst nicht stehlen, du sollst nicht falsches Zeugnis ablegen. Sie kennen das, das sind die Zehn Gebote. Passend dazu gibt es die staatlichen Gesetze. Bestraft werden Diebstahl, Betrug, Körperverletzung, Totschlag. Für die Anwendung der Gesetze gibt es die Gerichte: Angeklagter, Sie sind beschuldigt und entweder erfolgt jetzt eine Strafe oder es kommt zum Freispruch. Das ist das klassische Modell des Rechtes. So kennen wir das. In diesem Recht verkörpert sich das ethische Minimum einer Gesellschaft, die Vorstellungen, die wir für richtig oder falsch halten. Das Recht dient auch der Steuerung und damit der Verhinderung, es soll dazu beitragen, dass nicht alles drunter und drüber geht. Deswegen gibt es ein Verwaltungsrecht, ein Wirtschaftsrecht oder ein Umweltrecht. Für das klassische Modell des Rechtes war die Voraussetzung bisher normwidriges Verhalten in der Vergangenheit. Also wenn es die Norm „Du sollst nicht töten" gibt und ein Mensch auf nicht natürliche Weise ums Leben gekommen ist, die Leiche da ist, dann greift das Gesetz. Hat ein Einbruch stattgefunden, ist ein Vertrag gebrochen worden, ist eine Rate bei der Bank nicht gezahlt worden, beginnt das Gesetz zu greifen. Voraussetzung ist immer das normwidrige Verhalten in der Vergangenheit. Recht ist immer vergangenheitsorientiert und adaptiert sich auch nur ganz langsam an neue Begebenheiten. Denken Sie an das Datenschutzrecht oder die Regulierung der Privatsphäre. Das Recht wächst für bestimmte Bereiche nach, funktioniert aber manchmal auch nicht mehr – der Werkzeugkasten des Rechtes ist für die Sicherheitsgesellschaft nicht ausreichend. Heute zeigt sich, wie wir gesehen haben, eine Entwicklung weg von Gefahren hin zu Risiko, eine Entwicklung von der Fremd- zur Selbstattribuierung und eine Risikoverrechtlichung: Es gilt nicht mehr das Verhalten, das eine Norm bricht, vielmehr schaut das Recht auf Verhalten, das möglicherweise gefährliche Folgen haben könnte. Es tendiert damit zu einer Zukunftsorientierung, es betreibt Prävention. Es gibt im Strafrecht die bizarrsten Varianten davon. Das heißt, heute zeigt sich eine zunehmende Entkopplung von der klassischen Dreifaltigkeit aus Legalität, Legitimität und Konformität. Konform ist Verhalten, man verhält sich normenkonform. Wenn man dies tut, ist es legitim, gerechtfertigt, und entspricht auch den Gesetzen, ist also legal. Statt dieser dreigeteilten Einheit findet sich heute aber eine hohe Risikoorientierung, die uns vom Sollen zum Kalkulieren führt. Hierzu möchte ich ein aktuelles Beispiel aus der Terrorismusgesetzgebung anführen. Die Debatte ist durch die Medien gegangen und hat insofern auch eine gewisse Bekanntheit. Nehmen wir den Fall des sogenannten terroristischen Trainingscamps. Angenommen, ein junger Mann war in Afghanistan oder in Pakistan, er hat noch keine Bombe gelegt, aber war im Trainingscamp, um sich vorzubereiten. Damit macht er sich schon strafbar. Heute fallen in den Bereich des strafbaren Handelns Taten, die nicht manifest einen Schaden anrichten, sondern die möglicherweise auf die Vorbereitung eines zukünftigen Schadens verweisen. Hieran zeigt sich die heutige Risikoverrechtlichung, die Orientierung auf die Zukunft, auf Sicherheit und auf Risiko, denn bestraft werden Vorbereitungshandlungen, die keinen Schaden anrichten.

Das könnte ich Ihnen jetzt auch am Wirtschaftsrecht durchdeklinieren. Hier gibt es ähnliche Entwicklungen im Bereich der sogenannten Compliance-Regeln. Ein Unternehmen wird angehalten, vorausschauend Maßnahmen zu ergreifen, damit später keine Schäden eintreten. Dies ist eine völlig neue Art der rechtlichen Logik. Aber wenn alles unsicher ist, kann jede zukünftige Handlung einen Schaden provozieren. Daraus resultieren dann die in der Sicherheitsgesellschaft auftretenden präventiven Kontroll- und Strafexzesse. Ich habe in einem Artikel vor 20 Jahren mal ironisch darauf hingewiesen, dass Prävention, wenn man sie ernst nehme, im Kindergarten anfangen müsste. Das ist heute Realität. Es gibt gegenwärtig Screening-Verfahren, anhand derer kundgetan wird: Schau dir mal den Kleinen an, der zeigt antisoziales Verhalten. So etwas lässt sich, zum Teil aufgrund bestimmter Biomarker, zum Teil aufgrund bestimmter anderer sozialer Indikatoren, zu einem sehr frühen Zeitpunkt feststellen. Ich kann heute schon bei Kindern im Alter von drei Jahren, also tatsächlich im Kindergarten anfangen, kriminalpräventiv tätig zu sein. Diese präventive

Logik gibt es. Sie zeigt sich nicht nur wie in diesem Beispiel in der Frühpädagogik, auch im Strafrecht finden wir die immer weitreichendere Vorverlagerung der Strafbarkeit.

Ein anderes, weniger aufregendes Beispiel ist die Konsumentenschutzgesetzgebung, in der sich eine vergleichbare Risikologik zeigt. Sie findet sich unter anderem in den allgemeinen Geschäftsbedingungen, den AGB. Wenn Sie etwa ein neues Programm auf Ihren Computer herunterladen, müssen sie diese AGB akzeptieren. Sie klicken einfach auf „gelesen" und „akzeptiert". Die wenigsten lesen die AGB, aber sie akzeptieren sie. Liest man die AGB genau, geht es dabei immer um ein Zurechnungsproblem. Mögliche zukünftig eintretende Schäden werden in der rechtlichen Form so gefasst, dass Sie, wenn Sie den AGB zugestimmt haben, selber schuld sind. Vergleichbares zeigt sich bezüglich der Nebenwirkungen von Medikamenten: Schauen Sie sich den Beipackzettel an – darauf steht, dass 0,01 % der Personen, die dieses Medikament genommen haben, tot umgefallen sind. Somit wurde Ihnen gesagt, dass Sie tot umfallen können, Sie hätten es lesen müssen. Das kann Ihnen passieren. Das heißt, das Risiko wird Ihnen zugeschoben. Oder nehmen Sie die Arzthaftung bei Eingriffen: Wenn Sie heute in eine Klinik gehen und sich Ihren Blinddarm entfernen oder irgendeinen anderen Eingriff vornehmen lassen wollen, unterschreiben Sie viele sogenannte informierte Einwilligungen (engl. *informed consents*). Sie unterschreiben dabei nicht zuletzt, dass Ihnen bewusst ist, dass Sie, wenn Sie sich unter das Messer legen, sterben können, und dass man Ihnen das vorher gesagt hat, dass Sie also über die Sicherheitsrisiken informiert worden sind. Und damit unterschreiben Sie auch als „*prudent citizen*", als risikobewusster Akteur.

Die Welt ist voll mit allgemeinen Warnhinweisen. Wo Sie hinschauen: Vorsicht, es ist ein Spalt zwischen Tür und diesem und jenem! Vorsicht, frisch gestrichen! Vorsicht, der Fußboden ist nass! Die Logik dahinter ist die der Risikoverrechtlichung: Es werden mögliche zukünftige Schäden angekündigt und die Verantwortung wird durch diese Ankündigung Ihnen zugeschrieben. Es entbehrt nicht einer gewissen Ironie, dass alle diese Hinweise, Aufklärungen und Vorabinformationen eigentlich dazu dienen sollten, den souveränen Konsumenten zu unterstützen. Als souveräne Konsumenten wollen wir aufgeklärt werden, wollen Selbstverantwortung übernehmen – gerade im Medizinrecht, wo das ganz typisch zu beobachten ist. Der Patient muss aufgeklärt werden über das, was passiert, was passieren kann. Und das wird er auch. Gleichzeitig aber geht damit die Verantwortung auf ihn über. Ja, wir haben es Ihnen gesagt, dass etwas schiefgehen kann. Sie hätten ablehnen können. Also wenn etwas passiert, ein Schaden eintritt, sind Sie selber schuld. Das heißt, die Rolle des Bürgers im Risikorecht, in der Sicherheitsgesellschaft, zerfällt im Grunde genommen in eine bilaterale. Einerseits ist er universeller Gefährder. Jeder stellt ein Risiko dar: Sie könnten betrunken Auto fahren, Sie könnten ins Trainingscamp nach Pakistan gehen, Sie könnten plötzlich ausrasten und daheim häusliche Gewalt anwenden, Sie könnten irgendwie einen falschen Knopf drücken. Und andererseits ist der Bürger der *„prudent citizen"*. Damit zeigen sich heute zwei Typen von Menschenbildern, die sich entwickeln und auf die Rolle des Staates projiziert werden. Auf der einen Seite entlässt der Staat die Bürger im Rahmen der Selbstregierung in die Freiheit und verkündet das Ende des Wohlfahrtsstaates: Kümmern Sie sich bitte selbst, schließen Sie eine Riester-Rente ab, sorgen Sie selbst vor und verlangen Sie bitte nichts vom Staat. Auf der anderen Seite geraten die Bürger in ein extremes Kontrollregime, welches sich beispielsweise an den Sicherheitskontrollen am Flughafen zeigt: Man wird durchsucht, abgetastet und immer und überall verdächtigt. Das Grundparadigma der Doppellogik von Verdächtigung und Entverdächtigung verdeutlicht der Geldautomat: Sie stehen vorm Geldautomat und der gibt Ihnen kein Geld. Sie müssen ihm erst mal beweisen, dass Sie nicht verdächtig, sondern berechtigt sind. Und diese Situation der Entverdächtigung findet sich in vielen Bereichen. Der Bürger zerfällt in diese zwei Spaltprodukte: den Gefährder und den klugen Kalkulator oder Trottel, je nachdem, wie man es sieht. Und der Staat zieht sich zwar zurück, erweitert aber gleichzeitig seine Kontrollfunktion.

Abschließend noch ein paar Worte über beobachtbare Mechanismen. Sicherheit nimmt zu, Sicherheit wird immer wichtiger, Sicherheit und Risiko werden zu zentralen Elementen der kulturellen, gesellschaftlichen Semantik, zu zentralen Schlüsselmetaphern gesellschaftlicher Selbstbeschreibung. Wir haben einen Übergang von Gefahr zu Risiko, wir haben sozusagen die Selbstattribuierung, wir haben die Ausdehnung der Vorsorge ins nahezu Unendliche. Prävention kennt keine Stoppregeln, außer die finanziellen Mittel sind erschöpft. Aber bis dahin wird in Kontrolle und Überwachung investiert.

Beobachtbare Mechanismen

Was sind beobachtbare Mechanismen, die diese Entwicklung befördern? Was treibt die Konjunktur von Sicherheit an? Wieso wird sie zum zentralen Motiv unserer Gesellschaften? Ich denke, wenn man sich die letzten zehn, fünfzehn Jahre anschaut, dann war die Wasserscheide ein klares Ereignis, die Anschläge des 11. September 2001 in New York. Nach diesem Vorfall war die Sicherheitsindustrie einer der zentralen Treiber, die den Ausbau des Sicherheitssektors forciert haben. Wenn Sie es spartenweise anschauen, ist die Sicherheitsindustrie – mit dem Verkauf von Videokameras, Software und Sicherheitstechnologie, aber auch mit schlecht bezahlten Mitarbeitern privater Sicherheitsdienste, die irgendwo rumstehen und kontrollieren – die einzige Branche mit zweistelligen Wachstumsraten. Wenn man sich anschaut, was die Europäische Union, aber auch einzelne Länder in sogenannte Sicherheitsforschung investieren, kommt man ebenfalls auf erstaunliche Summen. Der ganze Sicherheitshype ist natürlich ebenso an die Versicherungsindustrie rückgekoppelt. Wenn Sie heute ein Haus haben und z. B. von Ihrer Großmutter einen Kandinsky erben, dann verlangt die Versicherung von Ihnen, dass sie gewisse Sicherheitstechnologien in Ihr Haus einbauen. Das gleiche gilt natürlich für Unternehmen, da werden bestimmte Sicherheitsmaßnahmen verlangt, damit die Versicherung die möglichen Risiken abdeckt. Hier gibt es eine positive Rückkopplung zwischen Sicherheitsindustrie und Versicherungswirtschaft. Zudem gibt es die Rückkopplung zwischen Sicherheitsindustrie und Sicherheit als Thema in der Politik. Politik mit der Angst und den dazugehörigen Feindbildern ist etwas, das immer funktioniert. Der Innenminister ist fein raus, weil er stets sagen kann, es drohe etwas. Es ist noch nichts passiert, aber es droht. Es droht die russische Mafia, es droht die italienische Mafia, es droht der Schwall der Immigranten aus dem Süden, es droht irgendetwas, das wir noch gar nicht kennen. Und damit nichts passiert, brauchen wir mehr Sicherheit. Und das heißt, wir brauchen einen Abbau des Datenschutzes, wir brauchen Überwachung, wir brauchen mehr Polizei, wir brauchen alle möglichen Sicherheitsvorkehrungen. Sicherheitspolitik ist ein Perpetuum mobile. Hier zeigt sich der Wechsel vom Wohlfahrtsstaat alter Prägung, der davon lebte, dass er soziale Wohltaten verteilte, zum Sicherheitsstaat, bei dem es darum geht, drohende Entwicklungen zu verhindern. Früher sagte man, Massenloyalität stelle sich über Umverteilung, also 5 % mehr Lohn, Verbesserung der Arbeitsbedingungen etc., ein. Das hat sich geändert. Die Sicherheitsgesellschaft betreibt eine Politik mit der Angst. Schauen Sie sich die Politikerreden an. Schauen Sie sich die Rhetorik an, das Motiv dahinter ist immer die Angst.

Angst und Gehorsam sind Triebkräfte, die kulturell prägend sind. Viele der praktizierten Sicherheitsmaßnahmen lassen sich, wenn man sie von ihrer ideologischen Verkleidung befreit, interpretieren als eine Form der Einübung erniedrigender Verhaltensweisen. Wenn Sie z. B. morgens um sieben Uhr am Flughafen in Tegel stehen, sehen Sie dort die Leistungsträger dieser Gesellschaft in der Schlange vor dem Securitycheck warten: schick gekleidete junge Männer, die ihren Laptop auspacken, ihren Gürtel abnehmen. Männer, die sich sonst nichts gefallen lassen, lassen sich von oben bis unten abfummeln, lassen sich Dinge bieten, die früher undenkbar waren. Stellen Sie sich vor, man hätte Sie vor dem 11. September 2001 in einen Tiefschlaf versetzt und Sie würden heute aufwachen und zum Flughafen gehen, um dort einzuchecken. Vermutlich wären Sie völlig verwirrt oder würden angesichts der zugemuteten Prozeduren einen Schreikrampf bekommen. Im Namen der Sicherheit muss man sich die abartigsten Dinge bieten lassen, man ist permanent einem Verdacht ausgesetzt und durchläuft erniedrigende Prozeduren. Aber dieser Prozess der alltäglichen Ver(un)sicherung geht so langsam vonstatten, dass man es kaum merkt. Angetrieben wird dieser Prozess von einem politisch-sicherheitsindustriellen Komplex. Diese Koalition aus Politik und Industrie hat den militärisch-industriellen Komplex abgelöst, vor dem der amerikanische Präsident Dwight D. Eisenhower schon in den 1950er-Jahren gewarnt hatte.

Der politisch-sicherheitsindustrielle Komplex beschert uns immer mehr Daten, aber was mit ihnen geschieht, bleibt einigermaßen im Unklaren. Edward Snowden hat hier für ein breiteres Publikum ein wenig den Vorhang gelüftet und man sah, von welchen Fantasien die Sicherheitspolitik getrieben wird. Allerdings sollte man bedenken, dass Daten für sich genommen noch kein Wissen produzieren. Das eigentliche Problem ist hier die Auswertung, die inzwischen nicht mehr von Menschen allein vorgenommen werden kann. Zusätzlich wird die Intelligenz der Maschinen benötigt und die ist nach wie vor relativ unterentwickelt. Zwar wird hier viel investiert und geforscht, aber im Angesicht der Datenmengen versagen auch die avanciertesten Algorithmen. Es gibt beispielsweise Bildmaterial von mehreren Hundert Jahren Länge, das von Drohnen und Überwachungssatelliten über Afghanistan aufgezeichnet wurde – hochauflösende Bilder zur Überwachung. Irgendwo auf diesen Bildern verstecken sich Taliban. Das Problem ist, sie zeitnah zu identifizieren. Das gleiche gilt für unser aller Alltag: Wir werden permanent von Videokameras erfasst, hinterlassen elektronische Spuren im Netz, wir sind, wie es ein Kollege einmal treffend formulierte, *„leaking data containers"*. Und die Technologie der Datenproduktion entwickelt sich rasend schnell weiter. Es gibt heute die sogenannten *massively integrated multi-sensor systems*, die MIMSI. Das sind Kameras mit hochauflösenden Linsen, gekoppelt mit Sensoren, die auf Geruch, auf Geräusche und auf Radioaktivität reagieren. Es gibt auch schon Systeme, die Gesichtserkennung in hochauflösenden Videodaten – aufgenommen von Drohnen bei Massenveranstaltungen – ermöglichen. Das sind zwei parallele Entwicklungen: Datenproduktion und Datenanalyse. Was allerdings – noch – weitgehend im Bereich der menschlichen Entscheidungen bleibt, ist die Beantwortung der Frage, was im konkreten Fall zu geschehen hat. Hier steht die Sicherheitstechnologie heute an einer Schwelle, die hinsichtlich der Entwicklung von Prototypen bereits sehr unangenehme Fragen aufwirft: Sollen wir es irgendwann einem technischen System überlassen, weitreichende Entscheidungen im Bereich der Sicherheit zu treffen? Vor Kurzem wurde der Prototyp eines autonomen Kampfroboters vorgestellt: Er verfügt über eine Software, die es ihm ermöglichen soll, zwischen „Freund" und „Feind" zu unterscheiden und dann selbstständig zu entscheiden, ob er auf das identifizierte Objekt feuert oder nicht. Hier können Entscheidungen über Leben und Tod an die Maschine delegiert werden. Auch wenn das bisher noch weitgehend Zukunftsmusik ist, sollten wir darauf vorbereitet sein, Antworten für die dabei auftauchenden ethisch-politischen Fragen der Sicherheit parat zu haben. Ob uns das gelingt, ist allerdings eine offene Frage. Ich danke für Ihre Aufmerksamkeit.

Literatur

Beck, U. (1986). Risikogesellschaft. Auf dem Weg in eine andere Moderne. Frankfurt am Main: Suhrkamp.

Durkheim, É. (1895). Die Regeln der soziologischen Methode. Frankfurt am Main: Suhrkamp.

Giddens, A. (1984). The Constitution of Society: Outline of the Theory of Structuration. Cambridge: Polity Press.

Krasmann, S., Kreissl, R., Kühne, S., Paul, B. & Schlepper, C. (2014). Die gesellschaftliche Dimension von Sicherheit – Zur medialen Vermittlung und Wahrnehmung der Terrorismusbekämpfung. In: J. Schiller, L. Gerhold, S. Steiger & H. Jäckel (Hrsg.). Schriftenreihe Sicherheit Nr. 13. Berlin.

Kreissl, R. & Wright, D. (2014). Surveillance in Europe. Oxon: Routledge.

Luhmann, N. (1992). Beobachtungen der Moderne. Opladen: Westdeutscher Verlag.

Mead, G. H. (1968). Geist, Identität und Gesellschaft. Frankfurt am Main: Suhrkamp.

Zedner, L. (2007). „Pre-crime and post-criminology. Theoretical Criminology May 2007. Vol. 11 no. 2. 261–281.

Birgitta Sticher
Wie viel Unsicherheit ertragen wir?

Beispiele für den Umgang mit Unsicherheit

Die Einstiegsfrage lautet: Wie viel Unsicherheit kann jeder von uns ertragen? Um den Umgang mit Unsicherheit zu verdeutlichen, beginne ich mit folgendem Beispiel: Sie möchten in den Urlaub fliegen. Will man den Flughafen mit öffentlichen Verkehrsmitteln erreichen, geht dies mit einem Quäntchen Unsicherheit einher. So fahren z. B. in Berlin die Verkehrsmittel nicht immer zuverlässig. Es passiert durchaus, dass es auf einmal, etwa durch einen Notarzteinsatz, zu einer längeren Verkehrsunterbrechung kommt. Die Sicherheit, mit den öffentlichen Verkehrsmitteln pünktlich das Ziel zu erreichen, ist somit infrage gestellt. Wenn Sie nun Ihr Flugzeug nicht verpassen wollen, also pünktlich am Flughafen sein wollen, stellt sich die Frage: Wie wollen Sie mit dieser Unsicherheit umgehen? Kalkulieren Sie für den Weg die vom Routenplaner errechnete Zeit ein, um rechtzeitig anzukommen, oder wesentlich mehr Zeit? Wie viel Zeitpuffer benötigen Sie, damit eine für Sie erträgliche Unsicherheit gegeben ist? Diese Situation bewältigt jeder auf eine andere. Unser Umgang mit Unsicherheit hängt von unserer Persönlichkeit ab, die im Sozialisationsprozess entstanden ist. Häufig findet man das folgende interessante Phänomen: Menschen, die in ihrem Leben sehr viel Sicherheit erfahren haben, die in behüteten Verhältnissen aufgewachsen sind, fällt es sehr schwer, Unsicherheit zu ertragen. Was ist die Erklärung? Diese Personen wurden auf den Umgang mit Unsicherheit nicht vorbereitet. Umso stärker wird dann die Verunsicherung erlebt, wenn auf einmal die Dinge nicht so rundlaufen, wie sie sollten. Dieses Beispiel kann auch auf das Thema Stromausfall bezogen werden.[1] Man geht davon aus, dass für jeden Einwohner in Deutschland im Jahresdurchschnitt ungefähr 15 Minuten der Strom ausfällt. Die Wahrscheinlichkeit eines Stromausfalls

---

1 Vgl. Angaben der Bundesnetzagentur (2013).

ist demnach sehr gering. Stellen wir uns nun zum Vergleich die Situation in Indien vor. Dort müssen die Menschen tagtäglich damit rechnen, dass der Strom ausfällt. Was meinen Sie, wie die Menschen in diesen beiden Ländern jeweils mit einem langfristigen Stromausfall umgehen würden? Die Menschen in Deutschland hätten mit dieser Situation deutlich größere Schwierigkeiten als die Menschen in Indien. Wir sind nicht darauf vorbereitet, eine derartige Unsicherheit zu ertragen. Die meisten von uns hatten bisher – anders als die Menschen in Indien – keine Gelegenheit, sich auf eine solche Situation einzustellen und Strategien hierfür zu entwickeln. Daraus können wir ableiten: Je sicherer wir uns fühlen, umso weniger sind wir in der Lage, Unsicherheit zu ertragen bzw. damit „kreativ" umzugehen.

Dieses Thema – das sei hier kurz angemerkt – ist besonders für die Sicherheit von großen Industrieunternehmen, wie z.B. Kernkraftwerken (sogenannten High Reliability Organizations), relevant. Hier werden vor allem Computer eingesetzt, um Sicherheit zu garantieren. Sollten diese plötzlich ausfallen, was äußerst selten vorkommt, wäre das Personal mit der Situation überfordert, würde es nicht zuvor durch Übungen regelmäßig darauf vorbereitet.

Wir können als erstes Fazit festhalten, dass wir in Deutschland insgesamt ein äußerst hohes Sicherheitsniveau gewohnt sind. Wenn dann unerwartet die gewohnten Abläufe nicht mehr funktionieren, stellt dies ein großes Problem dar. Unsere Persönlichkeit – Resultat unserer Lerngeschichte – bestimmt in solchen Situationen ganz entscheidend, wie wir mit der daraus resultierenden Unsicherheit umgehen.

Ein weiteres Beispiel für eine Katastrophe, die uns alle nachhaltig beschäftigt hat: Fukushima 2011. Ein Erdbeben der Stärke neun und ein Tsunami führten zu einer Reaktorkatastrophe. Dieses Ereignis hat auch bei uns die Frage aufgeworfen: Wie sicher wollen wir leben? Den Menschen in Fukushima wurde alles genommen, was Sicherheit gibt: Ihre Wohnstätten wurden zerstört oder sie mussten diese aufgrund der hohen Strahlenbelastung verlassen und in Notunterkünfte ziehen, um der Gefahr für ihre Gesundheit zu entkommen. Die Folgen waren nicht nur kurzfristig dramatisch, sondern sind es auch langfristig. Allerdings wissen wir noch recht wenig über die Auswirkungen der Verstrahlung für die folgenden Generationen. Und wie begegneten die Japaner diesem Geschehnis und den drastischen Folgen? Zeigte die Bevölkerung starke emotionale Reaktionen in Anbetracht so schwerwiegender Konsequenzen? Wider unseren Erwartungen berichteten die Medien nicht von extremen Verhaltensweisen. Ganz im Gegenteil, das Verhalten der Japaner konnte als nahezu stoisch bezeichnet werden und dies sorgte außerhalb Japans für große Verwunderung. Derweil viele im Land lebende Ausländer die Flucht ergriffen, verharrten auch die Japaner im Land, die ebenfalls die Chance gehabt hätten, sich ins Ausland zu begeben. Woran liegt das? Welche Erklärungen gibt es für dieses Verhalten? Waren die Menschen durch das Geschehen so ohnmächtig und hilflos, dass sie im Land blieben? Ist es das Ergebnis eines uns fremden Sozialisationsprozesses? So weit die sehr unterschiedlichen Beispiele als Ausgangspunkt zur Beantwortung für unsere Frage: Wie viel Unsicherheit können wir ertragen?

Die stresstheoretische Perspektive

Das transaktionale Stressmodell
Die Psychologen versuchen, die unterschiedlichen Verhaltensweisen zu erklären, indem sie auf Stresstheorien zurückgreifen. Eine der bekanntesten Stresstheorien ist das „transaktionale Stressmodell" von Richard Lazarus, das er zusammen mit Susan Folkman 1984 veröffentlichte (Lazarus & Folkman 1984). Bei diesem Modell geht es nicht um die biologischen Prozesse der Stressentstehung. Untersucht wird die Frage, wovon es abhängt, dass ein äußeres Ereignis bei einigen Menschen Stress auslöst, bei anderen aber nicht. Schauen wir uns das folgende Schaubild an, das ich an den uns bereits bekannten Beispielen verdeutlichen werde:

Abbildung 1: Die stresstheoretische Perspektive – das transaktionale Stressmodell. (nach Lazarus & Folkman, 1984)

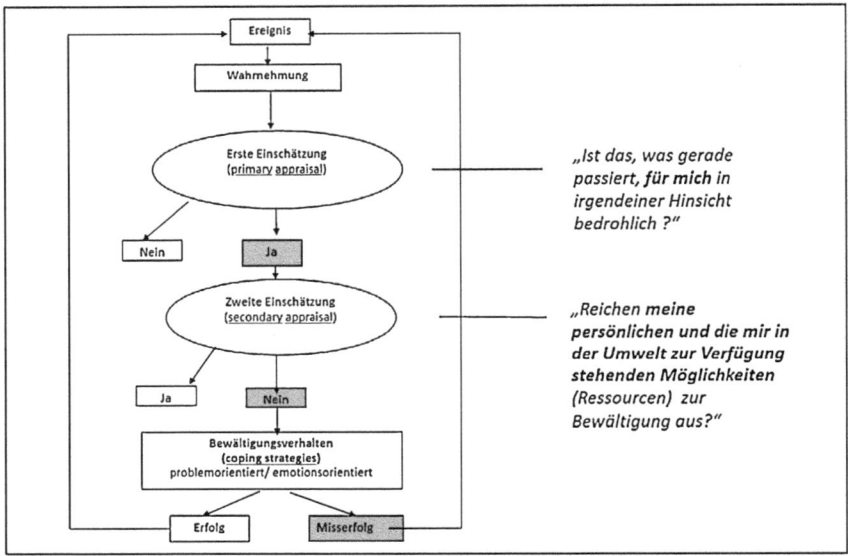

Beginnen wir mit dem ersten Beispiel: Ich will pünktlich am Flughafen sein. Die konkrete Situation („Ereignis") wird von mir wahrgenommen und ich frage mich: Was passiert, wenn ich nicht pünktlich komme? Sind die möglichen Folgen für mich persönlich in irgendeiner Hinsicht bedrohlich? Ich beantworte diese Frage mit Ja: Wenn ich nicht pünktlich komme, dann verpasse ich das Flugzeug und meine ganze Urlaubsplanung ist hin. Folglich ist die erste Frage, die wir uns immer angesichts einer konkreten Situation stellen: Ist das, was geschieht bzw. geschehen kann, für mich in irgendeiner Hinsicht bedrohlich? Wenn ich zu dem Ergebnis „Nein, es ist *nicht* bedrohlich" komme, dann entsteht *kein* Stress. Komme ich aber zu der Einschätzung „Ja, die Situation ist bedrohlich, sie ist potenziell mit Gefahren für mich verbunden", erfolgt die zweite Einschätzung. Die Frage lautet nun: Reichen meine Möglichkeiten aus, mit dieser Situation umzugehen? Kann ich die Situation bewältigen? Die Psychologen verwenden in diesem Zusammenhang den Begriff der Bewältigungsstrategien oder Copingmechanismen. Wir verfügen über sehr unterschiedliche Möglichkeiten, mit einem Ereignis umzugehen. Die eine Möglichkeit besteht in diesem Beispiel darin, einen Sicherheitspuffer einzubauen, d. h., die für die Anfahrt zum Flughafen einkalkulierte Zeit auszuweiten. Es handelt sich um eine problemorientierte Vorgehensweise: Ich entwickle eine Strategie, um das Zuspätkommen unwahrscheinlicher zu machen. Des Weiteren kann ich auf meine Gefühle einwirken. In diesem Fall wähle ich eine emotionsorientierte Herangehensweise: Ich sage mir z.B., dass die Folgen so dramatisch doch nicht seien und sich neue Möglichkeiten ergäben. Wenn diese Bewältigungsstrategien zum Einsatz kommen, verringert sich der Stress.

Die kulturkritische Betrachtung des transaktionalen Stressmodells

Kommen wir nun wieder auf die Katastrophe in Fukushima zurück. Es ist sehr wahrscheinlich, dass die Situation auch von Japanern als extrem bedrohlich eingeschätzt wurde. Aber auf welche Bewältigungsmechanismen haben die Menschen zurückgegriffen, um mit dieser Bedrohung umzugehen? Bewältigungsmechanismen sind wie Werkzeuge, die uns im Sozialisationsprozess übermittelt werden, nicht nur durch die engen Bezugspersonen in der Familie und im Freundeskreis, sondern auch von Menschen in den Sozialisationsagenturen wie Kindergarten, Schule und Ausbildungseinrichtungen bzw. im Berufsleben. Über welche kulturellen Muster der Vorbereitung auf und Verarbeitung von Katastrophen verfügen Japaner? Sie sind, anders als wir in Deutschland, ständig mit der Gefahr von Erdbeben konfrontiert. Schon im Kindergarten und in der Schule lernen sie, sich auf solche Gefahren vorzubereiten. Es wird ihnen vermittelt, ihre wichtigsten Dinge für den Katastrophenfall griffbereit zu halten. Sie üben, sich bei Erdbeben unter dem Tisch zu verstecken. Das heißt, sie lernen mit solchen bedrohlichen Ereignissen umzugehen. Die Einübung des Umgangs mit möglichen Katastrophen gehört zur japanischen Kultur. Zu diesem Lernprozess zählt sicher auch, Autoritäten, die bei Gefahren etwas anordnen, zu gehorchen. Ich möchte in diesem Zusammenhang eine Japanologin zitieren, die das Ergebnis des Erziehungsprozesses an einem Ausspruch verdeutlicht, der für das japanische Verständnis von Gemeinschaft charakteristisch ist: „Wenn ein Nagel herausragt, dann muss er eingeschlagen werden." Es ist folglich nicht gewünscht, dass sich der Einzelne aus der Gruppe hervorhebt oder sich der Gruppe entzieht. Dies erklärt, warum Japaner, die in einer katastrophalen Situation die Gemeinschaft verlassen, den Respekt der Gruppe verlieren. Es wird erwartet, dass sich der Einzelne sehr viel stärker in die Gemeinschaft einordnet. In der Sozialisation findet folglich ein Lernprozess statt, in dem der Umgang mit Katastrophen vermittelt wird: sowohl eine problemorientierte Bewältigung (Was soll ich konkret tun?), aber eben auch ein hilfreicher Umgang mit Emotionen (emotionsorientiertes Coping). Eine Japanerin beschreibt das Ergebnis der emotionsorientierten Bewältigung folgendermaßen: „Wenn ich nur das Wort Erdbeben höre, dann werde ich gelassen." Durch vielfache Übung wird die Fähigkeit erworben, mit dem Begriff Erdbeben *Gelassenheit* zu assoziieren (Sticher 2013).

Halten wir noch einmal unter Rückgriff auf das klassische Stressmodell nach Lazarus fest, was dies für den Umgang mit Unsicherheit bedeutet: Es gibt keine äußeren Reize oder auch Ereignisse, die bei allen Menschen die gleiche Reaktion auslösen. Entscheidend ist, wie jeder von uns die Frage der Bedrohung und deren Bewältigung beantwortet. Wie das Beispiel des japanischen Umgangs mit den Ereignissen in Fukushima verdeutlicht, lassen sich aber durchaus gesellschaftlich vermittelte Lernprozesse identifizieren.

Diese Überlegung führt zu einer kritischen Betrachtung des transaktionalen Stressmodells. Als Amerikaner betont Lazarus extrem stark die Verarbeitung des Individuums. Er fragt danach, wie die einzelne Person mit der Situation umgeht. Im Zentrum seiner Theorie steht das sozial unabhängige, independente Individuum.

Abbildung 2: Das independente vs. das interdependente Individuum. (vgl. Kühnen & Haberstroh 2013)

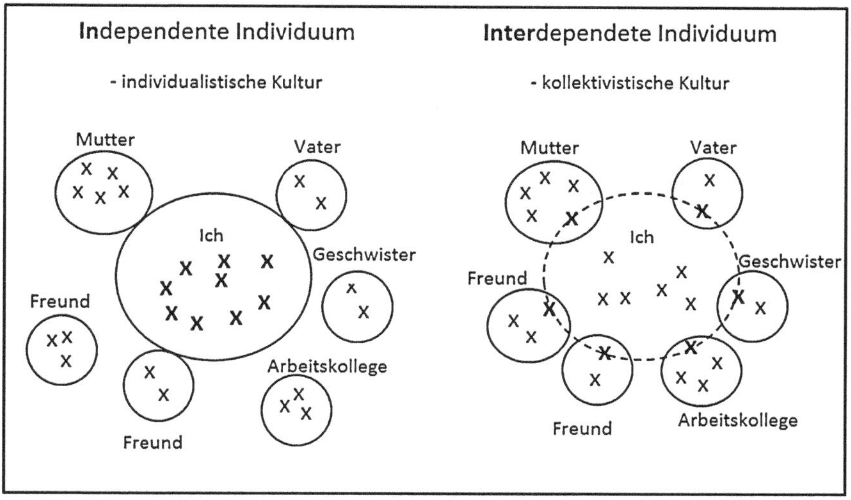

Independente Individuum	Interdependete Individuum
- individualistische Kultur	- kollektivistische Kultur

Diese Auffassung veranschaulicht die linke Grafik der Abbildung 2: Der Kreis in der Mitte stellt das unabhängige Individuum dar. Zwar bestehen Verbindungen vom unabhängigen Individuum zu Personen in seinem Umfeld, aber es ist nicht sehr eng mit diesen vernetzt. Wenn Lazarus der Frage „Wie geht das Individuum mit Stress um?" nachgeht, schließt er durchaus die Menschen im Nahumfeld, die bei der Bewältigung helfen können, in seine Überlegungen ein. Aber diese Menschen sind dabei eine mögliche Ressource neben vielen anderen, auf die das Individuum zurückgreifen kann. Das Schaubild auf der rechten Seite hingegen eignet sich sehr viel besser, die japanischen Bewältigungsstrategien zu verstehen. Den Ausgangspunkt bildet nun das interdependente Individuum. Dieses zeichnet sich dadurch aus, dass es sich nicht primär als eine von anderen losgelöste, sondern als sehr stark mit den Menschen in seinem Umfeld verbundene Einheit versteht. Für das interdependente Individuum geht es in einer Katastrophe deshalb zunächst einmal nicht um die Frage: Wie rette ich mich? Die zentrale Frage kann so formuliert werden: Was bedeutet die Katastrophe für mein Beziehungssystem, zu dem ich gehöre? In einer kollektivistischen Kultur ist der Einzelne folglich sehr viel stärker darauf ausgerichtet, die schwierige Situation mit anderen zusammen zu bewältigen.

Stellen wir uns nun die Frage: Wie würden wir in Deutschland mit einer solchen Katastrophe wie der von Fukushima umgehen? Da ein Erdbeben und ein Tsunami für Deutschland sehr unwahrscheinlich sind, wenden wir uns dem bereits erwähnten Katastrophenszenario zu: dem großflächigen, mehrere Tage dauernden Stromausfall. Alle selbstverständlichen Alltagsprozesse würden zusammenbrechen: von der Versorgung mit Lebensmitteln und Wasser über die Mobilität bis zur Kommunikation. Wie würden wir reagieren, wenn für mehrere Tage der Strom ausfallen würde? Die herrschende Meinung ist, dass die Menschen in Deutschland mit solchen Situationen nur sehr schwer umgehen könnten. Dramatische Szenarien werden entworfen: Die Menschen würden mit ihrem antisozialen Verhalten (z. B. Plünderungen) zu einer Gefahr für die öffentliche Sicherheit und Ordnung. Sie würden vorrangig an die Befriedigung ihrer egoistischen Bedürfnisse denken und alles tun, damit es ihnen und ihrer Familie gut geht, ohne Rücksichtnahme auf die anderen Menschen in ihrem Umfeld.

Politiker, aber auch die Vertreter der Behörden und Organisationen mit Sicherheitsaufgaben (BOS) – allen voran die Polizei und die Feuerwehr – entwerfen Horrorszenarien und machen sie zur Grundlage ihrer Handlungspläne. Diese Horrorszenarien gehen von der Annahme aus, dass die im Alltag häufig beobachtete Ich-Zentrierung des independenten Individuums in einer Katastrophe noch sehr viel stärker in den Vordergrund tritt. Ist diese Annahme aber wirklich berechtigt? Was wissen wir über das Verhalten von Menschen in Katastrophen? Im Rahmen der vom Bundesministerium für Bildung und Forschung geförderten Forschungsprojekte TankNotStrom (www.tanknotstrom.de) und Kat-Leuchttürme (www.kat-leuchtturm.de) haben wir uns mit dieser Frage auseinandergesetzt. Das Ergebnis der Forschung ist – wie auch die Katastrophensoziologie überzeugend nachweist – hochinteressant und weicht von den dargelegten Alltagsannahmen („Katastrophenmythen") deutlich ab: Menschen verhalten sich in Katastrophen eben nicht vorrangig egoistisch, sondern hilfsbereit! In der Katastrophe verändert sich die Wahrnehmung von uns und den uns umgebenden Menschen. Wir verstehen uns sehr viel stärker als Mitglied einer Gemeinschaft, die angesichts dieser bedrohlichen äußeren Situation zusammenhalten muss. In der Katastrophe sind wir bereit, selbst dem Nachbarn, der uns vielleicht gestern noch genervt hat, zu helfen.

Wir, das Forschungsteam der Hochschule für Wirtschaft und Recht Berlin, haben für das aktuelle Projekt Kat-Leuchttürme in drei Berliner Bezirken eine Bürgerbefragung bezüglich der Hilfebereitschaft bei einem lang anhaltenden Stromausfall durchgeführt. Natürlich handelt es sich hierbei lediglich um eine Umfrage und nicht um eine Beobachtung des realen Verhaltens in einer Katastrophe, aber die Ergebnisse bestätigen die gerade dargelegten Erkenntnisse, die ebenfalls anhand der Beobachtung des Verhaltens in Katastrophen in z. B. Amerika oder Australien gewonnen wurden. Aus der Befragung geht hervor, dass die Bereitschaft zur Hilfeleistung herausragend hoch ist und nur 1 % der Befragten unter keinen Umständen bereit ist zu helfen. Auch Bevölkerungsgruppen, die von den Folgen des Stromausfalls besonders betroffen wären, z. B. Familien mit kleineren Kindern, zeigen sich in hohem Maße bereit, sogar unter Inkaufnahme von persönlichen Einschränkungen, zu helfen. Diese Hilfeleistung würde vor allem für Menschen erbracht, die im eigenen räumlichen Umfeld leben (Ohder et al. 2014).

Ausgehend von diesen Forschungsergebnissen können wir uns von den Horrorszenarien verabschieden. Wenn wir extreme Situationen erleben, dann werden wir zu interdependenten Individuen – vielleicht nicht in dem Ausmaß, wie wir es in Bezug auf Japan festgestellt haben, aber doch deutlich stärker, als es bisher vermutet wird. So waren viele überrascht, wie hoch die Bereitschaft bei dem Elbehochwasser 2013 vor allem auch von jungen Menschen war, Hilfe zu organisieren und Hilfe zu leisten. Wir haben dazu in Magdeburg einen Workshop durchgeführt, an dem auch mehrere Spontanhelfer, z. B. die Gründer der Facebook-Seite „Hochwassernews Magdeburg", beteiligt waren, die sich während der Flutkatastrophe engagiert hatten. Sie berichteten unter anderem über die positiven Erfahrungen, die für sie mit diesem Hilfeverhalten verbunden waren. Ihre Aussagen verdeutlichten, dass schwierige Situationen viel besser zu bewältigen sind, wenn man selbst aktiv an deren Verbesserung mitwirkt (Geißler 2014).

Diese Erkenntnisse erfordern und ermöglichen ein Umdenken, das schon jetzt – vor dem Eintreten möglicher Katastrophen – Grundlage für die Planung des Krisen- und Katastrophenmanagements sein sollte. Die Frage lautet: Wie können wir Rahmenbedingungen schaffen, damit die Bereitschaft der Menschen zur Hilfeleistung in der Katastrophe gefördert und nicht behindert wird? Und genau hier gilt es anzusetzen und im Rahmen des Katastrophenmanagements Strukturen zu schaffen, die diese Hilfebereitschaft der Bevölkerung aufgreifen und unterstützen. Auf diesen Punkt werde ich noch einmal zurückkommen und näher eingehen. Zur weiterführenden Auseinandersetzung mit dem Thema, wie wir uns in bestimmten Situationen verändern, möchte ich auf das Buch „Der Luzifer-Effekt" von Philip Zimbardo (2008) verweisen, einem der bekanntesten amerikanischen Sozialpsychologen. Darin zeigt er auf, dass es „starke" Situationen gibt, die uns alle zu Helden werden lassen. Seine Botschaft lautet: Jeder Mensch ist ein Held im Wartezustand. „Starke" Situationen können ganz normale Menschen dazu veranlassen, böse Taten auszuführen. Und ebenso gilt, und dies ist im Kontext dieses Beitrages von Interesse, dass wir in bestimmten „starken" Situationen über uns selbst hinauswachsen, über unsere Kleinlichkeit, unsere Ängstlichkeit, unsere tagtäglichen Probleme und Egoismen, und zu Helfern werden.

Die Erweiterung des transaktionalen Stressmodells durch die Conservation of Resources Theory von Hobfoll (1989)

Der Stresstheoretiker Stevan Hobfoll hat eine Theorie entwickelt, die den Menschen als interdependentes Wesen deutlich stärker thematisiert, als es in der transaktionalen Stresstheorie der Fall ist (Buchwald, Schwarzer & Hobfoll 2004). Diese sogenannte *Conservation of Resources Theory*, also die Theorie der Ressourcenerhaltung, geht davon aus, dass wir in Abhängigkeit von anderen leben und Stress für uns vor allem dann entsteht, wenn wir den Eindruck haben, dass die Ressourcen unserer Gruppe, die uns unterstützt und unterhält, bedroht werden (z. B. das verfügbare Geld, die Gesundheit der Mitglieder). Hobfoll spricht in diesem Zusammenhang von dem „*caravan passageway*" (Buchwald, Schwarzer & Hobfoll 2004), d. h., wir sind Teil einer Karawane und ziehen gemeinsam durch die Wüste. Wir werden hineingeboren in eine Gruppe – die Karawane –, die uns mit bestimmten Ressourcen ausstattet, und wir lernen, dass wir stark von dieser Gruppe abhängen. Folglich stellen wir in potenziell Stress auslösenden Situationen die Frage: Ist diese Situation für mich als Mitglied einer Gruppe, von der ich abhänge, bedrohlich? Und wenn diese Frage bejaht wird, lautet die zweite Frage: Wie kann meine Gruppe mit dieser Situation umgehen? Hobfoll erweitert somit den Blick und betrachtet das Individuum in seiner Einbindung in die Gruppe. Dieser erweiterte Blick ist von hoher

Wie viel Unsicherheit ertragen wir?   105

Bedeutung für die Beantwortung der Frage, die wir uns hier stellen: Wie viel Unsicherheit ertragen wir? Auch wir wollen folglich den Blick nicht nur auf das Individuum richten, sondern gehen davon aus, dass das Ertragen von Unsicherheit entscheidend davon abhängt, wie jeder von uns in eine Gruppe bzw. Gemeinschaft eingebunden ist.

Die aktuelle Situation: die Vorbereitung auf Krisen und Katastrophen in Deutschland

Nach der Beschäftigung mit den Stresstheorien wollen wir uns der Situation in Deutschland zuwenden und fragen: Wie sieht es in unserer Gesellschaft aus? Wie gehen wir mit Unsicherheiten um? Welchen Beitrag leistet der Staat, um uns bei dem Umgang mit Unsicherheiten zu unterstützen? Unternimmt er etwas, um uns auf Katastrophen vorzubereiten? Lernen wir, wie wir mit Katastrophen umgehen können? Wird dafür – wie in Japan – geübt? Am Beispiel der dortigen Vorbereitung auf Erdbeben wurde deutlich: Je intensiver das Verhalten in derartigen Situationen geübt wird, je mehr Strategien entwickelt werden, sich auf solche Situationen vorzubereiten, umso besser der Umgang mit diesen. Es gibt in Deutschland eine auf Bundesebene angesiedelte Institution, das Bundesamt für Bevölkerungsschutz und Katastrophenhilfe (BBK) (www.bbk.bund.de). Bevor ich mich mit dem Thema Katastrophenschutz beschäftigt habe, war mir das BBK, das es seit 2004 gibt, unbekannt. Wie sein Name sagt, ist es für den Bevölkerungsschutz zuständig und soll uns folglich vor Katastrophen schützen bzw. bei deren Bewältigung helfen. Zu einer diesbezüglichen Vorbereitungsmaßnahme zählt die Länderübergreifende Krisenmanagementübung/Exercise (LÜKEX). Alle zwei Jahre, seitdem es das BBK gibt, werden bestimmte Szenarien ausgewählt und das Krisen- bzw. Katastrophenmanagement geübt. Die Übung wird jeweils von der Akademie für Krisenmanagement, Notfallhilfe und Zivilschutz (AKNZ) des BBK vorbereitet und durchgeführt. An der letzten LÜKEX, die im November 2013 stattfand, war auch das Land Berlin als übendes Land beteiligt.

Ich hatte die Chance, diese Übung als Teilnehmerin des Begleitprogrammes für Gäste aus dem In- und Ausland zu verfolgen. Im Rahmen dieser Veranstaltung ereignete sich folgender kleiner Vorfall, den ich sehr interessant fand: Neben mir saß ein Mitarbeiter einer Einrichtung aus Schweden, der zu mir sagte: „Wir haben hier Zettel in unserer Veranstaltungsmappe, auf denen steht, dass wir von dieser Übung nichts nach außen berichten dürfen. Wenn ich in Schweden wäre, würde ich sofort twittern und meinen Kollegen erzählen, was hier läuft, damit das alle verfolgen können. Warum ist das hier verboten?" Daraufhin habe ich den Präsidenten des BBK, Herrn Christoph Unger, gefragt, warum die Informationen nicht an die Öffentlichkeit weitergeleitet werden dürfen. Seine Antwort lautete: „Wir wollen ja nicht, dass die Bevölkerung in Panik verfällt." Man möchte folglich alle schützen und erst gar nicht durch eine Auseinandersetzung mit Katastrophenszenarien beunruhigen. Es soll darauf vertraut werden, dass die BOS alles Notwendige tun werden – und das soll ausreichen. Im Rahmen der LÜKEX 13 wurden auch mögliche Reaktionsweisen der Bevölkerung einbezogen. Interessanterweise reagierte „die Bevölkerung" überwiegend hilflos, informationssuchend. Die Besucher des LÜKEX-Begleitprogrammes, die über Video mit den Übenden in Verbindung standen und Fragen an diese richten konnten, wollten zum Verhalten der Bevölkerung Folgendes wissen: Kamen von der Bevölkerung auch andere Äußerungen? War die Bevölkerung bereit mitzuhelfen? Sie erhielten die Antwort: „Ja, solche Anrufe sind auch da, aber das ist für uns jetzt nicht so wichtig; das bringt den Ablauf eher durcheinander." Ich greife diese beiden Beispiele heraus, weil sie deutlich machen, dass in Deutschland bisher – abgesehen von dem Ehrenamt und dessen wichtiger Rolle im Katastrophenschutz – noch viel zu wenig geplant ist, die Bevölkerung im Katastrophenfall aktiv einzubeziehen. Wenn wir aber, wie vorhergehend verdeutlicht wurde, von einer hohen Hilfebereitschaft der Bevölkerung in Krisen und Katastrophen ausgehen können, warum wird sie mit ihrem Potenzial dann von den offiziellen Stellen bei der Planung zur Bewältigung von Krisen und Katastrophen außen vor gelassen? Warum wird die Bevölkerung überwiegend als hilflos und hochemotional beschrieben, als eine Gefahr für die öffentliche Sicherheit und Ordnung?

Die Beziehung von staatlicher Vorsorge und Selbstvorsorge/Selbsthilfe

In unserem Forschungsprojekt, in dem die möglichen Folgen eines lang anhaltenden Stromausfalls in Berlin (und Brandenburg) untersucht wurden, kamen wir zu dem Ergebnis, dass unser bisheriges Katastrophenschutzsystem deutlich verändert werden muss: Das Hilfepotenzial der Bevölkerung sollte ergänzend zu dem bestehenden staatlichen Hilfeangebot einbezogen werden. Das Einbinden der Bevölkerung ist aber nicht nur wünschenswert, sondern absolut notwendig: Wenn wirklich Katastrophen eintreten, wie z. B. anhand des Szenarios eines lang anhaltenden Stromausfalls deutlich wird, dann sind die zuständigen Kräfte, die BOS, nicht in der Lage, die Katastrophe allein, ohne die Hilfe der Bevölkerung, zu bewältigen. Wir wollen natürlich auch nicht das Gegenteil. Wir wollen nicht den Rückzug des Staates aus dem Katastrophenschutz. Die Botschaft lautet folglich nicht: „Lieber Staat, spare das Geld und gib es für andere Dinge aus, wir brauchen das alles nicht. Du brauchst gar keine Vorkehrungen für den Katastrophenfall zu treffen." Die Beschäftigung mit den Katastrophen in Deutschland nach dem Zweiten Weltkrieg – Hochwasser, Brände oder Schneekatastrophen – macht deutlich, dass der Einsatz von technischen Geräten und taktisch-operativen Kräften (Feuerwehr, Polizei, THW und Bundeswehr) sowie administrativ-organisatorischen Kräften (Kommunal- und Landesverwaltungen) dringend notwendig war (Sticher 2014). Die Bürger benötigten diese Hilfeleistung!

Abbildung 3: Die Notwendigkeit der Einbeziehung der Bevölkerung in das Krisen- und Katastrophenmanagement.

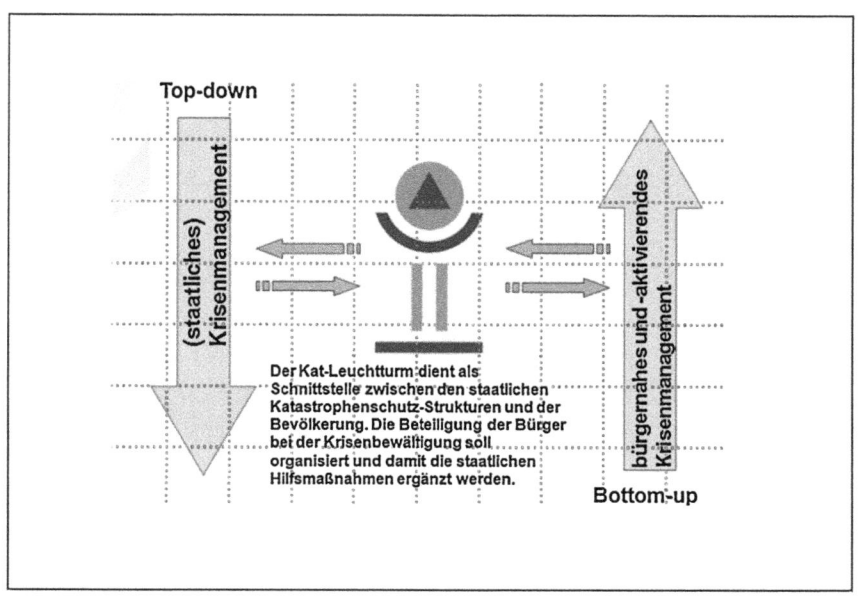

Halten wir deshalb an dieser Stelle fest: Wir brauchen sowohl den Staat, der die Verantwortung für das Krisen- und Katastrophenmanagement übernimmt – vor, während und nach den Katastrophen –, als aber auch den Bürger, der sich auf Krisen und Katastrophen vorbereitet und sich zu deren Bewältigung mit seinen Möglichkeiten einbringt. Der Bürger soll weder als gefährlich (weil von ihm eine Gefährdung der öffentlichen Sicherheit und Ordnung ausgehen könnte) noch als passiv oder inkompetent abgestempelt werden. Er ist in der Lage, unterstützend mitzuwirken. Seine Mithilfe ist für die Krisen- und Katastrophenbewältigung unverzichtbar. Es ist unser zentrales Anliegen, die Leistungen der „offiziellen" Kräfte zur Bewältigung von Katastrophen durch die der Bevölkerung zu ergänzen. Die Bevölkerung muss in den Prozess des Katastrophenmanagements einbezogen werden: Dies stellt eine Erweiterung des Top-down-Ansatzes durch den Bottom-up-Ansatz dar (siehe Abbildung 3).

Kommen wir nun noch einmal auf das bereits erwähnte Beispiel des lang anhaltenden Stromausfalls zurück. Im Rahmen des vom Bundesministerium für Bildung und Forschung geförderten Projektes TankNotStrom haben wir zusammen mit weiteren Partnern[2] das Szenario eines sechstägigen Stromausfalls in Berlin und Brandenburg durchgespielt. Das Ergebnis ist, dass wir – sollte dieses Szenario tatsächlich umgehend eintreten – darauf nicht hinreichend vorbereitet sind. Strom ist für unsere alltägliche Funktionsfähigkeit wie das Blut, das durch unsere Adern fließt. Man muss nur überlegen, was überhaupt noch funktionieren würde, wenn nur einen Tag lang kein Strom mehr da wäre. Die modernen Kommunikationsmöglichkeiten würden weitgehend zusammenbrechen. Allein das ist für viele von uns subjektiv heute schon nach kürzester Zeit eine ziemliche Katastrophe. Dramatisch wirkt sich ein Stromausfall auch auf die Wasserversorgung aus. Das betrifft die Menschen vor allem in Wohnungen ab der dritten Etage, das betrifft aber auch im Kern die Funktionsfähigkeit unserer Krankenhäuser. Um das Wasser an den

---

2 Entwicklungspartner: TimeKontor AG, HiSolutions AG; wissenschaftliche Partner: Hochschule für Wirtschaft und Recht Berlin, Fachhochschule Brandenburg, Technische Universität Berlin; Praxispartner: Berliner Feuerwehr, Charité – Universitätsmedizin Berlin.

Ort zu bekommen, wo wir es brauchen, benötigen wir Energie für die Pumpen. Unsere Abhängigkeit von Wasser ist extrem hoch. Die Wasserversorgung wird vielleicht in einem Einfamilienhaus noch längere Zeit gewährleistet sein. Dies gilt aber nicht für die Wasserversorgung eines Hochhauses. Nicht nur die Versorgung mit Frischwasser, sondern auch die Entsorgung des Abwassers wird nicht mehr funktionieren. Wenn der Druck nicht mehr stimmt, platzen die Rohre. Es ist wie mit den Dominosteinen – wird einer angestoßen, kippen nach und nach die anderen um. Wir sprechen deshalb von Domino- oder Kaskadeneffekten. Die Kommunikation, die Versorgung mit Nahrung, Wasser, Bargeld und gesundheitlichen Dienstleistungen sowie die Aufrechterhaltung der Mobilität: Es sind alle Bereiche betroffen, da diese voneinander abhängen. Ein Beispiel hierfür: Wenn der Verkehr plötzlich zum Erliegen kommt, ereignen sich mehr Unfälle. Die dringend benötigten Rettungswege sind verstopft. Der Zulauf zu den Krankenhäusern wird zunehmen. Aber diese haben spätestens nach 48 Stunden auch keinen Treibstoff mehr für ihre Notstromaggregate. Nach zwei Tagen wird sich die Lage dramatisch zuspitzen.Daraus ergibt sich die Frage: Wie können wir eine solche Katastrophe bewältigen? Sind wir darauf vorbereitet? Wie gehen wir damit um? Und eine Erkenntnis der Forschung ist: Wir sind darauf nicht vorbereitet, aber nicht nur wir, sondern auch die Kräfte nicht, von denen man erwartet, dass sie alles managen, wenn die Katastrophe da ist. Für die Mitarbeiter der Feuerwehr, der Polizei, der Hilfsorganisationen, des Technischen Hilfswerkes, der Bundeswehr, der Verwaltung und vieler wichtiger Einrichtungen gilt: Wie sollen die Menschen zur Arbeit kommen, wenn der Nahverkehr zusammengebrochen ist? Wie sollen sie ihre Aufgaben wahrnehmen, wenn die Dienstfahrzeuge nicht betankt werden können? Denn ohne Strom ist es nicht mehr möglich, die Fahrzeuge der BOS aufzutanken. Es gibt in Berlin aktuell nur drei Tankstellen, die mit Notstrom versorgt sind. Das bedeutet: Die bestehende Logistik bricht zusammen. Die Kräfte, auf die wir uns im Katastrophenfall verlassen, stoßen ebenfalls an ihre Grenzen. In Anbetracht eines lang andauernden Stromausfalls wird es so viele Probleme geben, dass die Bevölkerung einbezogen werden muss – darauf ist das bestehende Katastrophenmanagement aber bisher nicht vorbereitet. Wer kümmert sich z. B. um all die Menschen, die in einer solchen Lage auf fremde Hilfe angewiesen sind? Das Fazit lautet: Ohne die Einbeziehung der Bevölkerung geht es nicht! Deshalb ist es wichtig, sich jetzt schon darüber Gedanken zu machen, wie diese Einbindung erfolgen kann: Wer braucht am dringendsten Hilfe? Wie kommunizieren wir mit den Menschen, wenn kein Strom da ist? Wie beziehen wir das Hilfepotenzial der Bürger in das Krisen- und Katastrophenmanagement ein? Wie kann die Zusammenarbeit von BOS und Bevölkerung organisiert werden? Wir müssen uns anders als bisher auf solche Situationen vorbereiten.

Katastrophenschutz-Leuchttürme (Kat-Leuchttürme)

An dieser Stelle möchte ich die Gedanken zu der Frage der Einbeziehung der Bevölkerung in den Katastrophenschutz vorstellen, die im Rahmen des Projektes Kat-Leuchttürme bisher entwickelt wurden. Dieses Projekt läuft noch bis Mitte 2015. Um die Bevölkerung, also uns alle, stärker in die Bewältigung solch möglicher Katastrophen einzubeziehen, müssen wir schon vor deren Eintritt Vorbereitungen treffen. Hierzu sollen sogenannte Katastrophenschutz-Leuchttürme geplant werden.

Abbildung 4: Das Projekt Kat-Leuchttürme – Bevölkerungsnaher Katastrophenschutz.

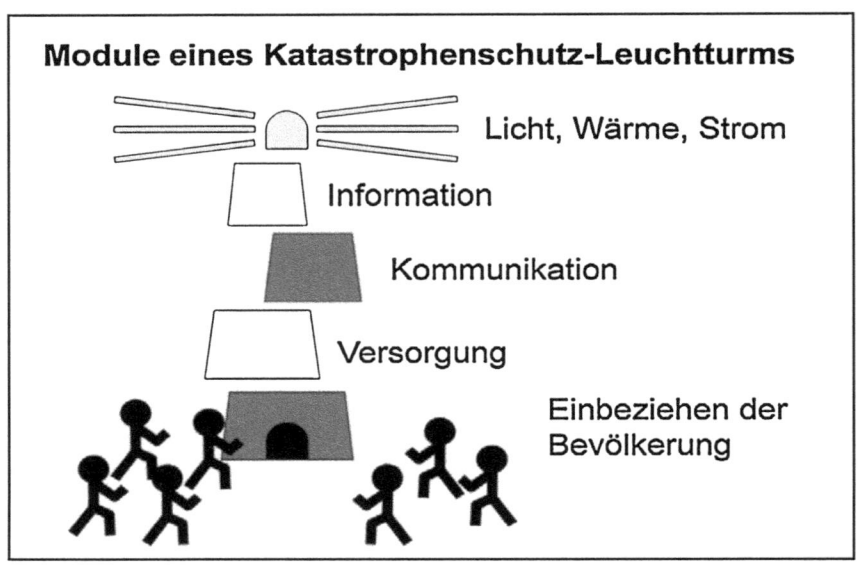

Diese Leuchttürme sind notstromversorgte Anlaufstellen für die Bevölkerung, die in jedem Stadtteil fußläufig für jeden zu erreichen sein sollen. Derzeit wird geprüft, wo die Leuchttürme am besten anzusiedeln sind: ob in Schulen, bei der Feuerwehr, in Bezirksämtern oder vielleicht auch in großen Kaufhäusern. Die Vor- und Nachteile der Standorte müssen untersucht und die konkrete Ausstattung geplant werden. Wichtig ist auch, dass die einzelnen Leuchttürme miteinander verbunden sind, damit sie die Informationen untereinander austauschen können. Wir brauchen folglich in der Stadt ein System von Katastrophenschutz-Leuchttürmen. Die hierfür notwendigen technischen Voraussetzungen werden derzeit entwickelt.[3] Diese notstromversorgten Anlaufstellen sollen den Bürgern Informationen geben, damit sie wissen, was passiert ist und wie sich die Lage aktuell entwickelt. Der Bedarf an Information und Kommunikation ist in einer Katastrophe besonders hoch. Die Menschen wollen wissen, was auf sie zukommt und worauf sie sich einstellen müssen. Was soll der Leuchtturm sonst noch leisten? Im Leuchtturm können Hilfebedarfe gemeldet und erste Hilfsangebote, z. B. medizinische Erste Hilfe oder die Versorgung mit dringend benötigten Gütern, bereitgestellt werden oder zumindest die Hilfesuchenden erfahren, wo, von wem und wann Hilfe zu erhalten ist. Die Bürger können dort aber auch selbst ihre Hilfeleistung anbieten. Diese Hilfsangebote, seien es einfache Tätigkeiten oder Spezialkenntnisse, können mit den eingehenden Hilfebedarfen abgeglichen werden. Durch die wohnortnahen Anlaufstellen können vor allem die bereits bestehenden Netzwerke im jeweiligen Stadtteil genutzt werden. In der Nachbarschaft weiß man noch am ehesten, wer Hilfe benötigt. So ist es möglich, gezielt Personen aufzusuchen, die sich von selber nicht melden und um Hilfe bitten können. Das Zusammentreffen von Menschen, die Hilfe brauchen, mit Menschen, die etwas anbieten, wird in den Leuchttürmen organisiert. So läuft die Hilfebereitschaft nicht ins Leere. Diese Herangehensweise ermöglicht es, schnell auf differenzierte Hilfebedarfe wohnortnah zu reagieren.Selbstverständlich ist es – wenn die Planung abgeschlossen ist – wichtig, die Bürger über die Katastrophenschutz-Leuchttürme, deren Standorte und Funktion zu informieren. Die Frage, wie dies am besten geschehen soll, muss noch geklärt werden.

---

3 Entwicklungspartner: Beuth Hochschule für Technik Berlin, TimeKontor AG.

Kernaussagen

Ich möchte abschließend meine Kernaussagen noch einmal zusammenfassen: Krisen oder Katastrophen stellen für uns alle eine massive Bedrohung dar, weil unsere Ressourcen, die uns Sicherheit geben, in Gefahr geraten. Die damit einhergehende Unsicherheit konfrontiert jeden von uns mit besonderen Herausforderungen, die unter Umständen unsere Bewältigungsstrategien, die uns als Person allein zur Verfügung stehen, überfordern. Manche können besser mit der Situation umgehen als andere. Dies hängt entscheidend von der Verletzbarkeit des Einzelnen ab. Zum Beispiel wird eine Person, die von einem Beatmungsgerät abhängig ist, bei einem Stromausfall sehr schnell und dringend Hilfe benötigen. Weil die Bewältigungsstrategien aber bei vielen Menschen schnell erschöpft sein werden, brauchen wir die Unterstützung durch die Gemeinschaft, vor allem durch Freunde, Familie und Nachbarn. Die Forschungsergebnisse aus dem Projekt TankNotStrom und aktuelle Erfahrungen in Deutschland aus der Flutkatastrophe 2013 machen deutlich, dass der Staat allein mit der Bewältigung von Katastrophen überfordert sein wird. Ohne die aktive Einbeziehung der Bürger in das Katastrophenmanagement geht es nicht. Wir wissen nicht, ob und welche Katastrophen kommen. Aber für den Fall, dass sie kommen, ist es sinnvoll und notwendig, sich schon jetzt über die Einbindung der Bürger Gedanken zu machen. Sinnvoll ist es, weil ihre Mitwirkung den Bürgern ermöglicht, die Kontrolle über die Situation zurückzugewinnen und somit ihren Stress zu reduzieren. Notwendig ist es, weil nur durch diese Mitwirkung auf die vielfältigen Hilfebedarfe der Menschen angemessen reagiert werden kann. Damit wir mit Unsicherheit – vor allem im Fall von Katastrophen – besser umgehen können, müssen nicht nur die Kat-Leuchttürme geplant werden. Es bedarf auch der Veränderung in den Köpfen. Dies ist ein längerer Prozess, der sowohl die taktisch-operativen Kräfte (Feuerwehrleute, Mitarbeiter der Hilfsorganisationen, Polizeibeamte etc.) als auch die administrativ-organisatorischen Kräfte (Verwaltungsbeamte) betrifft – aber auch uns alle. Damit wir besser mit Unsicherheiten umgehen können, müssen wir uns schon jetzt darauf vorbereiten.

Literatur

Buchwald, P., Schwarzer, C. & Hobfoll, S. E. (Hrsg.) (2004). Stress gemeinsam bewältigen. Ressourcenmanagement und multiaxiales Coping. Göttingen: Hogrefe.

Bundesnetzagentur (2013). Versorgungsqualität – SAIDI-Wert 2006–2013. Verfügbar unter http://www.bundesnetzagentur.de/cln_1931/DE/Sachgebiete/ElektrizitaetundGas/Unternehmen_Institutionen/Versorgungssicherheit/Stromnetze/Versorgungsqualit%C3%A4t/Versorgungsqualit%C3%A4t-node.html [02.02.2015].

Geißler, S. (2014). Motive „spontaner" Hilfeleistungen im Krisen- und Katastrophenfall am Beispiel der Flutereignisse in Magdeburg 2013. (unveröffentlichte Masterarbeit im Studiengang Security Management der HWR Berlin).

Hobfoll, S. E. (1989). Conservation of resources: A new attempt at conceptualizing stress. American Psychologist. 44. 513–524.

Kühnen, U. & Haberstroh, S. (2013). Die Dynamik von Kultur und Selbstkonzept: Konsequenzen für das Erleben und Bewältigen von Stress. In: P. Genkova et al. (Hrsg). Handbuch Stress und Kultur. Wiesbaden: Springer VS. 97–112.

Lazarus, R. & Folkman, S. (1984). Stress, Appraisal, and Coping. New York: Springer.

Ohder, C., Roepcke, J., Sticher, B., Geißler, S. & Schweer, B. (2014). Hilfebedarfe und Hilfebereitschaft bei anhaltendem Stromausfall. Ergebnisse einer Bürgerbefragung in drei Berliner Bezirken. Verfügbar unter http://www.kat-leuchtturm.de/assets/content/images/pdfs/Bericht%20B%C3%BCrgerbefragung%202014.01.16.pdf [26.11.2014].

Sticher, B. (2013). Das mit dem Unversicherbaren konfrontierte Individuum. Eine psychologische Betrachtung. In: L. Hempel, M. Bartels & T. Markwart (Hrsg.). Aufbruch ins Unversicherbare. Zum Katastrophendiskurs der Gegenwart. Bielefeld: Transcript Verlag.

Sticher, B. (Hrsg.) (2014). Die Einbindung der Bevölkerung in das Krisen- und Katastrophenmanagement in Deutschland (der BRD) nach dem Zweiten Weltkrieg. Exemplarisch verdeutlicht an fünf Katastrophenereignissen.

Verfügbar unter http://kat-leuchtturm.de/assets/content/images/pdfs/ Einbindung%20der%20Bev%C3%B6lkerung%20in%20das%20Kri sen-%20und%20Katastrophenmanagement%20%2008%2005%20 2014.pdf [11.02.2015].

Zimbardo, P. (2008). Der Luzifer-Effekt. Die Macht der Umstände und die Psychologie des Bösen. Heidelberg: Spektrum Akademischer Verlag.

Sicherheit und Technik

Jochen Schiller
Wissen wir, was wir tun? Das Prinzip Hoffnung in IT-Systemen

Technische Systeme bilden heutzutage zumeist komplexe Strukturen, sie sind miteinander verknüpft, schaffen dadurch technische Monokulturen und damit Raum für Unvorhersehbares: Was passiert, wenn Informations- und Kommunikationstechnologien, wie beispielsweise das Internet, angegriffen werden und in der Folge Notrufe nicht mehr abgesetzt und Rettungsdienste nicht erreicht werden können oder Geldtransfers und Banken gestört werden? In diesem Beitrag soll sich den Informations- und Kommunikationstechnologien als einer neuen kritischen Infrastruktur zugewendet werden.

Allerdings zeigt sich, dass es schwer ist, allen gerecht zu werden, wenn es um technische Sachverhalte geht: Jeder hat ein gewisses technisches Grundverständnis, aber meistens gehen die hier zu besprechenden Sachverhalte über das Wissen des Einzelnen hinaus. Daher versucht dieser Beitrag, unter Berücksichtigung unterschiedlicher Wissensstände einige Sachverhalte zu erklären und Entwicklungslinien aufzuzeigen.

Auch wenn es heute schwer vorstellbar erscheint: Es gab eine Zeit vor dem Internet. Die heutigen Netztechniken stammen aus Entwicklungen der 1970er-Jahre, welche somit die Grundlage der aktuellen Informations- und Kommunikationstechnologien bilden.

Historie der Kommunikationssysteme: Vom klassischen Telefon zu hochkomplexer Vernetzung

Um gegenwärtige Kommunikationssysteme und ihre Schwachstellen hinsichtlich externer Angriffe zu verstehen, sollte zunächst auf die Historie der Kommunikationssysteme geblickt und ihre Entwicklung bis zur heutigen hochkomplexen Vernetzung – oder einfacher gesagt: der Übergang vom klassischen Telefon zum Smartphone – nachgezeichnet werden. Im klassischen Telefon war seinerzeit keinerlei Software implementiert und der einzig mögliche drastische Angriff auf dieses System war die Durchtrennung des Kabels. Bei den heutigen Telefonen und Smartphones sieht dies anders aus und es stellt sich die Frage: Wissen wir bei diesen komplexen Systemen eigentlich, was wir tun? Und was tun wir, wenn in diesen komplexen Systemen der Strom ausfällt? Bisher gab es kaum größere Vorfälle bzw. entsprechende Angriffe auf Kommunikationsnetzwerke. Aber nichtsdestotrotz ergeben sich diesbezüglich die weiteren Fragen: Was können wir tun, was wollen wir tun und was ist es uns wert, die Sicherheit dieser komplexen Systeme zu gewährleisten?

Das klassische Telefonnetz war bis zur ersten Postreform der Deutschen Bundespost unterstellt, die nach nicht betriebswirtschaftlichen Grundsätzen eigenwirtschaftlich arbeitete und als Sondervermögen des Bundes dem Staat unterstand. Diese Monopolstellung veränderte sich maßgeblich mit der umfassenden Privatisierung der Deutschen Bundespost im Rahmen der zweiten Postreform 1994. Nahezu zeitgleich mit den Veränderungen der Deutschen Bundespost veränderte sich ebenfalls die Telefonie. Zunächst funktionierte das Telefon noch über analoge Endgeräte, d. h., durch die Sprache direkt modulierte elektromagnetische Schwingungen wurden über ein Kabel übertragen. Erst ab 1987 erfolgte mit ersten Versuchsnetzen in Mannheim und Stuttgart die schrittweise Umstellung der Festnetzanschlüsse auf eine digitale Übertragung. In der klassischen analogen wie digitalen Telefonie wurde die Steuerung der Signale bzw. Daten vom Netz streng getrennt und zwischen einer Steuerung des Netzes und einer Übertragung der Nutzsignale bzw. -daten unterschieden. Weiterhin lief bei analogen Telefonen die Energieversorgung über die Telefonleitung. Es gab zwei Drähte und die sogenannte Amtsbatterie in der Vermittlungsstelle, d. h., dieses System funktionierte unabhängig von der allgemeinen Stromversorgung. Das klassische analoge System geht auf Johann Philipp Reis zurück, der das Telefon im Jahre 1861 erfand und erstmalig eine funktionierende elektrische Sprachverbindung aufbaute. Dennoch war es Alexander Graham Bell, der das Telefon im Jahre 1876 patentieren ließ und durch geschicktes Marketing berühmt machte: So inszenierte er 1877 ein historisches erstes Telefonat in New York.

In der Folge entwickelte sich das Telefon weiter, indem intelligente Telefonnetze hinzukamen, beispielsweise Televoting-Dienste, die 1997 von der Telekom als Nachfolger des Tele-Dialogs (TED) eingeführt wurden, oder Anrufbeantworter bei der Telefongesellschaft - sie alle nutzen intelligente Netze. Intelligente Netze zeichnen sich dadurch aus, dass sie einem dienstorientierten zentralen System entsprechen, das über ein spezielles Steuerungsprotokoll verfügt. Über dieses Protokoll, über das weitere Steuerungssysteme miteinander kommunizieren, bieten Netzbetreiber eigene Dienste an. Die Grundphilosophie dieser Systeme ist, dass Endgeräte wie Telefone „dumm" sind und das Netz eben „intelligent". Das bedeutet ebenfalls, dass der Netzbetreiber, damals noch die Deutsche Bundepost, das Monopol sowohl auf das Netz als auch die Dienste hatte.

Das Motto des Netzbetreibers lautete: „Wir als Netzbetreiber wissen, was wir tun, und bitte, liebe Nutzer, bleibt außen vor mit euren Geräten." Und man unterstellte dem Netzbetreiber auch, dass er wisse, was er tut. Dies war der Stand der Entwicklung bis in die 1980er-Jahre hinein. Dann startete 1982 die Standardisierung der digitalen Mobilfunknetze, welche dann ab 1992 in Deutschland ausgerollt wurden. Das Mobilfunknetz ist inhaltlich eine Weiterentwicklung von digitalem Telefonnetz und intelligentem Netz plus Funkübertragung zum Endgerät. Es zeichnete sich zunächst durch eine relativ einfache Beschaffenheit der Endgeräte aus: Am Anfang konnte mit Handys nur telefoniert werden. Heute ist die Infrastruktur durch eine hochkomplexe Netzsteuerung gekennzeichnet. Das Mobilfunknetz ist mit über sechs Milliarden Nutzern das erfolgreichste Kommunikationssystem. In vielen Ländern hat die Bevölkerung gar keinen Festnetzanschluss – z.B. weil es nicht überall genügend Kupfer für die Telefonleitungen gäbe, um jeden Einwohner mit einem Festnetzanschluss ausstatten zu können. Die Entwicklung der Mobilfunkstandards wie GSM, UMTS oder LTE wurde zu Beginn in hohem Maße von Seiten der staatlichen Stellen im Rahmen von Forschungsförderprogrammen unterstützt.

Als einige universitäre Forscher Anfang der 1970er-Jahre das Internet (bzw. dessen technische Vorgänger) entwickelten, folgten sie dabei einem gänzlich anderen Prinzip bzw. einer anderen Grundphilosophie: Die Konzeption des Internets war von Beginn an darauf ausgelegt, dass die Intelligenz bei den Endgeräten liegt und das Netz „dumm" ist. Ausgangspunkt war in diesem Zusammenhang, dass das Netz die Daten der intelligenten Endgeräte transportiert, unabhängig davon, ob es sich um Steuerungs- oder Nutzdaten handelt. Damit wurde die Trennung zwischen Steuerung und Nutzdatenübertragung aufgehoben.

Das ist in aller Kürze der technologische Wandel der letzten 20, beinahe 30 Jahre. Mittlerweile überträgt das Internet mittels Voice-over-IP auch Sprache. Dies ist lediglich eine folgerichtige Entwicklung, da Sprache technisch gesehen letztlich auch aus Daten besteht, die in Bitfolgen dargestellt werden können. Die klassischen Kommunikationsnetze wurden im Laufe der Zeit immer komplexer, wodurch neue Geschäftsmodelle am Rande des Netzes vielfach und zum Teil bewusst verhindert wurden. Die Netzbetreiber wollen natürlich nicht, dass jemand Geschäfte über ihr Netz abwickelt und sie nur noch die „dummen" Bit-Transporteure sind. Stattdessen versuchen sie selbst, das Netz für das Angebot qualitativ hochwertiger Dienste zu nutzen.

Die Deregulierung der Telekommunikationsmärkte führte zu etlichen neuen Akteuren (Dienstanbieter, Betreiber etc.) und damit zu einem hohen Kostendruck für diese. Deshalb gehen viele von ihnen heute dazu über, Technologien von Zulieferern einzukaufen und keine geschulten Ingenieure mit der Entwicklung zu betrauen. Derartige Geschäftsweisen führen zu entsprechenden Zwischenfällen: Als einmal das gesamte Netz eines Betreibers ausfiel, musste dieser „über Nacht" 470 Ingenieure aus China einfliegen, weil er selbst aufgrund seiner massiven Kosteneinsparungen gar kein Personal mehr vor Ort hatte, das sich mit den vorhandenen Geräten auskannte und so die Fehler hätte zügig beheben können. Dies erledigten dann die eingeflogenen Ingenieure aus China.

Die Verschmelzung der unterschiedlichen Netzarten in Richtung Internet forciert den Ausbau einer Infrastruktur mit hoher Leistungsfähigkeit. Heute geschieht immer mehr über das Internet und es gibt praktisch keine analogen Netze mehr. Die Menschen telefonieren zunehmend über das Internet und damit über digitale Netze. Heutige Netzverbindungen bestehen schon lange nicht mehr aus Kupferleitungen, sondern aus Glasfasern und vieles ist internetbasiert. Dies spart Kosten, weist aber auch eine vollständige Abhängigkeit von der Stromversorgung auf. Welche Auswirkungen hat diese Vernetztheit für die Sicherheit, wenn alles mit allem zusammenhängt? Was passiert eigentlich bei Großschadensereignissen, das heißt bei Katastrophen? Was passiert eigentlich, wenn der Strom flächendeckend oder zumindest großflächig in Deutschland ausfällt?

Szenario Stromausfall

Erst ein Stromausfall verdeutlicht die aktuelle Vernetzung der Technik, d. h., was alles maßgeblich von der Stromversorgung abhängt. Marc Elsberg (2012) beschäftigt sich in seinem Buch „Blackout" mit genau jenem Blackout, der durch einen IT-induzierten Stromausfall entsteht. Auf der Website zum Buch finden sich verschiedene Hinweise für den Fall eines Stromausfalles: Man solle die Telefonnummer der Störungsmeldestelle vom Elektrizitätswerk bereithalten und eine Taschenlampe mit Batterien. Solange die Batterien voll sind, ist die Taschenlampe eine große Hilfe. Die Festnetzanschlüsse der Telefone sind heutzutage zunehmend DSL-Anschlüsse, d. h. Internetanschlüsse, die nicht ohne Strom funktionieren. Analoge Telefonanschlüsse funktionierten einst, werden heute allerdings spätestens im sogenannten Digital Subscriber Line Access Multiplexer (DSLAM) – im gewohnten Straßenbild in Form von grauen Kästen geläufig – digital umgewandelt. Das heißt, auch hier läuft ohne Strom gar nichts mehr. Ebenso funktioniert die Internettelefonie nicht ohne Strom. Wie ruft man nun also beim Elektrizitätswerk an, wenn der Strom ausgefallen ist? Man könnte das Handy nutzen, vorausgesetzt, es hat einen vollen Akku. Allerdings benötigen Funkmasten und das Netz hierfür eine Notstromversorgung. Diese variiert erheblich, je nach Netzbetreiber mit einer Notstrombereitstellung von 15 Minuten bis zu acht Stunden auf der Ebene der Ortsvermittlungsstellen. Die Fernvermittlungsstellen halten dagegen von acht Stunden bis zu vier Tagen Notstrom bereit. Aber hilft es, wenn die Fernvermittlungsstellen länger Strom haben, die jeweilige Basisstation – der Mast, über den ein Handy sich ins Netz wählt – jedoch nur über 15 Minuten bis zu acht Stunden Notstrom verfügt? Hinzu kommt, dass das Netz zusammenbrechen wird, wenn jeder betroffene Bürger dem Elektrizitätswerk telefonisch mitteilen möchte, dass bei ihm der Strom ausgefallen ist (übrigens weiß dies ein Energieversorger meist sowieso als erster).

Behörden, Versorger, Notrufe und Netzbetreiber verfügen über einen privilegierten Zugriff auf die Netze, aber auch dieser funktioniert nur, wenn Strom vorhanden ist. Polizei und Behörden setzen einen digitalen Behördenfunk (TETRA) ein, der aktuell nur über zwei Stunden Notstrom verfügt. Im Vergleich: Der klassische analoge Festnetzanschluss wies früher eine Notstromversorgung von vielen Stunden auf. Der Rundfunkbetrieb ist infolge anderer gesetzlicher Regelungen wesentlich länger mit Strom versorgt (mehrere Tage), allerdings bedeutet dies auch, dass eine Kommunikation nur in eine Richtung möglich ist.

Die Folgen eines Stromausfalles weiten sich auf sehr viele gesellschaftliche Versorgungsbereiche aus, z. B. auf die Abwasserentsorgung. Es gibt in einigen Städten, wie in Berlin oder Hamburg, Abwasserhebeanlagen, die mit Strom versorgt werden müssen, um Abwasser rückstausicher abzuleiten; ansonsten wird das Schmutzwasser aus der Kanalisation nicht abgepumpt. In Berlin wie auch in Hamburg verfügen bei weitem nicht alle dieser Anlagen über Notstromaggregate.

Stromversorgung und Telekommunikation sind heute untrennbar miteinander verknüpft. Der Ausfall des einen bedingt den Ausfall des anderen. Das heißt, ohne Stromversorgung lässt sich heute nur schwer Kommunikation aufrechterhalten. In diesem Zusammenhang lohnt sich ein Blick auf die derzeitige Wende in der Energieversorgung. Zu nennen ist dabei das Stichwort *smart grid*: Dieses bezeichnet die Vernetzung und Steuerung von Stromerzeugern, Speichern und Verbrauchern in Energieübertragungs- und Energieverteilungsnetzen der Elektrizitätsversorgung. In solche *smart grids* sind auch sogenannte *smart meter* eingebunden, intelligente Stromzähler, die erhobene Daten direkt an das Energieversorgungsunternehmen übermitteln. Für diese dezentrale Erfassung der Energieverbräuche und dezentrale Steuerung der Energie wird ein Kommunikationsnetz benötigt. Das Ziel ist die flexible Anpassung von Energieerzeugung und -verbrauch mithilfe von Kommunikationstechnik. Es heißt offiziell: Der Weg zum Internet der Energie – mittels Informations- und Kommunikationstechnologie – sei der Schlüssel zum Umbau der Energieversorgung. Dies wird propagiert, der Widerspruch ist jedoch: Wenn die Kommunikation nicht funktioniert, gibt es auch keinen Strom mehr – und umgekehrt. Das ist ein offensichtliches Problem, aktuell in der Diskussion und natürlich auch ein Forschungsschwerpunkt. Die Menschen wollen eine Energiewende, sie wollen weg von der zentralisierten Energieversorgung, hin vielleicht zu kleinen Erzeugern, sind diesbezüglich aber noch mit vielen Schwierigkeiten konfrontiert. Ohne Strom funktioniert sehr vieles nicht: der Einkauf im Supermarkt vor Ort mit der EC-Karte nicht, die Scannerkassen nicht, die Logistik und Lagerhaltung nicht, die Abwasserentsorgung nicht und auch so etwas wie

Heimpflegegeräte, Sterilisatoren für Operationsbesteck und Ähnliches nicht. Wissen wir, was wir tun? Hoffentlich.

Szenario Softwarefehler

Was passiert, wenn die Software einen Fehler hat? Das traditionelle analoge Telefon verfügte über keinerlei Software. Wenn hier etwas nicht funktionierte, war klar, dass es Aufgabe der Deutschen Bundespost war, den Kabelschaden zu beheben. Heute haben wir komplexe Systeme, die nicht nur aus Leitungen, Steckern, Relais oder Ähnlichem bestehen, sondern auch Softwarefehler aufweisen können. Ein Beispiel hierfür ist ein Softwarefehler, der auftrat, als die Telekom 2009 eine Aktualisierung der Software durchführte, und dieser dann einen Netzausfall zur Folge hatte, von dem damals rund 40 Millionen Nutzer betroffen waren. Dies zeigt, dass Softwarefehler in einem kleinen technischen Bereich massive Auswirkungen auf das ganze System haben können.

Gründe dafür finden sich unter anderem in der Praxis von einigen Netzanbietern, ihre technischen Komponenten nur von einem oder wenigen Herstellern zu beziehen. Sind diese Komponenten dann fehlerhaft, ist es wie bei jeder Monokultur: Das ganze System versagt. Auch bei sorgfältigster Entwicklung können Fehler passieren: aufgrund von nicht überschaubaren Wechselwirkungen, einer Vielzahl technischer Möglichkeiten und durch sehr kurze Innovationszyklen. Durch kurze Innovationszyklen beispielsweise kommt häufig Software in Umlauf, die nicht stabil ist – sogenannte „Bananensoftware", die dann erst beim Kunden „reift".

Szenario Angriff auf das Netz

Was passiert, wenn die Kommunikationsnetze angegriffen werden? Angriffe auf das Telefonnetz sind so alt wie das Telefonnetz selbst. Die ersten Abhörskandale in NSA-Manier gab es schon unter Kaiser Wilhelm II. In jener Zeit wurde, um das Mithören zu ermöglichen, ein Erlass verfügt, der besagte, dass beim Telefonieren kein Dialekt gesprochen werden dürfe. Das heißt, ein „Mithören" gab es schon immer, allerdings erweist sich diesbezüglich heute die wachsende Komplexität und Vernetzung von Systemen als problematisch. Es gibt immer mehr Abhängigkeiten, sogar die Produktion von Gütern hängt von der Kommunikation ab. Wer schon einmal in Leipzig bei dem Autohersteller BMW in dessen Autowerk war, der konnte sehen, wie die Lastwagen draußen gemäß der Just-in-time-Produktion an- und abfahren. Die Einzelteile im Lastwagen hängen schon in der richtigen Reihenfolge und werden direkt aus dem Lastwagen in das Auto verbaut, das gerade am Fließband vorbeikommt. Wenn es da zu einer Störung kommt, gerät alles durcheinander. Bei einem Chemieriesen gab es einmal eine Störung im IT-Bereich, die in der Folge zu einem 120 Kilometer langen Stau auf der Autobahn führte, weil die Zulieferer nicht mehr wussten, zu welchem Werktor sie fahren sollten.

Heutzutage ist fast alles „irgendwie" internetbasiert und so ergibt sich ein einfacher Zugang für Angriffe auf das Netz. Zu Angriffen kommt es aus vielfältigen Gründen, beispielsweise aus politischen Motiven, finanziellen Interessen, aufgrund organisierter Kriminalität, aus persönlichen Rachegefühlen oder einfach nur aus Spaß. Eine digitale Erpressung findet täglich dutzendfach statt und trifft vorrangig klein- und mittelständische Unternehmen. Eine Auswertung der Angriffe zeigt, dass die wirklich großen klar wirtschaftlichen Interessen folgen und auf Erpressung oder Industriespionage abzielen. Demzufolge wird die Informations- und Kommunikationstechnologie zu Recht als kritische Infrastruktur bezeichnet. Und so bleibt auch in diesem Zusammenhang kritisch zu hinterfragen: Wissen wir, was wir tun? Beherrschen wir die Systeme noch?

Bekanntermaßen sind Monokulturen sehr anfällig. Wenn also alles auf einer Technik beruht, ist die logische Konsequenz, dass gar nichts mehr funktioniert, wenn diese angegriffen wird. Die sogenannten Denial-of-Service-Attacken oder Angriffe auf die Verfügbarkeit eines Dienstes sind heute typisch. Bei dieser Art der Angriffe werden Systeme mit Daten geflutet, bis sie überlastet sind und nichts mehr funktioniert, nicht einmal mehr das Absetzen eines Notrufes. Auch birgt es Schwierigkeiten, ein im übertragenen Sinne technisches Ökosystem, das zuvor hervorragend funktionierte, in ein anderes Ökosystem hineinzusetzen. Ein Beispiel hierfür ist die Nutzung von mobilen Transaktionsnummern (mTANs), anhand derer Bankgeschäfte über das Handy getätigt werden können. Hierbei werden mTANs, die die Onlineüberweisung verifizieren und in Auftrag geben, an das Handy gesendet. Warum ist diese Nutzung nun kritisch? Weil das mTAN-Verfahren aus einem System übernommen wurde, zu dem früher keiner Zugriff hatte: Beim klassischen Handy konnte man nichts hacken.

Heute sind die inzwischen gängigen Smartphones im Prinzip kleine Rechner mit einem Betriebssystem wie Windows, Linux oder iOS, die ähnliche Schwächen und Probleme aufweisen, wie sie vom klassischen Computer bekannt sind, und damit ähnliche Angriffsmöglichkeiten bieten.

Ein weiteres Beispiel aus dem Bereich der Mobilkommunikation: Es gibt weltweit geschätzte 300 bis 400 Millionen gekaperte Computer, sogenannte Bots. Dies sind Computer, die sich beim Anwender ganz gewöhnlich auf dem Schreibtisch befinden können, die aber gekapert sind und über die somit Angriffe durchgeführt werden können. Vorsichtige Schätzungen gehen davon aus, dass ca. 95 % der in Vietnam befindlichen Computer gekapert wurden, realistischerweise kann von einem Prozentsatz von 99 % ausgegangen werden, inklusive der Regierungsrechner. Derartige Angriffe mehren sich; so gibt es geschätzte drei Millionen gekaperte iPhones, für Android-Telefone gibt es keine Schätzungen. In Deutschland stellen solche Angriffe kein schwerwiegendes Problem dar, im asiatischen und südamerikanischen Raum allerdings ein großes. In diesen Ländern ist es möglich, billig kopierte Softwareprodukte auf dem Markt zu kaufen, in die bereits bei der Produktion eine Schadsoftware wie Viren oder Trojaner integriert wird.

Experten stellen heute fest, dass die Mobilfunknetze dem Sicherheitsstandard der Festnetze etwa zehn Jahre hinterherhinken. Der Markt hat sich hier einfach zu schnell und explosionsartig entwickelt. Allerdings vermarkten viele Anbieter eine vermeintliche Sicherheit ihrer Netze. Problematisch dabei ist jedoch, dass sie die einzelnen Abläufe in ihrem Netz meist gar nicht so genau kennen, denn in der Regel werden sämtliche IT-Belange outgesourct und von anderen Dienstleistern übernommen. Das heißt, die zentralen Abläufe werden gar nicht von den Netzbetreibern selbst gesteuert. In der Konsequenz bedeutet das auch, dass diese im Falle eines Angriffes gar nicht wissen, was passiert und was zu tun ist.

So soll an dieser Stelle die Aussage eines Experten, der Netzbetreiber bei Angriffen berät und Netze wiederherstellt, wiedergegeben werden. Er sagt, man dürfe sich das Internet nicht wie das Raumschiff Enterprise vorstellen, nur weil es an der Oberfläche so aussehe, sondern eigentlich eher wie ein Segelschiff aus dem 18. Jahrhundert, auf dem nur wenige Leute wissen, an welchen Strippen man wie richtig zieht, damit es in die richtige Richtung segelt. Seiner Schätzung zufolge gibt es ca. 1.000 bis 2.000 Personen auf der Welt, die wirklich wissen, wie das Internet im Kern funktioniert, und dieses im Fall einer Störung wiederherstellen können. Fatalerweise verhält es sich in Bezug auf eine Destruktion genau andersherum: Störungen zu verursachen ist kein Problem, diese können von Millionen von Nutzern bewirkt werden. Potenziell ist dies jeder Person vom heimischen Rechner aus möglich. Auch gibt es heutzutage Websites, auf denen entsprechende kriminelle Anbieter offerieren, die Computer von anderen Leuten zu beschädigen.

Schutz des „nationalen" Internets als kritische Infrastruktur

Das Internet zählt heute eindeutig zu den kritischen Infrastrukturen. Doch im Gegensatz zu einer nationalen kritischen Infrastruktur ist die Struktur des Internets global. Es verfügt über keine nationalen Grenzen, keine Lokalität, daher können nationale Regulierungen und Gesetze nur schwer umgesetzt werden, denn eine entsprechende Trennschärfe zwischen lokal und global existiert im Internet nicht. Dies bedeutet, dass ein internationaler Angriff ganz konkrete lokale Auswirkungen haben kann. Denn entgegen der Globalität des Internets basiert die Wirtschaft zu einem Großteil auf einer lokalen und nationalen Aktivität, auch der Arbeitsmarkt bzw. die Arbeitsplätze sind lokal. Daher wird in diesem Zusammenhang vielfach die Forderung laut, der Staat solle das Internet als kritische Infrastruktur schützen. Doch anders als bei anderen nationalen kritischen Infrastrukturen wie Straßen oder Brücken handelt es sich beim Internet eben nicht um eine lokale und nationale Angelegenheit. Es gibt keine nationalen Grenzen im Internet. Die Idee des Internets ist eine globale. Doch dies birgt Schwierigkeiten, denn es ist keineswegs klar, wie eine „nationale" Internet-Infrastruktur identifiziert werden kann. Inwieweit hängt der nationale Datentransfer eines Landes von „fremden" bzw. „ausländischen" Systemen ab? Wie sehen Querverbindungen innerhalb und zwischen wirtschaftlichen Sektoren aus? Und wie robust ist das Internet innerhalb eines Landes? Dies sind offene Fragen, die umfassender Forschungen und auch eines gesellschaftlichen Dialoges bedürfen.

Das Internet zeichnet sich durch teilautonome Systeme aus, für die es keinen technisch wirksamen rechtlichen Schutz gibt, der beispielsweise verhindern könnte, dass einfach irgendjemand auf der Welt behauptet, ihm gehöre dieses System jetzt oder ihm gehöre das Internet. Ein Zwischenfall, die sogenannte Baofeng-Attacke, verdeutlicht die Problematik: Im Rahmen dieses Angriffes waren rund 475 Millionen Nutzer in China für neun Stunden vom Internet getrennt. Der Grund war ein persönlicher Streit zwischen zwei Gründern eines Start-up-Unternehmens. Einer der Gründer, der sich in Zwietracht von dem Unternehmen trennte, beauftragte einen entsprechenden Dienstleister, das Netzwerk des Start-ups anzugreifen. Infolge kleiner Konfigurationsfehler führte der Angriff zu einem Ausfall eines Großteils des chinesischen Internets.

Industriesteuerungsanlagen

Im Zusammenhang mit Angriffen auf die Infrastrukturen der Informations- und Kommunikationstechnologie ist der Bereich der Industriesteuerungsanlagen überaus relevant. Die bisherigen Ausführungen betrafen rund 5 % der verfügbaren Endgeräte und beschrieben Computer, Handys, PCs oder Tablets. Allerdings handelt es sich bei rund 95 % aller existierenden Computer um sogenannte integrierte Steuerungssysteme bzw. Industriesteuerungsanlagen: beispielsweise Systeme, die Gebäude automatisieren, oder sogenannte SCADA-Systeme (*Supervisory Control and Data Acquisition*), die Kraftwerke steuern, oder auch Systeme, die Beatmungsgeräte, Herz-Lungen-Maschinen und MRT-Geräte steuern. Viele dieser Steuerungssysteme sind in ihrer technischen Konzeption als allein stehende Systeme geplant worden und nicht mit dem Gedanken, sie irgendwann einmal zu vernetzen. Ein Zugang zu diesen Anlagen ist oft einfach verfügbar, zum einen über die Vernetzung und zum anderen, weil viele Industriesteuerungsanlagen aus Wartungszwecken feste und durchaus bekannte Passwörter besitzen. Weiterhin ist es aus sicherheitstechnischer Perspektive ebenfalls als problematisch zu bewerten, dass Unternehmen aus Kostengründen mehr und mehr dazu übergehen, überall die gleiche Technologie zu verwenden, und damit Angriffe erleichtern.

Warum sind wir nicht wirklich verunsichert?

Warum zeigt sich nun in der Gesellschaft keine größere Verunsicherung? Der hohe Grad an Technisierung und an technischer Ingenieurleistung vermittelt den Menschen zu Recht ein Gefühl der Sicherheit. Die Bevölkerung ist heutzutage eine sehr hohe Versorgungssicherheit und hohe Sicherheitsstandards insgesamt gewohnt. Doch solche Standards können von Land zu Land durchaus variieren, wie schon eine Urlaubsreise zeigt. Diesbezüglich stellt das Bundesministerium des Innern fest, dass in dem Maße, in dem ein Land in seinen Versorgungsleistungen weniger störanfällig ist und seine Bevölkerung dementsprechend nicht mit einer Störung rechnet, sich jede Störung umso stärker auswirkt (vgl. TAB 2010). Und dieses Verletzlichkeitsparadox verstärkt sich durch immer weitergehende Abhängigkeiten. Wenn Sie z. B. Nahrungsvorräte zu Hause haben, ist dies im Falle eines Stromausfalles nur dann sinnvoll, wenn Sie ebenfalls über einen Gasherd oder Campingkocher verfügen, um eine Mahlzeit zuzubereiten.

Hinsichtlich der Sicherheit von IT-Systemen zeigt sich in der Bevölkerung eine gewisse Laisser-faire-Haltung, wie ein Experiment verdeutlicht, das regelmäßig im Rahmen der CeBIT-Messe in Hannover durchgeführt wird: Sicherheitsfirmen verschenken an die Besucher der Messe USB-Sticks. Auf diesen USB-Sticks ist nichts außer einem Programm, das „nach Hause telefoniert" und der Sicherheitsfirma Bescheid gibt, wer den USB-Stick zur Verwendung einfach in seinen Computer gesteckt hat. Ein USB-Stick reicht aus, um Schadsoftware zu installieren und den Computer zu übernehmen. Wir wissen eigentlich, dass man in dieser Hinsicht bestimmte Dinge nicht tun sollte, machen es aber dennoch. Auch Mobilfunksysteme werden für Angreifer zunehmend interessanter, denn zumeist speichern Nutzer ihre sämtlichen Daten in ihrem Smartphone; im Idealfall mit solchen Programmen, die eine Vielzahl von Passwörtern speichern, damit auch der Erzeuger des jeweiligen Programmes alle Passwörter gebündelt hat – doch sind die Nutzer dieser Programme tatsächlich verunsichert?

Zusammenfassung

Heutzutage zeigt sich eine weitgehende Verschmelzung der Techniken, das Internet ist als Netztechnik die Grundlage für viele intelligente Dienste. Der Kostendruck und die schnellen technischen Innovationszyklen führen zu einer Verringerung von Redundanzen. Das heißt, in ein komplexes System werden immer weniger technische Ressourcen, die im Störungsfall einspringen und eine Ausfall- bzw. Betriebssicherheit eines Systems herstellen, implementiert. Aufgrund der hohen Kosten und der Notwendigkeit von zusätzlichem Personal wird heutzutage auf Redundanzen vielfach sogar verzichtet. Allerdings braucht Sicherheit Redundanzen.

Die relativ einheitlichen Technologien mit dem Ziel einer schnellen und hohen finanziellen Wertschöpfung für Unternehmen führen weiterhin zu einem gesteigerten Bedrohungspotenzial. Das Internet ist allein durch seine strukturelle technische Entwicklung sowie seiner mangelnden Lokalität stark verwundbar. Auch wenn heute erste Schritte zur Absicherung der kritischen Infrastruktur Internet unternommen werden, so sind diese noch nicht ausreichend. Vor allem Mobilfunksysteme sind für Angreifer von großem Interesse und werden nicht ausreichend in die Entwicklung von Sicherheitskonzepten einbezogen. Gleichermaßen werden eingebettete Systeme und Steuerungsanlagen zu wenig beachtet. Denn entgegen ihrer ursprünglichen Konzeption als allein stehende Systeme werden Industriesteuerungsanlagen heute vernetzt und bergen damit ein erhöhtes Sicherheitsrisiko.

Auch sei darauf verwiesen, dass alle IT- Systeme vollständig von der Energieversorgung abhängig sind.

So stellt sich abschließend noch einmal die Frage: Wissen wir, was wir tun? Ja, teilweise. Es lässt sich mit gutem Gewissen behaupten, dass wir unsere Systeme im Normalbetrieb beherrschen. Es ist nicht so, dass wir im Normalbetrieb nicht wissen, was wir tun. Allerdings ist es auch wichtig festzustellen, dass es aufgrund der fortschreitenden Komplexität nicht möglich ist, Systeme in ihrer Vernetzung en détail zu verstehen. So erstreckt sich beispielsweise das Regelwerk des „alten" Mobilfunkstandards GSM auf über 15.000 DIN-A4-Seiten. Weiterhin sollte von alten technischen Architekturen Abstand genommen werden und alte technische Systeme sollten nicht unbedarft in neue Umgebungen übernommen werden. Auch Redundanzen sind notwendig zur Gewährleistung einer Betriebssicherheit. So zeigt sich auf gesamtgesellschaftlicher Ebene, dass ereignisgetriebene Politik und ihre Handlungen künftig überdacht werden sollten, um auf einer wissenschaftlichen Grundlage langfristig tragfähige politische Entscheidungen zu initiieren und die Sicherheit der Informations- und Kommunikationstechnologien zu fördern.

Literatur

Bartl, G., Gerhold, L. & Schiller, J. (2014). Resilienz – Nationale Perspektiven. In: K. Thoma et al. (Hrsg.). Resilien-Tech. Resilience by Design. Strategie für die technologischen Zukunftsthemen. Acatech Studie. München: Utz. 16–47.

Carle, G., Schiller, J., Uhlig, S., Willinger, W. & Wählisch, M. (2013). The Critical Internet Infrastructure. Dagstuhl Seminar 13322. 3/ 8 2013. Schloss Dagstuhl – Leibniz-Zentrum für Informatik.

Elsberg, M. (2012). Blackout. Morgen ist es zu spät. München: Blanvalet.

Günes, M., Juraschek, F., Blywis, B., Mushtaq, Q. & Schiller, J. (2009). A Testbed for Next Generation Wireless Networks Research. Special Issue PIK on Mobile Ad-hoc Networks. 32(4). 208–212.

Petersen, H., Baccelli, E., Wählisch, M, Schmidt, T. C. & Schiller, J. (2014). The Role of the Internet of Things in Network Resilience. Verfügbar unter Open Archive: arXiv.org. Technical Report. No. 1406/6614.

Büro für Technikfolgeabschätzung beim Deutschen Bundestag (TAB) (2010). Gefährdung und Verletzbarkeit moderner Gesellschaften – am Beispiel eines großräumigen Ausfalls der Stromversorgung. Endbericht zum TA-Projekt. Arbeitsbericht 141. Verfügbar unter http://www.tab-beim-bundestag.de/de/pdf/publikationen/berichte/TAB-Arbeitsbericht-ab141.pdf [12.01.2015].

Zahn, T. & Schiller, J. (2008). Designing Structured Peer-to-peer Overlays as a Platform for Distributed Network Applications in Mobile Ad Hoc Networks. Computer Communications 31(3). 643–654.

Felix Freiling
Offener und verdeckter Einsatz technischer Ermittlungswerkzeuge zwischen Theorie und Praxis[1]

In diesem Beitrag geht es um Techniken der Überwachung. Dies ist im Lichte der Diskussion um die NSA ein aktuelles Thema, da öffentlich die Frage gestellt wird, wie weit wir im Bereich der digitalen Welt noch von der Totalüberwachung entfernt sind. Bezogen wird sich dabei stets auf die Überwachungsmöglichkeiten der Geheimdienste. In diesem Beitrag möchte ich mich jedoch auf die Überwachungswerkzeuge der Strafverfolgungsbehörden konzentrieren, deren Anwendung deutlich schärferen und transparenteren Regeln unterliegt.

Es gibt aber auch noch eine dritte Akteursgruppe, die im Kontext meiner Betrachtungen eine Rolle spielt. Diese bilden die multinationalen Internetkonzerne wie Google, Apple und Microsoft. Dazu habe ich in verschiedenen Kontexten jeweils ein Experiment mit den Auditorien meiner Vorträge gemacht. Ich bat alle Zuhörer, die ein internetfähiges Gerät bei sich führten, den Suchbegriff *„moon landing"* in die von ihnen standardmäßig benutzte Suchmaschine einzugeben. Ich selbst führte die gleiche Aktion in einem Browser eines frisch installierten Ubuntu-Systems durch. Das Ergebnis meiner Suche war erwartungsgemäß: Alle Treffer beschäftigten sich mit der Landung der Amerikaner auf dem Mond im Juni 1969. Ich ging mit dem Publikum schrittweise dessen Trefferliste durch. Der erste Treffer, der englische Wikipedia-Eintrag „Moon landing", stimmte noch bei allen mit meinem überein. Der zweite Treffer war jedoch bei der Mehrheit der Zuhörer ein anderer, nämlich ein Verweis auf das neue Album des britischen Singer-Songwriters James Blunt, das ebenfalls den Namen „Moon Landing" trägt.

---

1 Es handelt sich hier um ein überarbeitetes Redemanuskript eines Vortrages, der in verschiedenen Varianten in Hamburg (30.10.2013), Passau (14.11.2013) und Berlin (21.11.2013) gehalten wurde.

Die Inkonsistenz der Ergebnisse resultiert aus der „personalisierten Suche", die moderne Suchmaschinen seit einiger Zeit umsetzen. Dabei wird die Trefferliste abhängig von dem Wissen, das über den Benutzer verfügbar ist, variiert, um „möglichst hilfreiche" Vorschläge zu unterbreiten. Die Varianz bei den Suchergebnissen ist gleichzeitig ein Indikator dafür, was der Suchmaschinenbetreiber über den Benutzer zu wissen glaubt. Bei der Personengruppe, der als zweiter Treffer das Musikalbum angezeigt wurde, handelte es sich zumeist um jüngere Personen im Publikum. Der Suchmaschinenbetreiber konnte also mit hoher Genauigkeit unterscheiden, ob die Eingabe von einer jüngeren oder einer älteren Person getätigt wurde. Auf diesen Punkt werde ich am Ende des Beitrages noch einmal zurückkommen.

Hintergrund: Das öffentliche Wissen über technische Ermittlungswerkzeuge

Im Sommer 2007 erhielt ich eine Anfrage des Bundesverfassungsgerichtes, im Verfahren der Verfassungsbeschwerde gegen § 5 Absatz 2 Nr. 11 des Verfassungsschutzgesetzes Nordrhein-Westfalens vom 20.12.2006 mitzuwirken. Im entsprechenden Passus des Gesetzes wird dem Verfassungsschutz zur Informationsbeschaffung „der heimliche Zugriff auf informationstechnische Systeme auch mit Einsatz technischer Mittel" erlaubt. Es ging also um die sogenannte Onlinedurchsuchung.

Im Vorlauf der mündlichen Verhandlung des Verfahrens erhielten alle Sachverständigen einen Katalog mit Fragen, die für das Gericht interessant waren. Eine der interessantesten war die Frage Nummer vier, sie lautete:

> Wie sind die schon bisher durchgeführten „Online-Durchsuchungen" technisch durchgeführt worden und welche Schwierigkeiten und Erfolge hat es gegeben?

Interessant war die Frage auch deshalb, weil die versammelten Gutachter – Andreas Bogk (Chaos Computer Club), Dirk Fox (Secorvo Security Consulting GmbH), Andreas Pfitzmann (Technische Universität Dresden), Ulrich Sieber (Max-Planck-Institut für ausländisches und internationales Strafrecht, Freiburg) und ich – dazu keine Auskunft geben konnten. Die allgemeine Ratlosigkeit änderte sich auch nicht im weiteren Verlauf des Verfahrens, weil diejenigen, die hierzu kompetent Auskunft hätten geben können, also die Vertreter der Strafverfolgungsbehörden, bei Fragen des Gerichtes auf die fehlende Aussagegenehmigung zu diesem Sachverhalt hinweisen mussten.

Das Ergebnis des Verfahrens ist bekannt: Die Passagen des Gesetzes wurden für nichtig erklärt, wir bekamen ein neues Grundrecht auf „Gewährleistung der Vertraulichkeit und Integrität informationstechnischer Systeme", aber das Wissen über praktisch durchgeführte „heimliche Zugriffe auf informationstechnische Systeme mit technischen Mitteln" blieb dünn und die Gesamtlage darum unbefriedigend.

Fragestellungen

Die Fragen des Gerichtes nach der Praxis des verdeckten Einsatzes von technischen Ermittlungswerkzeugen zur Strafverfolgung stehen auch im Mittelpunkt meiner Betrachtungen in diesem Beitrag:
– Welche Arten von technischen Instrumenten zur verdeckten Ermittlung gibt es und wie funktionieren sie?
– Wann ist der verdeckte Einsatz technischer Ermittlungsinstrumente angebracht?
– Gibt es Alternativen?

Veränderungen der Quellenlage

Im Februar 2011 erschien im Magazin „Der Spiegel" ein Bericht über den Fall eines verhafteten Landshuter Geschäftsmannes, dem offenbar ein staatliches Spähprogramm untergeschoben worden war. Diesen Schluss legte eine CD nahe, die den Ermittlungsakten beilag und die Tausende Bildschirmfotos des Rechners enthielt. Diese Fotos waren offensichtlich zu einer Zeit vor der Festnahme des Mannes angefertigt und über das Netz ausgeleitet worden.

Dieser Bericht weckte meine Neugier. Ich nahm Kontakt zum im Bericht genannten Rechtsanwalt Patrick Schladt auf und bot an, einen Blick auf die Festplatte des fraglichen Rechners zu werfen. Wenige Wochen später erhielt ich per Post eine Kopie der Festplatte. Ausgewählte Mitglieder meiner Arbeitsgruppe und ich begannen mit der Suche. Was wir nicht wussten, war, dass der Chaos Computer Club (CCC) etwa zeitgleich auch eine Kopie der Festplatte erhalten hatte.

Der erste Blick auf die Festplatte ergab keine Auffälligkeiten. Beim zweiten Blick fanden wir jedoch eine Treiberdatei und eine Softwarebibliothek, die beide verdächtige Zeitstempel aufwiesen. Im NTFS-Dateisystem, das seit der Einführung von Windows 2000 standardmäßig in den Microsoft-Betriebssystemen eingesetzt wird und das auch auf der Festplatte verwendet wurde, existiert ein meist als *ctime* bezeichneter Zeitstempel, der die letzte Änderung der zugehörigen Dateisystem-Datenstruktur angibt. Dieser Zeitstempel ist nicht ohne Weiteres zur Laufzeit des Systems manipulierbar. Auf Basis dieses Zeitstempels sind daher regelmäßig Rückschlüsse auf den eigentlichen Installationszeitpunkt einer Software möglich. Die beiden oben genannten Dateien waren die einzigen auf der Festplatte, deren *ctime* mit dem uns bekannten Anfangszeitpunkt der Überwachungsmaßnahme übereinstimmte.

Bei näherer Betrachtung dieser beiden Dateien war schnell klar, dass es sich um ein uns bisher unbekanntes Spähprogramm handelte. Die folgenden Untersuchungen wurden nach Rücksprache mit Herrn Schladt unter Einhaltung strikter Vertraulichkeit und hohen internen Sicherheitsvorkehrungen durchgeführt. Sie dauerten bis September 2011. Eine Woche nachdem ich Herrn Schladt die wesentlichen Untersuchungsergebnisse mitgeteilt hatte, begann die FAZ auf der Grundlage von Erkenntnissen des CCC über diesen Fall zu berichten, was uns eine gewisse Erleichterung verschaffte, da wir nun auch öffentlich über den Fall reden konnten. Zudem erlaubte es uns, einen wissenschaftlichen Fachartikel über die Untersuchungsergebnisse zu veröffentlichen, in dem im Wesentlichen die des CCC bestätigt wurden.[2] Basierend auf einer vom CCC in der Schadsoftware gefundenen Authentifizierungsphrase erhielt diese Software von Antivirenherstellern die Bezeichnung BckR2D2.

Die Quellenlage veränderte sich zusätzlich, als wir von einem befreundeten Antivirenhersteller die Kopie einer weiteren Version der Spähsoftware erhielten, die vor einiger Zeit auf dem Onlineportal VirusTotal (www.virustotal.com) hochgeladen worden war. Über dieses Portal kann man Dateien hochladen und von nahezu allen kommerziell verfügbaren Antivirenprodukten testen lassen. So lässt sich etwa herausfinden, ob eine Datei den Firmen bereits bekannt ist oder nicht. Eher unbekannt ist die Tatsache, dass jede hochgeladene Datei sofort in das Quellenarsenal der Antivirenfirmen wandert und ebenfalls untersucht wird.

---

2 Vgl. Dewald et al. (2012).

Diese zweite Version der Spähsoftware war interessant, weil sie nicht nur Varianten des Treibers und der Softwarebibliothek enthielt, die wir bereits auf der Festplatte von Herrn Schladt gefunden hatten, sondern das komplette Installationspaket umfasste. Man konnte so auch feststellen, wie sich die Software in das jeweilige Zielsystem „einnistet".

Erkenntnisse aus der Analyse

Die Analyse und der Vergleich zweier Versionen derselben Software erlaubt Rückschlüsse auf deren Entwicklung. Zur Vereinfachung nannten wir die beiden Versionen R2D2-I (Version Schladt) und R2D2-II (Version VirusTotal). Die Analyse lieferte zunächst interessante Erkenntnisse über die Herstellungszeitpunkte beider Versionen. Während R2D2-I höchstwahrscheinlich im April 2009 übersetzt worden war (Zeitstempel im PE-Header), lag der Zeitpunkt bei R2D2-II im Dezember 2010. Dazwischen lagen also mehr als 18 Monate. Interessant waren aber auch weitere Unterschiede. So enthielten beide Programme eine Liste von Prozessnamen, für die die Softwarebibliothek spezifische Überwachungsfunktionalität enthielt. Die Länge dieser Liste hatte sich von R2D2-I zu R2D2-II mehr als verdoppelt. R2D2-I umfasste folgende Liste:

- skype.exe
- skypepm.exe
- msnmsgr.exe
- x-lite.exe
- yahoomessenger.exe
- explorer.exe

Die Liste in R2D2-II enthielt zusätzlich noch die folgenden Namen:

- paltalk.exe
- voipbuster.exe
- simppro.exe
- simplite-icq-aim.exe
- icqlite.exe
- firefox.exe
- opera.exe
- lowratevoip.exe

Bei all diesen Programmen (mit Ausnahme vielleicht von explorer.exe, dem Windows-Explorer) handelt es sich um verschiedene Varianten von Kommunikationssoftware (Skype und andere VoIP-Programme, Instant Messenger, Browser etc.). Technisch gesehen würde beim Start eines dieser Programme die Softwarebibliothek in den Speicher des Programmes injiziert. Sie konnte sich so an die internen Programmstrukturen ankoppeln. Im Falle der von uns speziell untersuchten Funktionalität für die Programme skype.exe und skypepm.exe verwendete die Software die interne Skype-Programmierschnittstelle, um Gesprächs- und Nachrichteninhalte vor der Verschlüsselung abzufangen und auszuleiten.

Interessant waren auch die Entwicklungen bezüglich der Möglichkeiten, das Programm über das Internet fernsteuern zu können. So ließen sich etwa folgende Funktionalitäten nachvollziehen:

- Anfertigung von Bildschirmschnappschüssen aktiver Fenster eines Internetbrowsers
- Erstellung eines dedizierten Threads, der periodische Bildschirmschnappschüsse des kompletten Bildschirms anfertigt
- Aktualisierung der Software über das Netzwerk
- Herunterfahren des Systems mittels *Blue Screen of Death*
- Abfrage der installierten Anwendungen und Programme
- Übertragung und Ausführung einer beliebigen Datei

Bemerkenswert war, dass in R2D2-II alle Funktionen, die sich auf Bildschirmschnappschüsse bezogen, nicht mehr unterstützt wurden. Die Software hatte also insgesamt eine Spezialisierung hin zu mehr überwachten Anwendungen und weniger Fernsteuerfunktionalität erfahren.

Zum Potenzial des verdeckten Einsatzes von technischen Ermittlungswerkzeugen

Die Erkenntnisse der Analyse von R2D2-I und -II erlauben erstmals Einblicke in die Funktionsweise echter staatlicher Spähsoftware anhand eines konkreten Beispiels. Sie ermöglichen es auch, über zukünftige Funktionalitäten derartiger Software zu spekulieren. Man muss jedoch beachten, dass Spähsoftware („Einsatz technischer Mittel") nicht das einzige Instrument für verdeckte Ermittlungen im Netz darstellt. Es gibt auch noch die „anlassunabhängige Überwachung" des Internets, die im Volksmund „Online-Streife" genannt wird. Hierbei handelt es sich um Maßnahmen, bei denen die Strafverfolgungsbehörden das Netz „wie andere Benutzer auch" verwenden. So können etwa Webseiten nach strafbaren Inhalten oder Amokdrohungen durchsucht und illegale Tauschringe mit digitalen Identitäten unterwandert werden. Dieses Ermittlungsinstrument ist aus kriminalistischer Sicht sehr wichtig, aus Forschungssicht für mich aber nicht so interessant. Allenfalls bergen Fragen nach der Automatisierung derartiger Suchen noch Potenzial für die Informatikforschung. Interessanter sind eindeutig Fragen des verdeckten Einsatzes technischer Mittel.

Verdeckter Einsatz technischer Mittel bedeutet in den meisten Fällen, dass ein Zielsystem mit einer Spähsoftware infiltriert wird. Wenn dies gelungen und die Software von außen erreichbar ist, dann können leicht beliebige Aktivitäten durchgeführt werden. Im Fall von R2D2 konnte diese Funktionalität gut am Beispiel der Kommunikationsüberwachung konkretisiert werden. In dem Programm war auch eine generische Keylogging-Funktionalität vorgesehen, mit der jeder Tastendruck protokolliert und abgespeichert wird. Aber welche anderen Funktionalitäten wären noch weiter denkbar? Um diese Frage zu beantworten, lohnt sich ein Blick auf professionelle Schadsoftware.

Betrachtet man die Entwicklung moderner Schadsoftware, so fällt auf, dass es kaum eine Funktionalität gibt, die im Angebot fehlt. Als Anschauungsobjekt kann beispielsweise die Software Metasploit dienen. Metasploit ist ein Framework für Penetrationstests, mit denen Systeme im Auftrag ihres Besitzers angegriffen werden, um ihre Widerstandsfähigkeit gegen derartige Angriffe zu testen. Zur Ausstattung von Metasploit gehört das sogenannte Meterpreter-Programm, mit dem man ein einmal infiziertes System von außen steuern kann.

Der Funktionsumfang von Meterpreter ist groß. So kann man beliebige Dateien auf das Zielsystem hochladen und von dort herunterladen, man kann Keylogging betreiben oder die Interaktion des Benutzers mit seinem Browser im Detail überwachen. Man kann über den Zielrechner E-Mails verschicken (z. B. Spam) oder ihn mit hoher Datenrate auf ein drittes System im Netz zugreifen lassen, um dessen Kommunikationskapazität zu überlasten. Man kann den Zielrechner dahin gehend fernsteuern, dass er bestimmte Webseiten besucht und auf diesen Klicks tätigt, ohne dass der Benutzer des Zielrechners davon etwas merkt. Schließlich kann auch die komplette Peripherie des Rechners kontrolliert werden, einschließlich Mikrofon und Kamera, sofern sie existieren.

Ein weiteres Beispiel für die Möglichkeiten moderner Schadsoftware ist ZeuS, ein weitverbreitetes und bereits gut untersuchtes Programm, das auf den Diebstahl von Finanzdaten und Identitätsinformationen (z. B. Benutzernamen und Passwörter von E-Mail-Konten) spezialisiert ist. Computer, die mit ZeuS infiziert sind, schließen sich gewöhnlich über das Internet zu einem sogenannten Botnetz zusammen. Das ZeuS-Programmpaket bietet eine komfortable Benutzerschnittstelle, mit deren Hilfe sich der Betreiber des Botnetzes in Echtzeit über den Status der infizierten Rechner informieren kann. Der Benutzer des infizierten Systems sieht davon nichts.

Über ein weiteres komfortables Webinterface kann der Botnetz-Betreiber dem Benutzer beim Onlinebanking über die Schulter schauen: Er kann direkt nachvollziehen, was ein Benutzer im Browser macht, kann ihn unterbrechen oder auf andere Art und Weise manipulieren.

Überträgt man diese Möglichkeiten auf staatliche Spähsoftware, so wird schnell klar, dass man mit ihr jede Funktionalität realisieren kann, die im Rahmen einer Ermittlung hilfreich sein könnte. Hierzu gehören nicht nur die in BckR2D2 implementierten „passiven" Maßnahmen wie das Mitschneiden von auf der Tastatur eingegebenen Passwörtern oder die Überwachung konkreter Anwendungen. Durch die universelle Programmierbarkeit von Software kann man sogar auch aktive Maßnahmen ergreifen, etwa das Hinhalten eines Benutzers bei einer Onlineabfrage durch künstliche Verzögerung des Netzwerkverkehrs oder die Provokation ungesicherter Netzwerkverbindungen durch die Deaktivierung, Blockierung oder Verzögerung verschlüsselter Datenverbindungen. Letztendlich können in vielen Fällen auch beliebige Aktionen im Namen des Benutzers ohne sein Wissen durchgeführt werden, etwa der Versand einer E-Mail oder einer Instant Message. Dies kann beispielsweise hilfreich sein, wenn man Informationen von möglichen Komplizen erhalten möchte.

Gestaltungsvarianten

Es ist klar, dass die universellen Ermittlungsmöglichkeiten, die einem Spähsoftware bietet, durch Regeln eingeschränkt werden müssen. In diesem

Zusammenhang werden häufig Analogien zu klassischen Ermittlungsmaßnahmen ins Feld geführt, die vorgeblich eine Orientierung bieten sollen. Dazu wird beispielsweise eine Software mit einem verdeckten Zweck (also ein Trojanisches Pferd im klassischen Sinne) mit einem verdeckten Ermittler verglichen, der unter einer falschen Identität eine Zielperson ausforscht. Für verdeckte Ermittler gilt jedoch eine Vielzahl von strengen Rechtsvorschriften, die ihre Handlungen einschränken, z. b. dürfen sie eine fremde Wohnung nur im Beisein der Zielperson betreten. Die Software BckR2D2 hatte aber nicht nur einen verdeckten Zweck, sondern auch eine verdeckte Existenz. Dies entspräche einem Ermittler, den man weder hören noch sehen kann. Spätestens hier enden die Analogien.

BckR2D2 war ein Spähprogramm, mit dem primär verschlüsselte Internetkommunikation abgefangen werden sollte (Skype, HTTPS etc.). Hier wurde also offenbar bewusst die Funktionalität der Spähsoftware auf ein konkretes Ermittlungsziel hin eingeschränkt. Wenn das Ziel darin besteht, Zugriff auf Datenverkehr zu erhalten, spricht man in Anlehnung an das klassische Ermittlungsinstrument der Telekommunikationsüberwachung (TKÜ) von Quellen-TKÜ, da die Kommunikationsdaten jeweils an der Quelle (also auf dem Computer selbst) erhoben werden. Die Quellen-TKÜ ist aber im Gegensatz zu einer klassischen TKÜ mit einer Infiltration des Zielsystems verbunden, einer Infiltration mit dem Ziel des Abhörens. Für den Fall, dass mehr als nur der Zugriff auf Kommunikationsdaten erfolgt, wird oft der Terminus Onlinedurchsuchung gebraucht. Eine Onlinedurchsuchung bedingt ebenfalls eine Infiltration des Zielsystems, allerdings ist das Ermittlungsziel weniger stark eingegrenzt. Der Begriff der Durchsuchung suggeriert das Ermittlungsziel, bestimmte inkriminierende Daten auf dem System vorzufinden und zu beschlagnahmen. Allerdings ist bisher nirgends festgelegt, was bei einer Onlinedurchsuchung gestattet ist und was nicht. Wie das Beispiel Schadsoftware zeigt, erlaubt der Vollzugriff auf das System dessen universelle Beeinflussung. Auch wenn für eine Onlinedurchsuchung der Verhältnismäßigkeitsgrundsatz gilt, benötigen die Strafverfolgungsbehörden hier eine genauere Orientierung.

Aus technischer Sicht sind die Begriffe Quellen-TKÜ und Onlinedurchsuchung recht euphemistisch, denn mit ihnen assoziiert man allgemein akzeptierte und etablierte Ermittlungsmaßnahmen: Die klassische TKÜ ist zwar bereits recht eingriffsintensiv und deshalb auch einer richterlichen

Kontrolle unterstellt, allerdings wird bei einer klassischen TKÜ ausschließlich passiv im Netz mitgehört; die Infiltration eines Computers durch ein Spähprogramm hingegen stellt einen aktiven Vorgang dar, mit dem das Zielsystem verändert wird. Mit der Onlinedurchsuchung assoziiert man durch die terminologische Anlehnung an die klassische Durchsuchung ebenfalls eine recht eingriffsintensive Maßnahme, allerdings ist die Durchsuchung in der Strafprozessordnung eine offene Maßnahme, der ein Beschuldigter in der Regel beiwohnen kann. Auch suggeriert die Verwendung der beiden Begriffe, dass eine Quellen-TKÜ weniger eingriffsintensiv sei als eine Onlinedurchsuchung. Dies mag im konkreten Fall so sein, doch darf man nicht vergessen, dass in beiden Fällen das Zielsystem infiltriert wird und zwar mit potenziellem Vollzugriff auf dessen Ressourcen.

Wann ist der verdeckte Einsatz technischer Ermittlungsinstrumente angebracht?

Wie die Beispiele zeigen, ist die Infiltration eines Zielsystems durch ein Spähprogramm ein universelles Ermittlungswerkzeug, eine universelle Lösung. Genau das macht diese Technik einerseits so attraktiv für die Strafverfolgung, andererseits besitzt sie natürlich eine hohe Eingriffsintensität. Sie ist also Segen und Fluch zugleich. Angebracht wäre sie nur dann, wenn es kein milderes Mittel gäbe, um das gleiche Ermittlungsziel mit verhältnismäßigem Aufwand zu erreichen. Genannt werden in diesem Zusammenhang die Probleme bei verschlüsselten Datenträgern und verschlüsselter Kommunikation. Aber auch die Rückverfolgung von Rechnern ist ein Desiderat der Strafverfolgung, also die Beantwortung der Frage, wo sich ein Rechner aktuell befindet. Dies ist beispielsweise bei Erpressungsfällen relevant: Wenn man dem Erpresser ein Spähprogramm unterjubeln kann, dann kann dieses „zurückrufen" und Informationen über den Standort des Rechners übermitteln (IP-Adresse, Zeitzone etc.).

Betrachten wir zunächst verschlüsselte Kommunikation. Problematisch ist hier vor allem die Kommunikation, die Ende-zu-Ende verschlüsselt ist. Diese kann zwar im Netz abgehört werden, allerdings sind dann nur verschlüsselte Daten sichtbar. Um die Daten unverschlüsselt zu erhalten, muss man wie oben beschrieben an der Quelle zugreifen. Oft ist es jedoch gar nicht so wichtig, was kommuniziert wird, sondern beispielsweise wann und wie lange. Diese Informationen lassen gerade bei textbasierter Kurzkommunikation wie SMS oder Instant Messaging viele Schlüsse zu und sind auch ohne Quellen-TKÜ verfügbar. Aus der Informatikforschung ist bekannt, dass man durch sogenannte Seitenkanäle sehr viel über die Inhalte eines Kommunikationskanals erfahren kann, bis hin zu verwendeten Passwörtern.[3] Wenn dies nicht zu einem weiterführenden Ergebnis verhilft, kann man natürlich den Hersteller der Kommunikationssoftware bitten, der Zielperson durch ein Softwareupdate einen modifizierten Client unterzuschieben, der die Überwachung durchführt. Dies entspräche im Endeffekt einer Infiltration durch ein separates Spähprogramm, allerdings würde man erwarten, dass durch die Mitarbeit des Herstellers die Funktionalität etwas weniger universell gestaltet wird.

Auch beim Thema der Rückverfolgung können Seitenkanäle zur Lokalisierung eines Rechners verwendet werden, etwa durch die parallele Beobachtung von Client und Server bei Verwendung eines Anonymisierungsdienstes. Wenn beispielsweise über einen längeren Zeitraum Zugriffe über einen Anonymisierungsdienst auf ein verbotenes Onlineforum zeitlich exakt mit der Netzaktivität eines Client-Rechners korrelieren, dann ist auch ohne Kenntnis der konkreten Nachrichtenströme von einem Zusammenhang auszugehen. Dies setzt allerdings voraus, dass man schon weiß, wer potenziell Zugriff auf das Forum hat. Man muss also schon wissen, *wo* man suchen muss.

Bei verschlüsselten Datenträgern verhält es sich ähnlich wie bei verschlüsselter Kommunikation: Wenn die Festplatte verschlüsselt und der Computer ausgeschaltet ist, dann kommt man ohne Kenntnis des Passwortes nicht an deren Daten. Ziel einer Onlinedurchsuchung wäre demnach auch, Zugriff auf die Daten zu erhalten, wenn diese aktiv in Benutzung und darum unverschlüsselt verfügbar sind. Man versucht also, wie der Benutzer selbst auf die Daten zuzugreifen. Alternativ kann man natürlich auch durch ein Spähprogramm lediglich das notwendige Passwort ausspähen (etwa durch Keylogging) und im Anschluss an eine offene Beschlagnahme die Daten auslesen.

---

3 Vgl. Song, Wagner & Tiang (2001).

Für den Zugriff auf verschlüsselte Datenträger hat die Informatikforschung in den vergangenen Jahren allerdings eine Reihe von Techniken entwickelt, die nicht ganz so universell sind wie ein Spähprogramm, die aber auch ohne eine verdeckte Spähsoftware auskommen. Der Trick liegt darin, zu versuchen, den Rechner im eingeschalteten Zustand oder im Stand-by-Modus anzutreffen. In diesen Fällen gibt es mit den sogenannten Hot-Plug-Angriffen, bei denen bloß das Datenkabel der Festplatte an einen Ermittlungsrechner umgesteckt wird, eine recht einfache Zugriffsmöglichkeit auf verschlüsselte Datenträger.[4] Ein Ansatz namens *Cold Boot Attack*[5] (Kaltstartattacke) funktioniert sogar noch dann, wenn der Rechner gerade ausgeschaltet wurde: Auch wenn erst nach wenigen Sekunden der Strom des Rechners wiederhergestellt wird, sind die Inhalte des Hauptspeichers mit hoher Wahrscheinlichkeit rekonstruierbar, und im Hauptspeicher liegen üblicherweise die Schlüssel, die man zum Entschlüsseln der Festplatte benötigt. Falls beide Maßnahmen ausscheiden, kann man immer auf Hardware-Keylogger ausweichen, die man beispielsweise zwischen die Tastatur und den Computer schaltet und die jeden Tastendruck abspeichern. Ein Hardware-Keylogger ist keine Software und muss darum auch nicht wie Software installiert werden.

Tabelle 1: Übersicht über Alternativen

Datenträger	Kommunikation	Rückverfolgung
Hardware-Keylogger		
Cold Boot	Herstellerkooperation	
Hot Plug	Seitenkanäle	Seitenkanäle

Tabelle 1 zeigt einen Überblick über alternative Ermittlungsinstrumente: Keine dieser Alternativen erfordert die Infiltration des Zielsystems mit einer Spähsoftware. Cold-Boot- und Hot-Plug-Angriffe erfolgen zudem prinzipiell offen. Die genannten Ansätze sind also weniger eingriffsintensiv, dafür aber auch weniger universell und im praktischen Einsatz weder erprobt noch erforscht. Beispielsweise ist vollkommen unklar, ob das Einbringen einer Spähsoftware in der Praxis weniger Aufwand verursacht

---

4 Vgl. Müller (2012).
5 Vgl. Halderman et al. (2009).

als die Durchführung eines Hot-Plug-Angriffes. Diese Frage ist aber relevant, wenn es um die Umsetzung des Verhältnismäßigkeitsgrundsatzes geht. Allgemein muss aber die Gesellschaft die Spielregeln vorgeben. An der Fachöffentlichkeit liegt es, zu definieren, was in welchen Fällen als das „mildeste Mittel" angesehen werden sollte.

Abschluss: Die großen Internetunternehmen

Ich habe anfangs versprochen, auf die Stellung der globalen Internetunternehmen wie Google, Apple und Microsoft im Themenkomplex dieses Beitrages einzugehen. Zwar sammeln alle Unternehmen, die ein Onlineangebot besitzen, Daten über die Besucher ihrer Webseiten, die großen Internetkonzerne jedoch in ganz besonderem Maße. Im Hintergrund entstehen so in nahezu unregulierter Art und Weise sehr detaillierte Benutzerprofile, aus denen auch nach vielen Jahren hervorgeht, was eine Person zu einem bestimmten Zeitpunkt online getan hat. Man muss davon ausgehen, dass jede Eingabe in eine der großen Suchmaschinen gespeichert und wenn möglich einem konkreten Benutzerprofil zugerechnet wird. Wenn man sich vor Augen führt, welche Aussagekraft insbesondere Suchbegriffe über die eigenen (auch nur gedanklichen) Aktivitäten besitzen, dann erahnt man die unmerkliche und massive Erosion der Privatsphäre, die im Netz stattfindet und deren Folgen unabsehbar sind. Könnte man nicht dann, statt Rechner zu infiltrieren und Kommunikation abzuhören, einfach die großen Internetkonzerne fragen, was diese über die Aktivitäten eines bestimmten Nutzers zu einem bestimmten Zeitpunkt wissen? Wäre das nicht das universelle Ermittlungsinstrument der Zukunft? Natürlich werden sich die Internetkonzerne gerade gegenüber deutschen Ermittlungsbehörden verschlossen zeigen, aber die Daten sind da und es ist unklar, wer sie jemals für welche Zwecke gebrauchen wird. Das soll die Gefahren nicht verschleiern, die durch eine maßlose Nutzung staatlicher Ermittlungsbefugnisse entstehen können. Aber es soll auch unsere Sorgen vor der Totalüberwachung durch Strafverfolgungsbehörden relativieren. Bei regelmäßiger Nutzung elektronischer Medien haben Nachrichtendienste und globale Internetkonzerne sicherlich tiefere Einblicke in die Vergangenheit eines Nutzers, als es die Polizei je hatte und haben wird.

Literatur

Dewald, A., Freiling, F., Schreck, T., Spreitzenbarth, M., Stüttgen, J., Vömel, S. & Willems, C. (2012). Analyse und Vergleich von BckR2D2-I und II. In: Suri, N. & Waidner, M.: Sicherheit 2012: Sicherheit, Schutz und Zuverlässigkeit. Beiträge der 6. Jahrestagung des Fachbereichs Sicherheit der Gesellschaft für Informatik e.V. (GI). 7.–9. März 2012, Darmstadt. 47–58.

Song, D. X., Wagner, D. & Tian, X. (2001). Timing Analysis of Keystrokes and Timing Attacks on SSH. In: Wallach, D.S.: 10th USENIX Security Symposium. August 13–17. 2001, Washington D.C. USA.

Müller, T. (2012). (Un)Sicherheit Hardware-basierter Festplattenverschlüsselung. Vortrag im Rahmen des 29.Chaos Communication Congress (29c3): Not my department. Chaos Computer Club (CCC). Hamburg.

Halderman, J. A., Schoen, S. D., Heninger, N., Clarkson, W., Paul, W., Calandrino, J. A., Feldman, A. J., Appelbaum, J. & Felten, E. W. (2009). Lest We Remember: Cold Boot Attacks on Encryption Keys. Communications of the ACM. 52(5). 91–98.

Christina Pöpper
Drahtlose Kommunikation: Grenzenlose Möglichkeiten auf Kosten der Sicherheit?

Entwicklung und Fortschritte der Kommunikationstechnik

In diesem Vortrag werden wir exemplarisch betrachten, welche Möglichkeiten die Kommunikationstechnik heute offenbart, welche Sicherheitsaspekte dabei zu beachten sind und in welchen Bereichen man sich gegebenenfalls Gedanken zur Sicherheit machen sollte.

Zu Beginn möchte ich einige Fortschritte in der Kommunikationstechnik vorstellen, die für heutige und künftige Entwicklungen ausschlaggebend sind. Dazu werfen wir zunächst einen Blick zurück in die Vergangenheit.

Es existieren Fotos aus den 30er-Jahren des letzten Jahrhunderts, die ein Kraftfahrzeug mit vollgepacktem Kofferraum zeigen. Bei genauerem Hinsehen lässt sich erahnen, dass sich im Kofferraum keine herkömmlichen Koffer befinden, sondern technische Geräte. Im Prinzip handelte es sich dabei um ein erstes Mobiltelefon. „Mobil" sollte man hier in Anführungszeichen setzen, da es wenig damit zu tun hat, was wir heute unter mobil verstehen. Es war damals jedoch eine Möglichkeit, technisch – und in gewisser Weise mobil – von unterwegs kommunizieren zu können.

Die Technik war damals so schwerfällig und groß, dass ein Automobil erforderlich war, um die nötige Ausrüstung zu transportieren. Man konnte nicht einfach ein kleines Gerät nehmen, sondern war auf ein ganzes Fahrzeug angewiesen.

Ein interessanter Zusatz ist, dass das Gerät „Nationales Autotelefon" genannt wurde. Die Bezeichnung „Natel", wie sie heute noch in der Schweiz für Mobiltelefone oder Handys gang und gäbe ist, wurde von diesem Autotelefon abgeleitet: Natel als Abkürzung für Nationales Autotelefon.

Die Entwicklung ist – zum Glück – nicht in jener Zeit stehen geblieben, sondern Aussehen, Funktionalität und Größe der Mobiltelefone veränderten sich im Laufe der Jahrzehnte. In den 1950er-Jahren pries man die leichtesten und kompaktesten Funk-Sende-Empfänger mit einem Gewicht von „nur" drei Kilogramm an und auch die Mobiltelefone in Filmen aus den 1980er-Jahren wirken heute eher befremdlich. Die heutigen Mobiltelefone und Smartphones sehen aus, wie wir es gewohnt sind: Für sie treffen die Bezeichnungen digital und mobil tatsächlich zu. Die Geräte sind klein, handlich und man kann sie in die Hosentasche stecken.

Jetzt kann man fragen, wie diese Entwicklung weitergeht. Wenn eines sicher ist und uns die Vergangenheit gelehrt hat, dann dass die Technik nicht auf ihrem heutigen Stand stehen bleiben wird. Man kann Überlegungen und Vermutungen über künftige Entwicklungen anstellen. Konkret abzusehen sind beispielsweise Smartwatches – Uhren zum Telefonieren – und zunehmend Geräte in besonderen Formaten und für spezielle Funktionen, die keine statischen, sondern verformbare Displays haben oder auch ganz ohne Displays auskommen und durch alternative Schnittstellen ausgestattet sein werden.

Verfolgt man die Entwicklungen der letzten Jahrzehnte, so lässt sich als erste Beobachtung festhalten, dass die Größe und die Kosten der Geräte stetig abgenommen haben. Während damals ein mobiles Autotelefon Tausende von D-Mark kostete, können es heute wenige Dutzende oder Hunderte Euro sein. Wenngleich sich die Größe der Geräte lange Zeit trotz steigender Funktionalität stetig verringert hat, lässt sich aktuell ein interessanter Trend beobachten, denn die Größe der Smartphones nimmt erstmals wieder zu. Dies liegt jedoch nicht in ihrer notwendigen Ausrüstung begründet, sondern im Benutzerverhalten und den gewünschten vielfältigeren Interaktionsmöglichkeiten bei größeren Displays. Insofern stimmt die Beobachtung der abnehmenden Größe nur bezüglich der technischen Machbarkeit. Die Funktechnik selbst funktioniert auch mit sehr kleinen Geräten.

Die zweite Beobachtung ist, dass durch maximale Datenübertragungsraten die Funktionalität und mit der Handhabbarkeit kleiner Geräte auch die Mobilität der Kommunikationstechnik stetig zunehmen. Dies hat zur Folge, dass sich größere Datenmengen, z. B. in Form von Bildern und Videos, versenden lassen und die Verbreitung der drahtlosen Kommunikation kontinuierlich wächst.

Schließlich ist festzuhalten, dass sich Funktechnologie innerhalb der letzten zwei bis drei Jahrzehnte von der Verwendung durch wenige Menschen in speziellen Situationen zum Kommunikationsmittel für viele Menschen in vielen Situationen gewandelt hat. Funkkommunikation ist damit praktisch allgegenwärtig geworden.

Zum Abschluss der Bestandsaufnahme lassen sich mehrere Trends in der Funkkommunikation hervorheben:

1. Zunehmende Verbreitung und Verbesserung der drahtlosen Kommunikation,
2. immer platzsparendere Elektronik,
3. neue Materialien, die beispielsweise form- und deformierbare Displays erlauben,
4. bessere Sensoren für die Interaktion mit der Umwelt – so können die Geräte ihre Umgebung wahrnehmen und Werte wie Temperatur, Luftfeuchtigkeit und Bewegungen bestimmen und in Anwendungen verwerten – und
5. Techniken und Möglichkeiten zur Lokalisierung der Geräte, was Relevanz erlangt, sobald Geräte mobil sind und ihren Standort verändern.

Die Frage ist nun, welchen Einfluss diese Entwicklungen auf die Sicherheit von Funk- und Kommunikationssystemen haben.

Aktuelle Anwendungen der Funkkommunikation

Wo wird Funktechnik heute verwendet? Anhand von drei beispielhaften Anwendungsbereichen soll darauf eingegangen werden, wie sicher die Systeme sind und welche Schwachstellen sie gegebenenfalls haben. Kann man sie angreifen? Was passiert dabei?

Zunächst einmal kann man die zunehmende Verbreitung von Funkkommunikation in Büros, in Haushalten und in Gebäuden allgemein beobachten. Wenn der Laptop mit dem Drucker kommuniziert, verdankt man dies Funkverbindungen. Früher schloss man ein Kabel an, heute geht das meist direkt über Funk. Man kann Daten unmittelbar zwischen Smartphone und Laptop austauschen, Maus und Tastatur funken zum Computer und der Musikgenuss kommt von kabellosen Kopfhörern.

Technologien, die dafür verwendet werden, sind W-LAN, um die Geräte mit dem Internet zu verbinden, sowie Bluetooth, worüber mehrere Geräte für den Datenaustausch direkt miteinander vernetzt werden können. Kleine Kontrollgeräte ermöglichen die Überwachung und Steuerung von

Geräten im Haushalt. Sie erlauben es, Aufträge zu erteilen, was wann passieren soll, z. B. mit der Steuerung von Steckdosen zu regeln, wann der Strom fließen soll. Auch kann man so vom Sofa aus mit dem Handy steuern, zu welchen Zeitpunkten das Licht an- oder ausgehen soll. Ob man so etwas braucht oder möchte, ist eine andere Frage, aber technisch ist dies einfach umzusetzen. Ebenso lassen sich Lampen, Heizung oder Rollläden aus der Ferne kontrollieren, was interessante Anwendungen ermöglicht, z. B. die Heizung anzustellen, wenn man in einer Stunde nach Hause kommt. Hauptgründe für den Einsatz von Funktechnologie in diesem Zusammenhang sind Bequemlichkeit und das Energiesparpotenzial.

Ein weiteres Beispiel für eine Technologie der Datenspeicherung und -übertragung, die immer mehr Verbreitung findet, sind Radio-frequency identification-Chips (RFIDs). Wie funktionieren diese? Im Prinzip bestehen sie aus einem oft winzigen Chip und einer gewickelten Antenne, die beispielsweise auf Plastik oder Papier aufgedruckt sind. Durch das Aufwickeln der Antenne erhält man eine Spule mit einem entsprechenden Magnetfeld. Wenn ein Lesegerät nah genug an den RFID-Chip herankommt, kann eine Spannung induziert werden, die den Mikrochip anregt und mit Strom versorgt und so Kommunikation zwischen Lesegerät und Chip ermöglicht. Dies hat den großen Vorteil, dass RFIDs in der Regel ohne Batterien auskommen und dennoch Daten wie Identifikationsnummern speichern und kommunizieren können.

Ein prominentes Beispiel für die Nutzung von RFID ist der elektronische Reisepass, kurz ePass genannt, in dem ein RFID-Chip in der Pappe des Vorderteils integriert ist. Die prinzipielle Möglichkeit des Auslesens der Daten aus dem Chip im Pass – auch aus der Ferne ohne direkten Kontakt – stellt eine Gefahr dar, die in Deutschland für zahlreiche Diskussionen bezüglich des Datenschutzes und der Privatsphäre gesorgt hat. Mittlerweile hat man keine Wahl mehr, ob man diesen Pass möchte oder nicht, denn der ePass ist obligatorisch.

Neben dem Einsatz im Pass werden RFIDs auch zur Diebstahlkontrolle in Waren integriert oder aus Gründen der Bequemlichkeit beim Skipass verwendet – damit entfällt das lästige Hantieren mit Skipässen in Handschuhen.

Der Hauptgrund für den neuartigen Einsatz von Funktechnologien in diesem Beispiel ist demnach in erster Linie Bequemlichkeit, aber auch Mobilität, und Flexibilität spielen in verschiedenen Anwendungsszenarien eine Roll.

Funktechnologie in der Industrie

Des Weiteren kommen Funktechnologien zunehmend auch in der Industrie zum Einsatz – oftmals aus wirtschaftlichen Gründen, beispielsweise bei Herstellungs- und Automatisierungsprozessen. Industrielles W-LAN, Bluetooth und WirelessHART basieren prinzipiell auf ähnlichen technischen Ansätzen wie in Privathaushalten, zeichnen sich aber durch stärkere Robustheit und teilweise größere Arealabdeckung aus. Sie werden in erster Linie eingesetzt, um Kosten zu reduzieren. So lässt sich z. B. Gewicht einsparen, wenn keine Kommunikationskabel zum Einsatz kommen. Das klingt vielleicht nach einer geringen Gewichtsreduktion, wenn aber zahlreiche Verbindungen ersetzt werden, können die Einsparungen beachtlich sein. Interessant ist dies nicht zuletzt für den Flugzeugbau.

Auch werden mit dem Einsatz kabelloser Technologien Verschleißerscheinungen vermieden. Kabel können nach einer Weile kaputtgehen und müssen ersetzt werden. Vergleichbares entfällt bei Funkverbindungen.

Ebenso spielt Flexibilität eine Rolle. Wenn Roboter Karosserien aus Einzelteilen zusammensetzen, müssen sie beweglich sein. Dann ist es leichter, sie über Funkkommunikation zu kontrollieren als über Kabel.

Aspekte des Datenschutzes sind auch in diesem Bereich relevant, allerdings dominiert hier eher das Stichwort Industriespionage. Eine weitere Gefahr im Industriesektor stellen mögliche Angriffe über Funksysteme von z. B. Hackern dar, mit denen Kontrollübernahme oder Manipulationen angestrebt werden.

Zusammenfassend lassen sich drei Charakteristika für Funktechnologien hinsichtlich ihres Einsatzes hervorheben:

1. Ihre praktisch nicht mehr aufzuhaltende *Verbreitung* in einer Vielzahl von Anwendungsfeldern,
2. die zunehmende *Vernetzung* einzelner Komponenten miteinander sowie mit zentralen Servern (Stichwort Cloud),
3. die *Entwicklung cyberphysischer Systeme*, in denen physische Gegenstände und digitale Systeme miteinander verschmelzen.

Wie sicher sind unserer Funksysteme? Drei Beispiele

Nachdem wir einige Beispiele für den Einsatz von Funktechnologien und ihre diesbezüglichen Charakteristika betrachtet haben, wenden wir uns nun ihrer Sicherheit zu. Inwiefern sind funkbasierte Systeme angreifbar und anfällig?

Betrachten wir zunächst allgemein die Kommunikation zwischen einem Sende- und einem Empfangsgerät. Dies können zwei Handys oder auch andere Funkgeräte sein. Die folgenden Sicherheitsgefahren lassen sich unterscheiden: (1) Abhören von Daten als Angriff auf die Vertraulichkeit und die Geheimhaltung, (2) Datenmanipulation durch die Veränderung von Nachrichten oder den Austausch von Inhalten, (3) Vortäuschen falscher Identitäten, was die Integrität der Kommunikationspartner missachtet, (4) der übermäßige Gebrauch – nicht unbedingt aus Sicht eines Angreifers, sondern vielmehr als unbeabsichtigte Funkstörung – und schließlich (5) die gezielte Funkstörung in Form von sogenannten Jamming-Angriffen, bei denen das zur Verfügung stehende Frequenzband überlastet und die Kommunikation verhindert wird.

Um diese etwas abstrakt dargelegten Angriffsarten zu veranschaulichen, nehmen wir wieder Beispiele zu Hilfe, die sich auf die Geheimhaltung, die Integrität von Nachrichten und die gezielte Funkstörung beziehen.

Autoschlüssel mit Keyless-Go-Funktion

Das erste Beispiel sind moderne Autoschlüssel. Autoschlüssel waren früher mechanisch und mussten ins Türschloss gesteckt und gedreht werden. Dann kamen die aktiven Funkschlüssel auf, bei denen man durch Drücken eines Knopfes in der Nähe des Autos – durchaus aus einigen Dutzend Metern Entfernung – die Autotür ver- und entriegeln konnte. Zum Anlassen des Motors war in vielen Fällen noch ein mechanischer Schlüssel notwendig, gegebenenfalls mit Chip-Unterstützung. Nun gibt es seit einigen Jahren auch passive Funkschlüssel. Diese haben keine Knöpfe mehr, sondern entriegeln und verriegeln die Türen automatisch, wenn sich der Schlüssel – z. B. in der Hosen- oder Handtasche seiner Besitzerin – in der Nähe des Autos befindet. Das Herausholen und ein aktives Interagieren mit dem Autoschlüssel entfällt – die Tür entriegelt sich von selbst und der Motor lässt sich starten. Ganz ohne menschliches Eingreifen.

Wie funktioniert dies? Das Prinzip ist folgendes: Das Fahrzeug und der zugehörige Autoschlüssel teilen sich ein „Geheimnis". Das Fahrzeug versendet kontinuierlich Anfragenachrichten. Das sind kurze Nachrichten, die mitteilen: Wenn du in der Nähe bist, gib Bescheid. Die Sendeweite dieser Nachrichten im Tieffrequenzbereich ist gering – wenige Meter. Wenn sich der passende Autoschlüssel in der Nähe des Fahrzeugs befindet, empfängt er eine dieser regelmäßigen Anfragen und sendet eine authentische Antwort vertraulich zurück. *Authentisch* bedeutet, dass die Antwort tatsächlich vom Autoschlüssel stammt und dies auch überprüft werden kann. *Vertraulich* heißt, dass die Antwort so verschlüsselt wird, dass ein potenzieller Abhörer keine Information erlangt, die ihn zu einem späteren Zeitpunkt eine korrekte authentische Nachricht erzeugen lassen könnte. Um solch eine Nachricht erstellen und verifizieren zu können, benötigen der Autoschlüssel und das Fahrzeug das gemeinsame Geheimnis. Wären die Antwortnachrichten des Autoschlüssels über größere Entfernungen zu empfangen – aufgrund der geringen Größe des Autoschlüssels werden kleine Antennen verwendet und damit Signale im Kurzwellenbereich versendet –, so müsste ein potenzieller Angreifer die Antwortnachricht des Autoschlüssels nicht einmal verstärken oder weiterleiten.

Wenn nun das Fahrzeug die erhaltene Antwort mittels des vorhandenen Geheimnisses überprüft und ihr Inhalt korrekt ist, dann lässt sich die Tür öffnen.

Wie steht es um die Sicherheit dieses Schlüsselsystems? Advanced Encryption Standard wird verwendet. Diese Lösung enthält Kryptografie und verspricht hohe Sicherheit. Darüber hinaus verfügt dieser Standard über vielfältige Funktionen. Jedoch gibt es trotz dieses Angebotes der Hersteller ein Sicherheitsproblem, das im beschriebenen Protokoll liegt:

Der Autoschlüssel reagiert mit einer Antwort, sobald er eine passende Nachricht empfängt. Dabei wird implizit angenommen, dass dies nur innerhalb von zwei Metern um das Fahrzeug herum passiert. Wenn jetzt aber diese Nachricht, die das Fahrzeug versendet, durch einen Angreifer über eine längere Strecke weitergeleitet wird, so wird die Antwort des Schlüssels aus einer größeren Distanz versendet und kann auf diese Weise immer noch das Fahrzeug erreichen z. B., wenn sich der Autoschlüssel in einem Café bei seinem Besitzer und das Fahrzeug sich einige hundert Meter entfernt auf einem Parkplatz befindet. In diesem Szenario kann ein

Angreifer die versendeten Nachrichten aufnehmen, verstärken und in der Nähe des Empfangsgerätes wieder versenden – als Resultat wird sich das Fahrzeug auch von dem weit entfernten Autoschlüssel öffnen lassen. Ein Angriff kann auf verschiedenen Frequenzbereichen basieren; in diesem Fall müssen die Signale auf andere Frequenzen, z. B. auf 2,5 Gigahertz, moduliert und nach der Übertragung auf die erwartete Frequenz des Fahrzeugs heruntermoduliert werden.

Wie schwierig und wie schwerwiegend kann ein solcher Angriff sein? Der beschriebene Angriff selbst ist technisch recht leicht durchzuführen, da keine Nachrichten entschlüsselt werden müssen, sondern nur vorhandene Signale weitergeleitet werden. Das bedeutet auch, dass es unerheblich ist, welcher Verschlüsselungsstandard verwendet wird. Ebenso muss in den übertragenen Nachrichten durch den Angreifer nichts modifiziert werden – ein einfaches Weiterleiten von Nachrichten vom Sender an das Empfangsgerät reicht. Fachlich ausgedrückt heißt dies, dass im Protokoll nur die Authentizität der Nachricht überprüft wird, nicht jedoch die Nähe des Kommunikationspartners. Welche Möglichkeiten ergeben sich nun daraus für einen Angreifer? Zumindest die, sehr einfach an Wertgegenstände in einem Auto zu kommen, ohne dass der Besitzer es merkt – einen Massenangriff stellt dies jedoch nicht dar.

Gegenmaßnahmen wie die Verwendung einer Schutzumhüllung zur Abschirmung von Signalen oder die temporäre Entfernung der Batterie aus dem Autoschlüssel sind leider nicht sonderlich schön und größtenteils unpraktisch. Was vielmehr benötigt wird, ist ein überarbeitetes System, das zusätzlich die Zeit in den Überprüfungsprozess einbezieht: Wie lange dauert es, bis die Antwort kommt? Protokolle, in denen dies berücksichtigt wird, werden als Distanzbeschränkungsprotokolle bezeichnet. An der technischen Umsetzung solcher Protokolle wird geforscht, noch sind sie jedoch nicht ausgereift genug für einen weit verbreiteten Einsatz.

Zwei finale Bemerkungen zum Thema der Sicherheit von Autos mit Funkkommunikation:

1. Man könnte jetzt schlussfolgern, dass man am besten auf passive Autoschlüssel verzichtet und nur noch aktive Schlüssel einsetzt, die eine Interaktion durch den Benutzer erfordern. Auch hier sind jedoch Angriffe möglich: durch den ADAC wurde kürzlich darauf hingewiesen, dass

auch aktive Schlüssel durch eine gezielte Funkstörung – eine Jamming-Attacke – Angriffen ausgesetzt sein können. Stört der Angreifer den Funkkanal, während man versucht, das Auto per Knopfdruck abzuschließen, so kann dies fehlschlagen und das Auto bleibt trotz Knopfdruck weiterhin unverschlossen. Da bietet der manuelle Türtest noch immer die zuverlässigste Lösung.
2. Die Digitalisierung von Fahrzeugen ist in vollem Gange. Als Musterbeispiel für cyberphysische Objekte wird diese Digitalisierung in Zukunft weiter zunehmen. Fahrzeuge werden folglich immer mehr Netze miteinander kommunizierender elektronischer Einheiten enthalten. Der erweiterten Funktionalität und funktionalen Sicherheit (Safety) auf der einen Seite stehen so vermehrte Verletzbarkeiten im Bereich der Manipulations- und Angriffssicherheit (Security) auf der anderen Seite gegenüber.

Medizinische Geräte

Beim zweiten Beispiel handelt es sich um medizinische Geräte. Auch hier werden heute zunehmend Funkfunktionen verwendet. Dafür gibt es mehrere Gründe. Einerseits ist eine verkabelte Kommunikation mit Geräten wie Herzschrittmachern schwierig. Funkverbindungen erlauben es, mit dem Gerät durch den Körper auch ohne unmittelbaren Zugriff interagieren zu können. Andererseits ist eine Reihe von Interaktionsmöglichkeiten mit den Geräten nötig: Softwareupdates zur Therapiekontrolle, Überwachung der korrekten Funktion und Übertragung medizinischer Patientendaten zur Beobachtung kritischer Werte. Hinsichtlich dieses konkreten Beispiels ergeben sich zwei Gefahren:

Eine stellt der Datendiebstahl als Angriff auf die Privatsphäre dar (worauf hier nicht weiter eingegangen wird), die andere betrifft die Manipulationsmöglichkeiten der Kontrollfunktion. Ärzte oder Sanitäter sollen mit dem Gerät kommunizieren und Einstellungen vornehmen können, gleichzeitig darf kein Missbrauch der Funktion durch unautorisierte Personen stattfinden. Die Verwendung eines kryptografischen Geheimnisses, das für den Zugang erforderlich ist, ist dabei keine gute Idee, da im Notfall ein Arzt oder Rettungssanitäter auch ohne Kenntnis dieses Geheimnisses schnellen Zugriff erhalten soll. Daher ist folgende Funktion erwünscht: Wer nahe genug – wenige Zentimeter – an das Gerät herankommt, erhält das Recht, mit dem Gerät zu interagieren. Konkret kann man sich vorstellen, dass die (Re-)Konfiguration des Gerätes innerhalb einer Distanz von wenigen Zentimetern möglich sein soll und der Radius zur Überwachung der Funktionen und kritischer Werte bei wenigen Metern liegen soll. Der Nachweis dieser Nähe basiert technisch auf der gleichen Funktion wie die Distanzbeschränkung bei den Autoschlüsseln.

Sollte man sich als Privatperson oder Durchschnittsbürger diesbezüglich Gedanken machen? Im Normalfall kaum – es gibt eine Vielzahl anderer Möglichkeiten, einer Person zu schaden, als ihren Herzschrittmacher zu manipulieren. Für Personen des öffentlichen Interesses können Gefahren dieser Art jedoch eine Rolle spielen: So informierte vor einigen Wochen ein Zeitungsartikel darüber, dass Dick Cheney, der ehemalige Vizepräsident der USA, seinen Herzschrittmacher teilweise von seinen Ärzten deaktivieren ließ, weil er einen Angriff durch eben solche Manipulation befürchtete.

GPS

Als drittes Beispiel, bei dem Funkkommunikation und ihre Sicherheit wichtig sind, sollen hier abschließend GPS und Satellitenkommunikation behandelt werden. Lokalisierung und Navigation durch GPS sind innerhalb weniger Jahre zu einer Selbstverständlichkeit geworden und die entsprechenden Funktionen sind in Applikationen integriert, die sich z. B. in Handys, Autos usw. finden lassen. Wie funktionieren GPS und Satellitennavigation? Eine Reihe Satelliten umkreist ständig die Erde. Es müssen mindestens 24 Satelliten sein, um jeden Teil der Erde zu jedem Zeitpunkt abzudecken. Die Satelliten haben fest vorgegebene Fluglaufbahnen bei ihrer Umkreisung der Erde und senden dabei Signale aus, die die Nummer des Satelliten, seine Position und einen Zeitstempel enthalten. Was bedeutet das jetzt für einen Empfänger auf der Erde? Möchte man z. B. mit seinem Handy die eigene Position mittels GPS bestimmen, so muss das Gerät dafür die Signale einer bestimmten Anzahl von Satelliten empfangen. Die Distanzen, die die Signale von den Satelliten zur Erdoberfläche überwinden, betragen um die 20.000 Kilometer. Der GPS-Empfänger bzw. das Handy bestimmt die Empfangszeit jedes eingehenden Signals und kann aufgrund der in den Signalen enthaltenen Zeitstempel berechnen, welche Streckenlängen die Signale zurückgelegt haben. Insbesondere kann es die

Unterschiede der Laufzeiten der einzelnen Satellitensignale berechnen und, bei Empfang von mindestens vier Signalen, daraus die eigene Position bestimmen.

Wie sicher ist dieses Verfahren? Oder anders ausgedrückt: Wie sicher können wir sein, dass das richtig ist, was uns auf dem Handy oder im Auto angezeigt wird? Während es technisch schwierig und sehr teuer ist, die Satelliten selbst und ihre Umlaufbahnen oder versendeten Signale zu manipulieren, so ist es für einen Angreifer recht einfach und kosteneffizient, die Positionsbestimmung der GPS-Empfangsgeräte auf der Erde zu manipulieren. Dazu lassen sich Satellitensimulatoren – diese werden in erster Linie eingesetzt, um Empfangsgeräte auf Genauigkeit und Funktionalität zu testen – oder sogenannte Softwareradios verwenden. Softwareradios sind Funkgeräte, die sich individuell programmieren lassen und eingesetzt werden, um Funksignale der Satelliten an einem Ort aufzuzeichnen und an einem anderen Ort zu einem anderen Zeitpunkt wieder abzuspielen.

Was passiert bei einem Manipulationsangriff auf GPS? Beispielsweise kann die berechnete Position des Empfangsgerätes verändert werden, d. h., das Gerät gibt dann statt der eigentlichen Position einen anderen, Meter oder Kilometer entfernten Ort aus. Das hat direkte Konsequenzen für die Navigation, die dann nicht mehr oder nur fehlerbehaftet funktioniert. Angriffe auf GPS beinhalten jedoch nicht nur Manipulationen der Position, d. h. der x-, y- und z-Koordinaten eines Empfangsgerätes, sondern auch Manipulationen seiner Zeitsynchronisation. Denn jeder Positionsbestimmung mit GPS ist inhärent, dass auch die Zeit des Empfangsgerätes mit jener der Satelliten synchronisiert werden muss. Dies ist erforderlich, um die Laufzeiten der Signale exakt bestimmen zu können, denn schon bei einem Synchronisationsfehler von nur einer Mikrosekunde liegt die ermittelte Entfernung des GPS-Empfängers zum Satelliten rund 300 Meter neben der tatsächlichen. Mit anderen Worten: Der Zeitbestimmung durch GPS ist nicht (blind) zu trauen. Macht man sich bewusst, wo GPS überall verwendet wird, sollte dies zumindest vorsichtig stimmen. Denn neben der klassischen Anwendung in Transportmitteln wie Frachtschiffen und Flugzeugen zur Positionsbestimmung und Navigation, findet GPS-basierte Zeitbestimmung auch Einsatz in Kraftwerken, städtischen Infrastrukturen, Kommunikationsnetzwerken, Bankoperationen, Börsentransaktionen etc. In vielen dieser Anwendungsfälle kommen immobile Empfangsgeräte zum Einsatz, die eine exakte Zeitsynchronisation benötigen – wird diese manipuliert, kann das zu weitreichenden Konsequenzen führen, insbesondere dann, wenn eine Vernetzung von GPS-Systemen vorliegt.

Fazit zur (Un-)Sicherheit von Funksystemen

Viele Angriffsgefahren werden erst durch die Digitalisierung und IT-Vernetzung von Funksystemen ermöglicht. Ehemals waren diese Systeme entweder nicht vorhanden oder schwer angreifbar, da sie von anderen Netzwerken abgeschottet waren. Ohne Vernetzung und Funkverbindungen gibt es weniger Angriffsmöglichkeiten, aber eben auch weniger Funktionalitäten. Bestehende Systeme müssen gegen Angriffe auch aus der Ferne geschützt werden. In Feldern wie Elektromobilität, Smarte Energie oder Industrie 4.0 geht es neben Zuverlässigkeit auch besonders um Sicherheit, deren Gewährleistung neue Schutzkonzepte erfordert, die einen sicheren und zuverlässigen Betrieb garantieren.

Literatur

Apel, P. (2008). Potentialanalyse industrieller Funkanwendungen im Nahbereich in Berlin. Berlin: TSB Innovationsagentur Berlin GmbH. Verfügbar unter: www.berlin.de/projektzukunft/fileadmin/user_upload/pdf/pr%C3%A4sentationen/Abschlussbericht_Funkanwendungen_Nahbereich_-Kurzf.pdf [19.01.2015].

Checkoway, S., McCoy, D. & Kantor, B. (2011). Comprehensive Experimental Analyses of Automotive Attack Surfaces. Verfügbar unter: http://www.autosec.org/pubs/cars-usenixsec2011.pdf [19.01.2015].

Francillon, A., Danev, B. & Capkun, S. (2011). Relay Attacks on Passive Keyless Entry and Start Systems in Modern Cars. Verfügbar unter www.isoc.org/isoc/conferences/ndss/11/slides/2_1.pdf [19.01.2015]

Halperin, D. et al. (2008). Pacemakers and Implantable Cardiac Defibrillators: Software Radio Attacks and Zero-Power Defenses. Verfügbar unter: www.secure-medicine.org/public/publications/icd-study.pdf [19.01.2015].

Mattern, F. (2005). Allgegenwärtige und verschwindende Computer. Praxis der Informationsverarbeitung und Kommunikation (PIK). 28(1). 29–36.

Tippenhauer, N. O., Pöpper, C., Rasmussen, K. B. & Capkun, S. (2011). On the Requirements for Successful GPS Spoofing Attacks. Verfügbar unter: http://www.syssec.ethz.ch/research/ccs139-tippenhauer.pdf [24.01.2015].

Sicherheit und Recht

Hans-Jörg Albrecht
Freiheit und Innere Sicherheit?

Freiheit und Innere Sicherheit sind Themen, die seit langer Zeit diskutiert werden und natürlich auch sehr kontrovers diskutiert werden. Da sich das gesamte thematische Feld zu Freiheit und Innerer Sicherheit kaum aufzeigen lässt, müssen Schwerpunkte gesetzt werden. Nach einer Einführung soll im Folgenden die Frage diskutiert werden, die mit dieser Gegenüberstellung von Freiheit und Sicherheit, oder Innerer Sicherheit, in der Regel zusammenhängt – nämlich die Frage der Abwägungsprozesse. In einem zweiten Teil sollen Überlegungen erörtert werden, wie Sicherheit überhaupt gemessen oder beobachtet werden kann, und zum Schluss will ich auf ein Thema kommen, das in den letzten Jahren eine sehr große Rolle gespielt hat – insbesondere auch in der Rechtsprechung des Bundesverfassungsgerichtes –, nämlich die Frage, wie man Sicherheitsgesetzgebung und Sicherheitspolitik untersuchen kann, wie man feststellen kann, welche Folgen die Politik der Inneren Sicherheit hat, und zwar einerseits für die Sicherheit und andererseits für die Freiheit.

Zur Einführung

- Sicherungsverwahrung und gefährliche Sexualstraftäter
- Vorratsdatenspeicherung und Prävention/Aufklärung von schwerer (organisierter) Kriminalität und extremer Gewalt
- Antiterrordatei und terrorismusaffine Menschen
- Rasterfahndung und „schlafende Terroristen"
- Pönalisierung des Aufsuchens von „Terrortrainingscamps"
- *„Torture light"* und Folterverbot

Die angegebenen Stichworte deuten bereits auf Konflikte hin, denn zu jedem dieser Stichworte gibt es eine oder mehrere Entscheidungen des Bundesverfassungsgerichtes, teilweise auch des Europäischen Gerichtshofes für Menschenrechte. Und in allen diesen Bereichen, die durch die Stichworte beschrieben werden, geht es natürlich um Fragen der Sicherheit, der Freiheit und der Freiheitsrechte. Vor allem die Diskussion über die Sicherungsverwahrung für gefährliche Sexualstraftäter hat in Deutschland seit der zweiten Hälfte der 1990er-Jahre die Sicherheitsdebatte bestimmt (Deutscher Bundestag 2008: 1). Nicht zuletzt durch die grundlegende Entscheidung des Europäischen Gerichtshofes zur nachträglichen Sicherungsverwahrung und der damit verbundenen Entscheidung des Bundesverfassungsgerichtes sowie sich daran anschließende Entscheidungen wurden kontroverse Diskussionen ausgelöst, da infolgedessen einigen zu Unrecht oder gegen die Standards der Europäischen Menschenrechtskonvention verwahrten Straftätern Schadensersatz zugesprochen wurde. Die Vorratsdatenspeicherung ist ein weiteres Thema, das in den letzten Jahren viele Menschen und auch das Parlament bewegt hat. Das Bundesverfassungsgericht hat sich in dieser Frage wiederum eindeutig positioniert. Jede Person, die einen Internetzugang hat oder die Mobiltelefone benutzt, muss damit rechnen – das haben in den letzten Monaten die Enthüllungen über die Erfassung von Kommunikationsdaten durch die National Security Agency (NSA) in den USA gezeigt –, dass aus Gründen der Sicherheit bzw. zur Herstellung der Sicherheit in Freiheitsrechte – hier das Telefongeheimnis und die Privatsphäre – eingegriffen wird. Die Antiterrordatei ist ebenso ein Thema, das in den letzten Jahren sehr viele Konflikte hervorgerufen hat. Hier geht es um die Methode der Rasterfahndung und das Aufspüren von „schlafenden" Terroristen. Vielleicht ist noch in Erinnerung, dass nach dem 11. September 2001 versucht wurde, sogenannte „Schläfer" zu identifizieren. Man hat hierfür massenweise Daten aus Universitätsinformationssystemen und anderen Datenbanken zusammengeführt. Eine weitere Diskussion entspann sich um das Folterverbot. Der Fall des damaligen stellvertretenden Frankfurter Polizeipräsidenten Wolfgang Daschner, aber auch die amerikanischen Praktiken im Irak und in Afghanistan haben zu der Frage geführt, ob und inwieweit zwar nicht Folter, aber verschärfte Vernehmungsmethoden (oder „Folter light") für Sicherheitszwecke benutzt werden dürften (Rückert 2004). Auch das greift natürlich – und das ist unbestritten – in Freiheitsrechte ein. Man könnte diese Liste weiterführen. Aus den letzten 15 Jahren gibt es eine ganze Reihe von Entscheidungen des Bundesverfassungsgerichtes, die sich immer wieder mit Sicherheitspolitik, Sicherheitsgesetzgebung und Sicherheitspraktiken beschäftigt haben. Und sehr häufig wurden in diesen Entscheidungen der Gesetzgeber zur Ordnung und der Verhältnismäßigkeitsgrundsatz in Erinnerung gerufen. Das Bundesverfassungsgericht hat damit etwas getan, was auch im Mittelpunkt der nächsten Ausführung stehen wird: Es hat Fragen der Abwägung aufgeworfen. Denn Zusammenhänge zwischen Sicherheit und Freiheit leiten sich – und das ist eine jahrhundertealte Geschichte – aus der Entstehung der Zentralgewalt, der Monopolisierung der Gewalt und der damit zusammenhängenden Legitimation von Herrschaft ab. Der Staat hat auf der einen Seite Gewalt monopolisiert und verspricht dafür auf der anderen Seite – das ist der grundlegende Vertrag – Sicherheit für den einzelnen Bürger, denn die Bürger dürfen – und das ist die Konsequenz – selbst nicht mehr gewalttätig werden.

Zusammenhänge zwischen Sicherheit und Freiheit

Dies führt auch dazu, dass man ohne Weiteres den Schluss ziehen kann, dass Sicherheit und Freiheit unmittelbar miteinander verbunden sind. Die Sicherheit, die durch die Schutzfunktion der Zentralgewalt offensichtlich gewährleistet werden soll, hängt sehr eng mit Freiheit und Freiheitsrechten und dem Gebrauch von Freiheitsrechten zusammen. Denn ohne Sicherheit, ohne Innere Sicherheit, kann natürlich auch keine Freiheit entstehen. In den 1960er-Jahren gab es hierzu bereits Debatten, die sich durchaus in die heutigen Auseinandersetzungen einfügen lassen. Auch damals ging es um die Frage des Verhältnisses von Sicherheit und Freiheit. Und zwar im Zusammenhang mit dem Vergleich von Systemen. In Westdeutschland konnte man in den 1960er- und 1970er-Jahren sehr häufig lesen, dass die im Westen sehr viel stärker ansteigende Kriminalität im Vergleich zum Osten des Landes der Preis der Freiheit sei: Also, anders ausgedrückt, Unsicherheit, die durch Kriminalität verursacht wird, sei der Preis der Freiheit. Allerdings war diese Auffassung damals sehr stark bedingt durch einen Systemvergleich, denn auf der anderen Seite „des Vorhanges" befand sich die DDR und mit ihr der gesamte Block der sozialistischen Staaten – Systeme, gekennzeichnet durch ein autoritäres Regime und wenig Freiheit, gleichzeitig dafür aber auch durch sehr viel weniger Kriminalität. In den 1960er-, 1970er- und 1980er-Jahren wurde das liberale oder das moderne Strafrecht, das im 19. Jahrhundert entstand und sich im 20. Jahrhundert entfaltete und das im Kern auch die Innere Sicherheit garantieren sollte, viel deutlicher betont, als dies heute der Fall ist. Das Strafrecht soll ein Freiheitsrecht sein. Das Strafverfahrensrecht gilt als Magna Charta (des Straftäters), als etwas, das Freiheit erlaubt und Freiheit gleichermaßen garantiert. Das zeigt sich insbesondere in einem Satz, der vor allem durch das liberale Strafrecht des 19. Jahrhunderts und auch des 20. Jahrhunderts geprägt worden ist: Das Strafrecht soll einen fragmentarischen Charakter haben. Fragmentarischer Charakter bedeutet in diesem Zusammenhang, Handlungen nur an absolut notwendigen Stellen unter Strafe zu stellen und nicht flächendeckend Verbote zu setzen. Nur das, was unbedingt notwendig ist, wird bestraft oder unter Strafandrohung gestellt. Und feste Grenzen werden insbesondere auch dadurch gesetzt, dass das Strafrecht und der in Form von Strafverfolgungsmaßnahmen erfolgende Eingriff in die Freiheitsrechte erst durch zwei ganz wesentliche Konzepte begründet werden können: durch die strafrechtliche Schuld eines Menschen sowie durch einen Tatverdacht. Erst ein Tatverdacht kann bestimmte Eingriffe, z. B. eine Hausdurchsuchung, Festnahme oder Inhaftierung, auslösen, die in der Strafprozessordnung vorgesehen sind. Das beginnt sich in den 1980er- und 1990er-Jahren allerdings zu verändern. Und wenn man insbesondere die Debatten über die Sicherungsverwahrung nachverfolgt, die sich seit etwa 1998 entwickelt haben, dann zeigt sich, dass das Strafrecht zunehmend eine Aufgabe übernimmt, die es an sich nie hatte. Es übernimmt die Aufgabe, Sicherheit zu gewährleisten. Darüber hinaus wird die Kriminalpolitik, z. B. im Zusammenhang mit Sicherheitsverwahrung oder anderen Sicherheitsgesetzgebungen, dazu herangezogen, Sicherheitslücken zu schließen.

Wie werden „innere" Sicherheitslücken geschlossen?

Es werden immer häufiger Sicherheitslücken entdeckt, die dann durch neues Strafrecht geschlossen werden. Das widerspricht natürlich dem bereits angesprochenen Anspruch, dass das Strafrecht fragmentarischen Charakter besitzen soll. Die Schließung von Sicherheitslücken ist tatsächlich zu einem Programm geworden, dem in der Bearbeitung von Themen hinsichtlich der Inneren Sicherheit mittlerweile eine sehr große Bedeutung zugewiesen wird, um Antworten auf die Frage „Wie werden innere Sicherheitslücken geschlossen?" zu geben. Im Wesentlichen gibt es zwei Ansätze, wenn es um Innere Sicherheit geht: einmal den sogenannten materiell-rechtlichen Ansatz, bei dem es um die Festlegung von Straftatbeständen geht. Und das sind insbesondere in den letzten zehn, fünfzehn Jahren im Bereich der Inneren Sicherheit Straftatbestände gewesen, die die Strafbarkeit vorverlagern. Hier hat vor allem ein Typus von Straftatbestand Bedeutung erlangt, den man als Gefährdungsdelikt bezeichnet. Es wird bei solchen Straftatbeständen nicht – so wie es im klassischen Strafrecht an sich immer üblich gewesen ist – eine begangene Tat wie z.B. die Tötung oder Verletzung eines Menschen bestraft, sondern die Setzung eines Risikos. Mit solchen Risikotatbeständen ist man beispielsweise im Straßenverkehr konfrontiert, wenn man Alkohol konsumiert hat und am Straßenverkehr teilnimmt. Auch wenn man mitunter das Gefühl hat, mit 1,0‰ noch sehr gut Auto fahren zu können, sieht der Gesetzgeber hier einen Risikotatbestand erfüllt und sagt: „Egal wie gut man fährt oder ob man irgendwelche Schäden anrichtet, es reicht, wenn der Alkohol in entsprechendem Umfang im Blut ist." Im Zusammenhang mit innerer Sicherheitspolitik hat sich vor zwei Jahren ein neuer Tatbestand im Bereich des Terrorismus ergeben: der Tatbestand des Aufsuchens und des Verbleibens in einem Terrortrainingscamp mit der Absicht, ein Terrortraining zu absolvieren und unter Umständen das Gelernte dann später einzusetzen. Das ist ein typischer Vorfeldtatbestand. Hier geht es darum, jemanden nicht wegen eines Terroranschlages, sondern wegen der Vorbereitung eines möglicherweise in der Zukunft stattfindenden Terroranschlages zu bestrafen. Im zweiten Ansatz geht es um Verfahren, wie Sicherheitslücken geschlossen werden können. Dies erfolgt im Wesentlichen dadurch, dass die entsprechenden Informationen über Risiken und Gefahren erhoben werden. Und hier gibt es verschiedene Zugänge, die unter anderem darin bestehen, dass verschiedene Informationsbestände zusammengeführt werden. Die Antiterrordatei, die ich vorher erwähnt habe, ist z.B. so eine Zusammenführung von Informationen der Geheimdienste auf der einen Seite und Informationen der Polizei auf der anderen Seite. Alle haben unter Umständen relevante Daten. Diese werden in einer gemeinsamen Datei erfasst, um möglichst umfassende Datensätze zu erhalten und allen den Zugriff darauf zu geben. Ebenfalls von Bedeutung ist in diesem Zusammenhang ein erleichterter Zugang zu Informationen, der eine grundsätzliche Voraussetzung für den Zugriff auf Freiheitsrechte und die Beschränkung dieser Rechte darstellt. Damit sind solche Informationsbeschaffungsmöglichkeiten gemeint, die außerhalb von Situationen liegen, die von einem Tatverdacht geprägt sind. Eine weitere Möglichkeit, Gefahren besser ermitteln zu können, sind Früherkennungssysteme. Sie werden in vielen Bereichen eingesetzt, um Naturkatastrophen und vor allem die Schadensfolgen daraus zu begrenzen. Auch im Zusammenhang mit Gewalt, terroristischer Gewalt und Amokläufen versucht man, Früherkennungssysteme zu schaffen. Noch etwas anderes befindet sich seit Jahrzehnten im Aufbau und wird auch im Bereich der Inneren Sicherheit verstärkt eingesetzt: die verdeckte Informationsbeschaffung – also das, was die NSA in den USA offensichtlich in ganz weitem Umfang betrieben hat. Dies bedeutet einen Zugriff auf Informationen über Kommunikation in Form von Telekommunikation, Internetverbindungen usw., ohne dass die Betroffenen etwas davon wissen. Eine weitere Entwicklung, die sich mit der Schließung von Sicherheitslücken befasst, sind die sogenannten Gefährderprogramme, die es seit etwa 15 Jahren gibt. Diese knüpfen nicht an einen Tatverdacht an, sondern an den Verdacht, dass eine Person Gewalttaten oder andere Straftaten begehen könnte. Fußballhooligans fallen z. B. unter derartige Gefährderprogramme. Aber auch Personen, von denen man annimmt, dass sie sehr engen Kontakt zu Terroristen- oder Extremistengruppen haben. Im Übrigen gibt es solche Gefährderprogramme auch im Zusammenhang mit jugendlichen Intensivtätern. Hier wird etwas umgesetzt, was in dem traditionellen Programm der Inneren Sicherheit, das ganz wesentlich auf einfaches Polizeirecht und das Strafrecht setzt, so gar nicht möglich gewesen wäre. Personen werden als sogenannte Gefährder eingestuft, wenn davon ausgegangen werden kann, dass diese Personen in näherer Zukunft schwere Straftaten zu begehen versuchen könnten oder vermehrt Straftaten begehen werden. Hier kommt es zu einer Integration von Strafrecht auf der einen Seite und dem Polizeirecht sowie der Gefahrenabwehr auf der anderen Seite.

Wandel der Inneren Sicherheit

Nun soll kurz darauf eingegangen werden, was mit dieser Schließung von Sicherheitslücken verbunden ist. Vor einigen Jahren wurde das Bundeskriminalamtgesetz verändert. Dem Bundeskriminalamt sind nunmehr Möglichkeiten der Erhebung von personenbezogenen Informationen eingeräumt – und zwar bezogen auf solche Personen, für die Tatsachen die Annahme rechtfertigen, dass sie eine terroristische Straftat begehen wollen. Ermittlungen der Polizei sind nach der Strafprozessordnung eigentlich nur dann möglich, wenn ein Tatverdacht besteht. Das Bundeskriminalamtgesetz wurde also verändert, um in das „Vorfeld von Straftaten" gehen zu können. Eine Straftat muss demnach noch nicht begangen sein; es reicht aus, dass festgestellt werden kann, dass eine Person eine Straftat begehen will. Insoweit drängt sich die interessante Frage auf: Wie kann man eigentlich feststellen, dass eine Person eine Straftat begehen will? Wir wissen natürlich, dass die meisten Menschen irgendwann einmal in ihrem Leben eine Straftat begehen – meistens Kleinigkeiten, nichts Schwerwiegendes. Jedoch ist eine Vorhersage offensichtlich doch recht schwierig. Was das Vorfeld von Straftaten betrifft, so wird in diesem Zusammenhang mit sogenannten Strukturermittlungen gearbeitet. Das betrifft im Kern organisierte Kriminalität und kriminelle Netzwerke. Diese sollen durch Strukturermittlungen sichtbar gemacht werden, also durch die Untersuchung von Beziehungen zwischen Personen, die sich unter Umständen mit terroristischen Aktivitäten, Rauschgifthandel usw. befassen. Im Zusammenhang mit der Antiterrordatei wird dieser Ansatz sehr deutlich erkennbar. Umfassende Informationssammlungen sollen dazu dienen, dass Vorfeldermittlungen, also Strukturermittlungen überhaupt erst möglich werden. Das Verständnis von Innerer Sicherheit beginnt sich ebenfalls zu wandeln. Dieser Wandel ist in den letzten zehn Jahren insbesondere in der Politikwissenschaft sehr gut ausgearbeitet worden. Man kann ihn in Form von Verschiebungen und von Erweiterungen beschreiben. Die klassische Innere Sicherheit hat sich ursprünglich auf die Vorstellung bezogen, dass bestimmte Bestrebungen, Aktivitäten oder Handlungen die Grundfeste des Staates bzw. der staatlich verfassten Gesellschaft angreifen und damit die Innere Sicherheit in ihrem Bestand betreffen. Diesbezüglich ergeben sich Verschiebungen weg von der Konzentration auf die Bedrohung der Grundlagen hin zur Einbeziehung von allgemeiner Kriminalität, von verschiedenen

Formen schwerer Kriminalität und insbesondere von Gewalt. Beim Angriff auf die Grundlagen der staatlich verfassten Gesellschaft ist der Kern der politischen Kriminalität – der gewalttätige Umsturz, die gewalttätige Veränderung von Gesellschaften –, die tatsächlich eine Gesellschaft und die staatlichen Institutionen trifft, gemeint. Eine Verschiebung entsteht teilweise auch durch die Hinwendung zu Gefahren und Risiken. Sichtbar wird dies insbesondere, betrachtet man die Vermittlung von Terrorismusgefahren an die Öffentlichkeit. In den USA werden beispielsweise durch bestimmte Farbtöne unterschiedliche Risiken terroristischer Anschläge angezeigt. Dies basiert auf der Prognose von Anschlägen und bewegt die Innere Sicherheit hin zu eher abstrakten Risiken. Etwas, das im Zusammenhang mit Innerer Sicherheit offensichtlich große Bedeutung bekommt, sind Ereignisse, die man als Low-Probability-High-Impact-Ereignisse bezeichnet. Damit sind Ereignisse gemeint, die auf der einen Seite massive Auswirkungen, auf der anderen Seite aber nur eine sehr niedrige Wahrscheinlichkeit des Eintritts haben. Sexualmorde an Kindern, terroristische Gewalt oder extreme Gewalt im Allgemeinen stellen solche Ereignisse dar. Sexualmorde an Kindern werden in Deutschland ein- bis dreimal pro Jahr registriert (Bundeskriminalamt). Sie sind also sehr selten, bedenkt man die Einwohnerzahl von etwa 82 Millionen, haben aber extreme Auswirkungen in der Öffentlichkeit, in den Medien und natürlich auch auf die Familie oder die Gruppe von Menschen, die durch diese Ereignisse betroffen sind (Kaiser 2014). Weiterhin gibt es eine Verschiebung vom öffentlichen Gut der Inneren Sicherheit hin zu einem privaten Gut der Sicherheit. Sicherheit wird teilweise privatisiert und damit zu einem privaten Gut. Die Erweiterungen bestehen dann insbesondere darin, dass zunehmend äußere Sicherheitselemente einbezogen werden. Das ist bei transnationaler organisierter Kriminalität fast selbstverständlich. Hier kommt es dazu, dass die Grenzen zwischen Innerer und Äußerer Sicherheit etwas verschwimmen und undeutlich werden. Und es kommt zunehmend zu etwas, das im Zusammenhang mit Sicherheit große Bedeutung hat: Es werden weiche Indikatoren einbezogen wie Sicherheitsgefühle oder die Wahrnehmung von Sicherheit. Wenn Freiheit und Sicherheit, Innere Sicherheit, thematisiert werden, dann kommt es schließlich zu der Vorstellung, man müsse abwägen: zwischen Freiheit oder Freiheitsrechten auf der einen Seite und der Sicherheit der Bürger auf der anderen Seite.

Abwägungen und Balancen

Und die erste Frage, die sich dann stellt, ist: Können hier überhaupt Abwägungen erfolgen? Denn eine Abwägung ist natürlich dann schwierig, wenn das, was abgewogen werden soll, in der gleichen Waagschale liegt. Denn – das wurde bereits angesprochen – es gibt ein Recht auf Sicherheit, es gibt ein Recht auf Leben und es gibt ein Recht darauf – und der Europäische Gerichtshof für Menschenrechte betont es in beständiger Rechtsprechung, so wie das Bundesverfassungsgericht auch –, dass sich der Staat für diese Rechte der Bürger einsetzt und dafür sorgt, dass das Recht auf Leben und das Recht auf Freiheit auch effektiv durchgesetzt werden.

An diesem Punkt entstehen gewisse Probleme, denn eine Abwägung im eigentlichen Sinn ist kaum durchzuführen. Die Abwägung kann zudem durch Emotionen und verschiedene Interessen beeinflusst werden, kann mehr oder weniger durch Emotionen aufgeladen sein.

Als Zweites ergeben sich folgende Fragen: Was darf überhaupt in die Waagschale fallen? Was darf auf der Sicherheitsseite als relevant einbezogen werden? Dürfen z.B. Sicherheitsgefühle und Sicherheitserwartungen in die Abwägung Eingang finden? Und welche Freiheitsrechte sollen einbezogen werden, und mit welchem Gewicht? In den letzten Jahren wird immer häufiger diskutiert, ob Abstriche am Gewicht der Rechte gemacht werden sollen, wenn die Betroffenen, die Rechteinhaber, offensichtlich gar kein Interesse an diesen haben. Gerade im Zusammenhang mit dem Schutz von personenbezogenen Daten ist diese Diskussion immer wieder geführt worden. Ist ein Recht überhaupt noch der Durchsetzung und der Abwägung wert, wenn offensichtlich die Rechteinhaber keinen so großen Wert mehr darauf legen? Die dritte Frage ist: Dürfen Sicherheit und Freiheit überhaupt gegeneinander abgewogen werden? Da gibt es mitunter unterschiedliche Positionen: von sehr radikalen Meinungen, die unter keinen Umständen eine Abwägung zulassen wollen, bis hin zu solchen Meinungen, die beispielsweise auch Folter unter bestimmten Bedingungen zulassen würden – nach der Untersuchung von Abwägungsgesichtspunkten. Es wird argumentiert, dass abgewogen werden darf, wenn menschliches Leben in Gefahr ist und die Informationserzwingung offensichtlich durch Folter möglich ist. Das Bundesverfassungsgericht hat im Zusammenhang mit Grenzen der Abwägung eine interessante Entwicklung eingeleitet, indem von einem Kernbereich von Grundrechten ausgegangen wird, der unter keinen Umständen angetastet werden darf. Abwägungen zwischen Sicherheit und Freiheitsrechten dürfen demnach nur außerhalb der Kernbereiche stattfinden.

Die Aufladung von Abwägung

Die Aufladung der Abwägung erfolgt im Wesentlichen durch zwei Mechanismen. Für die erste Variante der Mechanismen ziehe ich die Strategie der Europäischen Union zur Inneren Sicherheit aus dem Jahr 2010 heran. Darin heißt es: „Die Möglichkeiten, die eine freie demokratische und rechtsstaatliche Gesellschaft bietet, schaffen Wohlstand unter den Bürgern Europas. Aber diese Möglichkeiten beinhalten auch Risiken, da Terroristen und andere Kriminelle danach trachten, diese Freiheit zu zerstörerischen und böswilligen Zwecken zu missbrauchen." (Rat der Europäischen Union 2010: 4) Damit wird eine Gegenüberstellung von allen Bürgern gegen wenige bzw. die anderen vorgenommen. Bürger stehen auf der einen Seite, Kriminelle auf der anderen Seite. Damit wird auch eine Abwägungsfigur angesprochen, die in Sicherheitsdebatten recht häufig Verwendung findet. Eine zweite – und ich denke auch sehr wirksame und unter Umständen ebenso legitime – Aufladung erfolgt durch die Einbeziehung der Opfer. Sicherheitsfragen werden in aller Regel im Zusammenhang mit Opfern und der Vermeidung von Opferleiden aufgeworfen. Und dadurch erfolgt natürlich eine teils emotionale, teils interessengeleitete Aufladung der Abwägungen. Was wiegt schwerer, wenn es um die Sicherheit und um besondere Gefahren geht? Die Leiden der potenziellen Opfer oder die Freiheitsrechte? Im Wesentlichen betrifft die heutige Diskussion um nationale Sicherheit und Sicherheit auf der europäischen Ebene zwei Bereiche. Zum einen handelt es sich um Transaktionsstraftaten, also das, was in der Regel als organisierte Kriminalität und damit Schwerkriminalität bezeichnet wird. Das ist der Handel (Transaktionen) mit Menschen, Waffen, Drogen, Umweltgütern usw. Zum anderen sind das die bereits erwähnten Verbrechen, die wegen extremer Gewalttätigkeit massive Auswirkungen haben, aber sehr selten sind. Mit solchen Straftaten und solcher Gewalt gehen in der Regel auch große politische Risiken einher, weil in diesem Zusammenhang immer die Fragen gestellt werden: Wer ist dafür verantwortlich? Hätte das vermieden werden können? Diese Fragen werden immer dann aufgeworfen, wenn Amokläufe oder terroristische Anschläge stattgefunden haben. Zur Beantwortung der Frage „Hätte das vermieden werden können?" werden anschließend regelmäßig Untersuchungskommissionen eingesetzt. Und es werden dann in aller Regel – das sieht man beim Anschlag vom 11. September 2001 ebenso wie bei den Amokläufen von Erfurt und Winnenden – Defizite festgestellt und unter Umständen Verantwortlichkeiten erkannt. Die Frage des Abwägens ist im Zusammenhang mit Kriminalität auch mit bestimmten Risiken verbunden, weil – und das hat der englische Soziologe Zygmunt Bauman in verschiedenen Untersuchungen beschrieben – sich Kriminalität, insbesondere schwere Kriminalität und Gewalt, offensichtlich gut als Projektionsfläche eignet (Bauman 2001). Und das kann dazu führen, dass sich allgemeine Ängste, solche, die mit sozialer und mit wirtschaftlicher Unsicherheit zu tun haben, der Kriminalität und den Straftätern zuwenden. Diese bieten Projektionsflächen und –wie Bauman sagt– sie ermöglichen einen Transfer von Angst hin zu diesen Bereichen.

Ein europäisches Sicherheitsmodell

Das europäische Sicherheitsmodell, das Modell der Inneren Sicherheit der Europäischen Union, gibt in Bezug auf Bedrohungen und Strategien gegen diese Bedrohungen ziemlich eindeutige Hinweise: Die Bedrohungen betreffen im Kern schwere Kriminalität, Terrorismus und organisierte Kriminalität. Es geht allerdings auch um grenzüberschreitende Formen von Kriminalität. Die Strategien – und damit sind wiederum die Freiheits- und die Sicherheitsfrage betroffen – betonen zum einen Grundrechte und Menschenrechte. Zum anderen wird etwas betont, das vor allem auf der Ebene der Zusammenarbeit in der Europäischen Union große Bedeutung hat und noch größere Bedeutung bekommen wird: die Information als Schlüssel für Sicherheit einerseits und das Verfügbarkeitsprinzip andererseits. Das Verfügbarkeitsprinzip bedeutet, dass dort, wo Daten zur Verfügung stehen, diese auch der gesamten Union zur Verfügung gestellt werden sollen, um Gefahren für die Sicherheit abzuwehren. Das hat natürlich gewisse Konsequenzen für das Austarieren von Datenschutz auf der einen Seite und der Nutzung von Daten für die Abwehr von Sicherheitsproblemen oder Gefahren auf der anderen Seite. Die Frage der Aufladung und der Abwägung von Freiheit und Sicherheit hängt natürlich auch sehr stark davon ab, wie bestimmte Gefahren und Risiken wahrgenommen werden. Menschen nehmen sie offensichtlich ganz unterschiedlich wahr. Die Frage, ob man gewisse Gefahren als relevant, als für sich selbst handlungsrelevant, als politisch relevant betrachtet, ist offensichtlich von verschiedenen Kriterien, die gut untersucht sind, abhängig. Diese sollen im Folgenden angesprochen und nachvollzogen werden. Freiwillig eingegangene Gefahren werden in der Regel nicht als sonderlich bedeutsam angesehen. Unfreiwillig eingegangene Gefahren werden wiederum anders beurteilt. Auch werden bekannte von unbekannten Gefahren unterschieden – auch diesbezüglich gibt es unterschiedliche Reaktionen. Von Relevanz ist dann, ob für Gefahren Kontrollierbarkeit oder Nichtkontrollierbarkeit angenommen wird. Bedeutsam ist, ob Gefahren von Menschen ausgehen oder von der Natur oder der Technik – auch das macht gegebenenfalls einen Unterschied. Weiterhin gibt es Gefahren, die angstbesetzt sind, und andere, die nicht sonderlich angstbesetzt sind. Teilweise hängt das natürlich zudem von Persönlichkeitsausprägungen ab. In einigen Fällen wird bei Gefahren danach unterschieden, ob sie akzeptabel sind. Letzteres wurde z. B. im Zusammenhang mit der Sicherungsverwahrung diskutiert. Nach der Freilassung von Sicherungsverwahrten gab es gelegentlich Mahnwachen, durch die natürlich auch mitgeteilt werden sollte: Warum sollen gerade wir dieses Risiko tragen? Warum nicht andere? Warum konzentriert sich das jetzt auf unsere Nachbarschaft? Die gleichen Diskussionen tauchen im Zusammenhang mit riskanter Technik auf, der Nukleartechnik beispielsweise, aber auch dann, wenn es darum geht, eine Strafvollzugsanstalt oder eine psychiatrische Anstalt neu zu bauen. Hier kommt es ebenfalls zu Diskussionen darüber, ob es fair ist, Risiken, wenn sie denn überhaupt bestehen, zu verteilen. Schließlich werden die Wahrnehmung von Gefahren sowie die Frage, wie damit umgegangen wird, und gegebenenfalls auch die Abwägungsprozesse von der Thematisierung bzw. der Nichtthematisierung in den Medien, von der Verständlichkeit oder Unverständlichkeit, also von der Präsentation bestimmter Informationen über Risiken und Gefahren beeinflusst.

Ist Sicherheit messbar?

Die Frage, ob Sicherheit messbar ist, ob es objektive Kriterien für Sicherheit gibt, wird ebenfalls seit langer Zeit diskutiert. Daten, die im Grunde mit Sicherheit zusammenhängen, sind reichlich vorhanden. Es gibt z. B. eine Vielzahl an Daten über Kriminalität. Aber diese sind offensichtlich allein nicht ausreichend. Es gibt einen schönen Satz, der immer richtig sein wird, und der lautet ganz einfach: Es wird immer zu viel Kriminalität geben. Unabhängig davon, wie viel die Polizei an Kriminalität registriert: Es wird immer zu viel sein. Da gibt es nichts hinzuzufügen. Ebenso wird Sicherheit prinzipiell unbegrenzt nachgefragt. Man kann nie genug Sicherheit haben. Und es ist tatsächlich ein Paradoxon: Je sicherer die Menschen leben, desto mehr Sicherheit verlangen sie. Auch hier entstehen gewisse Probleme für die Frage: Können überhaupt objektive Sicherheitsfaktoren oder -indikatoren eingesetzt werden? Das hängt natürlich mit der Orientierung an Gefahren und Risiken zusammen, die mit allgemeinen Problemen der Prognose und ihrer Unsicherheiten verbunden sind. Vielleicht folgt aus diesen Problemen auch, dass sich die Erfassung von Sicherheit zunehmend an Sicherheitsgefühlen orientiert, also an der Sicherheitswahrnehmung und an Einstellungen. Die subjektive Seite der Sicherheit lässt sich einfacher messen und ist auch einfacher zu interpretieren. Wenn Menschen sich unsicher fühlen und wenn sie Angst haben, dann können entsprechende Feststellungen gemacht werden und es kann ein Reaktion darauf erfolgen. Es sollen nun einige Daten vorgestellt werden, die für die Innere Sicherheit eine zentrale Bedeutung haben.

Abbildung 1 beschäftigt sich mit Todesursachen in Deutschland im Jahr 2011 und führt zur Aussage, dass die tödliche Gewalt marginal geworden ist. Die Anzahl der Opfer von tödlicher Gewalt, die durch Fremde verursacht worden ist, beläuft sich nach der Polizeilichen Kriminalstatistik auf 92. Als Opfer von tödlicher Gewalt, also von allen vorsätzlichen Tötungsdelikten zusammengenommen, werden 662 Fälle gezählt. Demgegenüber stehen ca. 10.000 Suizidfälle, ca. 4.000 Tote im Straßenverkehr und 20.000 Todesfälle, die durch allgemeine Unfälle verursacht wurden (Bundeskriminalamt 2011).

Abbildung 1: Todesursachen Deutschland 2011 – Die Marginalisierung von Gewalt (Todesursache/Anzahl).

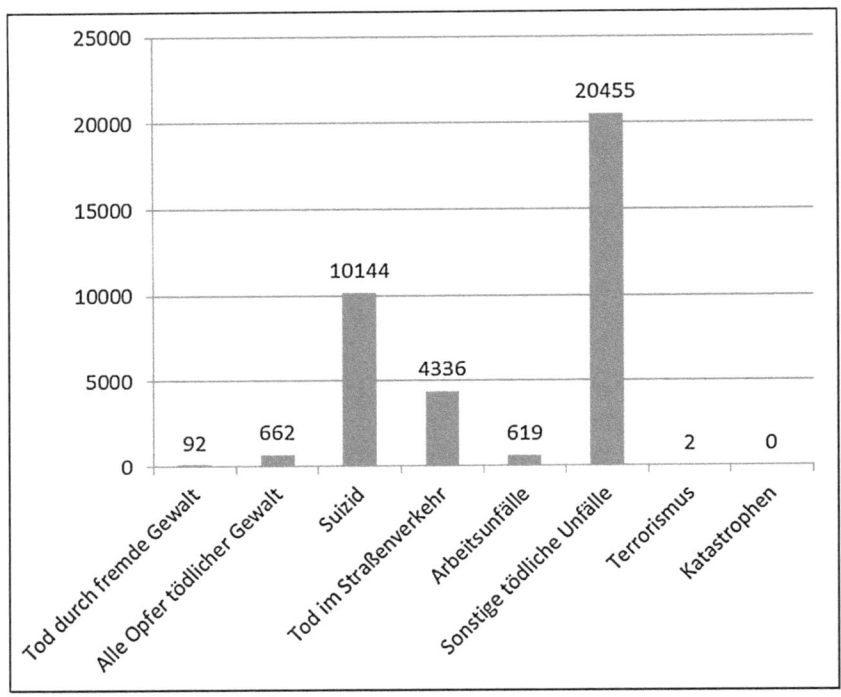

Quelle: Bundeskriminalamt (2011).

Den meisten Opfern von Mord und Totschlag waren die Täter bekannt. Tötungsdelikte sind im engeren Umfeld angesiedelt, also in der Familie oder unter Bekannten. Diese Konzentration von tödlicher Gewalt auf das soziale Umfeld kann auch in anderen europäischen Ländern beobachtet werden. Aber in Kolumbien beispielsweise sieht das ganz anders aus. Da ist das Verhältnis umgekehrt. Dort findet die tödliche Gewalt überwiegend zwischen Fremden statt. Durch Terrorismus starben in Deutschland im Jahr 2011 zwei Menschen – zugetragen hat sich dieser Fall am Frankfurter Flughafen (Zeit 2012).

Man sieht also hinsichtlich der Todesursachen, dass die Gewalt selbst marginal geworden ist. Und diese Marginalisierung der Gewalt charakterisiert in Westeuropa seit Jahrzehnten die gesellschaftliche Situation. Insoweit müsste man eigentlich sagen: Sicherheit ist vorhanden und die Wahrscheinlichkeit, durch fremde Gewalt umzukommen, tendiert gegen null. Und dies wird noch deutlicher, wenn es um terroristische Gewalt geht.

In der folgenden Abbildung 2, die auf mehreren Informationssystemen basiert, ist die Entwicklung der terroristischen Ereignisse und der auf Terrorakte zurückzuführenden Verletzten und Toten zwischen 1968 und 2012 in Deutschland dargestellt. Was sieht man hier? Einerseits liegen zahlenmäßig enorme Schwankungen vor. Andererseits gehen die Zahlen aber insgesamt tendenziell zurück. Von den 1960er- über die 1970er- bis in die 1980er-Jahre gibt es im Durchschnitt mehr Tote durch terroristische Anschläge als in den 1990er-Jahren. Auch hier sieht man jedoch: Es handelt sich um sehr niedrige Zahlen. Und offensichtlich ist, dass die objektiven Daten über Anschläge, terroristische Gewalt sowie Verletzte und Tote, die darauf zurückzuführen sind, in einer Größenordnung anfallen, die kaum quantitativ verarbeitet werden kann.

Mit solchen Daten kann natürlich umgegangen werden; man kann sie interpretieren. Aber es ist schwer, aus solchen Entwicklungen, die knapp 44 Jahre abbilden, Aussagen über Tendenzen oder Trends zu machen. Wenn eine Aussage daraus abgeleitet werden kann, dann die, dass Terror und Terrorfolgen eher rückläufig sind, und dass das Risiko – falls man hier überhaupt von Risiko (und nicht besser von Gefahr) sprechen möchte –, Opfer eines terroristischen Anschlages in Form von Verletzung oder Tod zu werden, verglichen mit der tödlichen Gewalt insgesamt, sehr schwach ausgeprägt ist.

Abbildung 2: Terror in Deutschland: Ereignisse, Verletzte, Tote 1968–2012 (Tote rechte y-Achse/ Jahr).

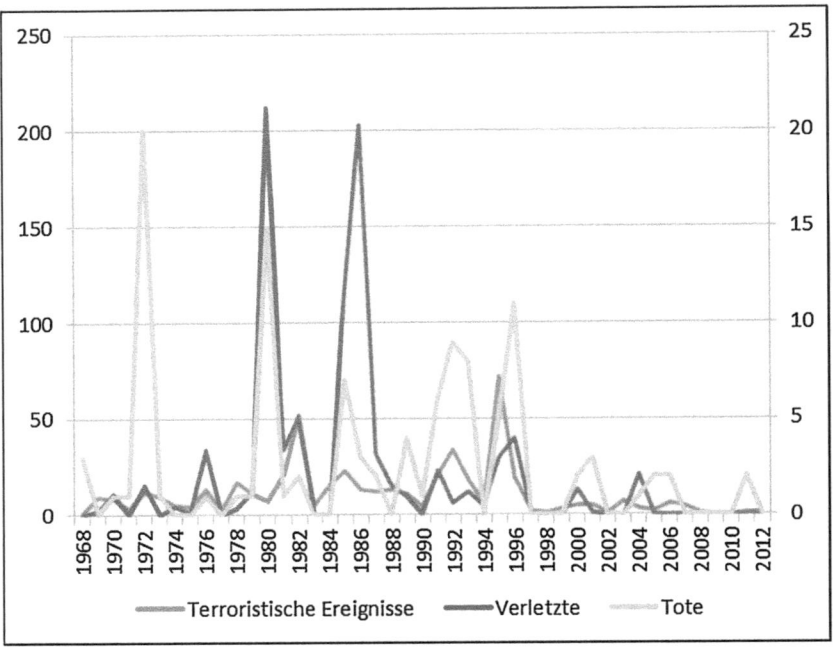

Quelle: Eigene Zusammenstellung (vgl. Rand 2014).

Die langfristige Entwicklung der Tötungsdelikte ist ebenfalls interessant. Abbildung 3 zeigt eine etwa 110 Jahre erfassende Trendlinie, der entnommen werden kann, dass in den letzten 15 Jahren ein sehr starker Rückgang tödlicher Gewalt zu verzeichnen ist. Mehr noch: Langfristig findet offensichtlich relativ wenig Bewegung statt. Tendenziell bewegt sich die Größenordnung tödlicher Gewalt im gesamten 20.Jahrhundert zwischen einer und zwei pro 100.000 Personen. Dies führt zu kaum noch wahrnehmbaren Risiken. Der Rückgang von tödlicher Gewalt hat im Übrigen weit vorher eingesetzt. Bis ins 17. und 18.Jahrhundert lagen die Tötungsdeliktraten sehr viel höher; sie lagen bei 30 bis 40 pro 100.000 Personen. Im 19.Jahrhundert kommt es dann zu diesem starken Abbruch und zur deutlichen Abnahme von tödlicher Gewalt.

Abbildung 3: Opfer individueller (polizeilich registrierter) Gewalt 1900–2012 (Anzahl/Jahre).

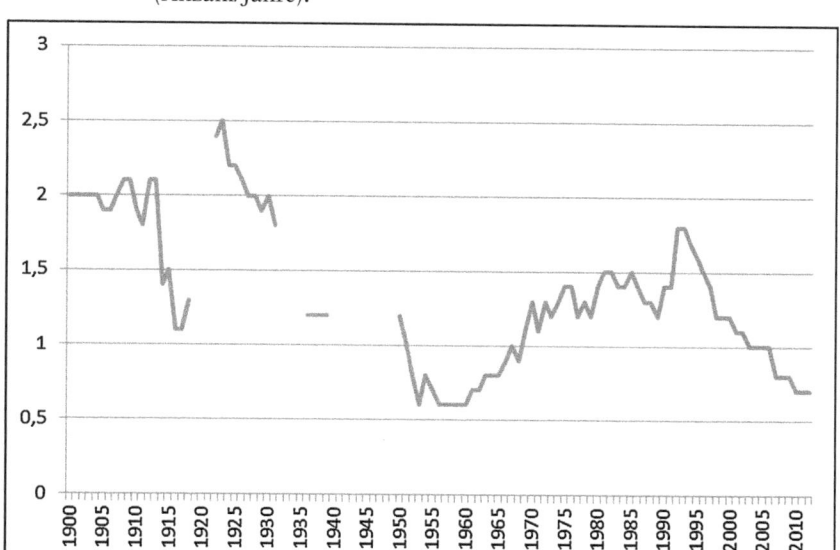

Quelle: Bundeskriminalamt: Polizeiliche Kriminalstatistik.

Das Phänomen der Low-Probability-High-Impact-Ereignisse wird besonders deutlich, wenn man die aus „Tod durch Gewalt insgesamt" und „Tod durch terroristische Anschläge" resultierenden Zahlen in Deutschland miteinander vergleicht. Zwischen 2000 und 2012 gab es hier etwa 10.000 Opfer von tödlicher Gewalt, also Opfer von Mord und Totschlag. Auf terroristische Akte gehen zwölf Todesfälle zurück, die NSU-Fälle einbezogen. Gemessen an der Gesamtzahl der Opfer von tödlicher Gewalt ist das ein verschwindend geringer Anteil. Wenn man die Jahre 1968 bis 2012 betrachtet, dann stehen den etwa 45.000 Toten durch Gewalt etwas mehr als 100 durch terroristische Gewalt getötete Personen gegenüber. Auch durch diesen Vergleich wird ganz deutlich: Es gibt bestimmte Sachverhalte und bestimmte Formen der Gewalt, die sehr viel intensiver Sicherheitsfragen hervorrufen als die normale und alltägliche Gewalt.

Diskrepanz zwischen objektiver und empfundener (subjektiver) Sicherheit

Die Alltagsformen der Gewalt lassen offensichtlich keine Sicherheitsfragestellungen, Sicherheitspolitik oder Sicherheitsgesetzgebung entstehen. In diesem Zusammenhang gilt es, die erheblichen Diskrepanzen zwischen objektiver und empfundener Sicherheit zu betrachten. Wir wissen seit langer Zeit: Menschen unterscheiden sich hinsichtlich ihrer Sicherheitswahrnehmung und ihrer Sicherheitsgefühle. Wir wissen, dass alte Menschen sich im Durchschnitt sehr viel unsicherer fühlen als junge Menschen. Frauen fühlen sich im Durchschnitt unsicherer als Männer (Birkel et al. 2014: 80).

Risikowahrnehmung oder Sicherheitswahrnehmung können jedoch zu fatalen Entscheidungen führen. Eine Untersuchung, die von Gerd Gigerenzer vom Max-Planck-Institut für Bildungsforschung durchgeführt wurde, hat sich mit den Folgen des 11. Septembers 2001 beschäftigt. Nach dem Terroranschlag stiegen in den USA sehr viele Menschen vom Flugzeug auf das Auto um und reagierten damit offensichtlich auf die Wahrnehmung von Unsicherheit im Luftverkehr. Das führte zu etwa 1.600 zusätzlichen Toten im Straßenverkehr (Gigerenzer 2004: 286f.). Es wurde von einer wegen des Terroranschlages vom 11.September als unsicher wahrgenommenen Transportmöglichkeit kein Gebrauch mehr gemacht und eine subjektiv gesehen sicherere Alternative ergriffen, die sich dann tatsächlich als sehr viel unsicherer erwiesen hat. Eine vergleichbare Reaktion konnte nach den Londoner Anschlägen 2005 beobachtet werden. Auch da gab es entsprechende Verschiebungen von der Nutzung öffentlicher Transportsysteme zur Teilnahme am Straßenverkehr und eine anschließende Zunahme der Verkehrstoten (Fasolo 2009: 7f.). Im internationalen Vergleich sieht man, dass in Ländern, in denen ein relativ kleiner Teil der Bevölkerung Opfer von Straftaten wird, die Kriminalitätsangst sehr hoch sein kann. Und umgekehrt kann beobachtet werden, dass in Ländern, in denen die Kriminalitätsbelastung hoch ist, das Unsicherheitsgefühl niedriger ausfällt. Die Sicherheitserwartungen – das weiß man auch aus Längsschnittuntersuchungen – verändern sich unabhängig davon, wie sich die objektive Sicherheitslage gemessen an Daten über Kriminalität entwickelt. Es sind also Diskrepanzen vorhanden, die darauf hinweisen, dass Sicherheitsgefühle und die objektive Sicherheit auseinanderfallen können, jedoch nicht müssen, und dass beide von unterschiedlichen Bedingungen abhängig sind.

Verhältnismäßigkeit und Evaluation der Sicherheitsgesetzgebung

Zwei Fragen zum Schluss: Wie wirken sich Sicherheitspolitik und Sicherheitsgesetzgebung auf die Sicherheit aus? Und: Wie wirken sich Sicherheitspolitik und Sicherheitsgesetzgebung auf Freiheit aus? Die erste Frage ist von zentraler Bedeutung. Sie betrifft die Evaluation von Sicherheitspolitik und damit auch etwas, das vor allem das Bundesverfassungsgericht als Maßstab in der Überprüfung von Verhältnismäßigkeit der Sicherheitsgesetzgebung eingeführt hat. Durch Evaluation soll nachgewiesen werden, dass ein Eingriff in Freiheitsrechte tatsächlich mit entsprechenden Vorteilen für die Sicherheit verbunden ist. Es gibt sehr unterschiedliche Formen der Evaluation von Gesetzgebung. Vor allem hat die Selbstevaluation große Bedeutung. Dann gibt es die sogenannten Peer Reviews, also die Evaluation, die durch Peers durchgeführt wird, z. B. durch andere Länder, die sich denselben Pflichten unterworfen haben. Die Europäische Union hat ein solches Peer Review im Zusammenhang mit der Terrorismusbekämpfung, also der klassischen inneren Sicherheitspolitik, eingeführt. Diese Evaluation wird allerdings nicht veröffentlicht, sondern bleibt Verschlusssache. Weiterhin gibt es hybride Evaluationsverfahren, in denen unabhängige Forschung beigezogen wird. Das Hauptproblem bei der Evaluation von Sicherheitspolitik und Sicherheitsgesetzgebung ist allerdings die Frage, welche Evaluationskriterien benutzt werden. Die Frage, was Auskunft darüber gibt, ob sich die Sicherheitslage durch einen stärkeren Eingriff in Freiheitsrechte verbessert. Es gibt mit solchen Evaluationen besondere Probleme, weil Sicherheitsgesetze nicht wie im klassischen Verfahren der Evaluation überprüft werden können. Wenn man Wirkungen untersuchen will, dann setzt man in der Regel Experimente ein, kontrollierte Experimente, in denen die interne Validität hoch ist. Dies kann natürlich im Falle von Sicherheitsgesetzgebung nicht durchgeführt werden. Bei Sachverhalten wie der Sicherheitsgesetzgebung ist die externe Validität – also die Frage „Wie entwickeln sich die Zusammenhänge im Feld?" – sehr viel wichtiger und diese kann nur durch gute Theorien und durch die Überprüfung von theoretisch begründeten Annahmen sichergestellt werden. Hier kristallisiert sich nun ein Problem heraus, das im Zusammenhang mit Terrorismus angesprochen worden ist: Es handelt sich um so seltene Ereignisse, dass aus einer empirischen Perspektive große Probleme entstehen, kontrollierbare Nachweise zu führen und Hypothesen aufzustellen, die dann tatsächlich getestet werden können. Bis heute gibt es einen einzigen Versuch, eine sogenannte Metaevaluation, also eine zusammenfassende Evaluation aller Untersuchungen zur Wirkung von Antiterrorismus- oder Terrorbekämpfungsmaßnahmen durchzuführen. Diese Evaluation bezieht sich auf den Zeitraum 1970 bis 2003 und stellt im Wesentlichen fest – und das gilt besonders für Deutschland –, dass es sehr viele Untersuchungen gibt, die „Evaluation" im Titel führen, aber kaum Untersuchungen, die gemessen an methodischen Standards in eine solche Metaevaluation einbezogen werden können. Aus den in die Metaevaluation über 30 Jahre Forschung zur Antiterrorpolitik betrachteten Untersuchungen erfüllen nur sieben Studien die Gütekriterien für Evaluationsforschung (Lum, Kennedy & Sherley 2006: 489ff.). Und hierbei handelt es sich hauptsächlich um Untersuchungen zu den Auswirkungen von Sicherheitskontrollen in Flughäfen. Es gibt im Zeitraum 1970 bis 2003 keine Evaluationsforschung für den eigentlichen Kern der Sicherheitsgesetzgebung. Die Evaluierung von Sicherheitsgesetzen beruht überwiegend – und das gilt vor allem für Deutschland – auf juristischen Analysen und der Bearbeitung von normativen Fragestellungen. Die Forschungsergebnisse beziehen sich auf die Fragen: Werden Gesetze angewendet? Wird von bestimmten Möglichkeiten der Ermittlung Gebrauch gemacht? Empirische Evaluationsforschung ist demnach nur ganz punktuell im Bereich der Sicherheitspolitik feststellbar. Der damalige Bundesinnenminister Hans-Peter Friedrich z. B. bemerkte 2013 zu den Folgen der NSA-Datensammlungen: „Die Zahl der nicht stattgefundenen Terroranschläge zu zählen, ist relativ schwierig." Da hat er recht. Weiter sagte er: „Aber vielleicht waren es auch mehr Anschläge, vielleicht waren es weniger." (Spiegel Online 2013) Das verweist auf die klassische Evaluationsfragestellung. Friedrich hat versucht, die Frage „Ist durch diese Praxis die Verhinderung von Anschlägen und Gewalt erfolgt?" zu beantworten. Meine Antwort auf die Frage ist relativ einfach: Es ist nicht nur relativ schwierig, es ist absolut schwierig, nicht stattgefundene Terroranschläge zu zählen. Aber nicht nur das ist schwierig, sondern es ist auch schwierig, unterlassene oder nicht stattgefundene Morde zu zählen. Es ist auch schwierig, unterlassenen sexuellen Missbrauch zu zählen, so wie es genauso schwierig ist, unterlassene Amokläufe zu zählen. Die Berliner Charité verfolgt einen Ansatz zur Prävention von sexuellem Missbrauch, hat allerdings nicht den Anspruch, die eigene Tätigkeit zu evaluieren. Mit der Vorratsdatenspeicherung wird die Prävention von schwerer Gewalt angestrebt. Der Nachweis, dass eine solche Prävention stattgefunden hat, ist aber nicht möglich. Ein Beispiel soll das zeigen. Die Frage „Wie viele Tötungsdelikte werden durch eine Exekution verhindert?" wird seit langer Zeit gestellt. Das ist eine Frage, mit der sich vor allem amerikanische Ökonomen seit den 1970er-Jahren beschäftigen. Von ihnen stellte Isaac Ehrlich im Jahre 1975 Zeitreihen zu Exekutionen und Tötungsdelikten sowie eine ökonometrische Analyse dieser Zeitreihen, die im Wesentlichen auf einer Regression basierten, vor. Er folgerte aus dieser statistischen Analyse, dass eine Exekution sieben bis acht Morde verhindert (Ehrlich 1975: 397ff.). Ähnliches könnte man auch im Zusammenhang mit terroristischen Anschlägen versuchen. Aber entsprechende Analysen gibt es nicht. Auf die Ehrlich-Studie folgte dann eine ganze Welle von Untersuchungen, auch eine – wenn man so will – zweite Generation von ökonometrischen Analysen (1990–2010). Wenn man alle zum Vergleich heranzieht, ergibt sich, dass eine Exekution zwischen null und 74 Morde verhindert. Das ist das Ergebnis dieser Untersuchungen. Wo liegt nun der Unterschied zwischen Ehrlich und dem ehemaligen Bundesinnenminister Friedrich? Die Inferenzen sind die gleichen. Friedrich hat aus den NSA-Daten geschlossen: Es wurden vier oder fünf Terroranschläge verhindert. Ehrlich schloss aus Zeitreihen: Eine Exekution verhindert sieben Morde. Wo liegt also der Unterschied genau? Die Beantwortung dieser Frage ist ziemlich einfach: Die ökonometrischen Analysen Ehrlichs beruhen auf harten Daten und langen Zeitreihen. Diese Daten sind ziemlich genau, jedenfalls in bestimmten Bereichen, sicher nicht überall. Aber selbst wenn derartige Daten jetzt im Bereich Terrorismus vorlägen, wären solche Inferenzen nicht möglich. 1978 wurde aus einer zusammenfassenden Analyse der empirischen Forschung zur präventiven Wirkung von Todesurteilen die Schlussfolgerung gezogen: Es gibt hierzu keine tragfähigen Aussagen, die für politische Entscheidungen genutzt werden können. In einem ebenfalls zusammenfassenden Bericht aus dem Jahr 2012 wurde die Forschung aus den letzten 30 Jahren zur Wirksamkeit der Todesstrafe untersucht. Es ergibt sich im Wesentlichen die gleiche Aussage: Politische Entscheidungen sollten sich durch Behauptungen, dass sich die Todesstrafe negativ oder positiv auf die Entwicklung der Tötungsdelikte auswirke, nicht beeinflussen lassen (Nagin & Pepper 2012: 2). Wie wirkt sich – und das ist die zweite Frage – Sicherheitspolitik auf Freiheit aus? Es gibt eine ganze Reihe von Diskussionen, die sich auf diese Frage beziehen. Sicherheitspolitik kann als verstärkender Kreislauf und symbolische Politik verstanden werden, sie führt zu einem immer größeren Bedarf an Sicherheit, zu immer mehr Sicherheitspolitik und zur Schließung von Lücken, die im Strafrecht oder in Gefahrenabwehrgesetzen gesehen werden, ohne dass sich damit entsprechende Konsequenzen für die Sicherheit verbinden. Für die Freiheit gibt es dann aber tatsächlich entsprechende Konsequenzen. Ein zweiter Gesichtspunkt, der diskutiert wird, betrifft eine Generalisierung von Verdacht, die insbesondere durch die Ausweitung der Informationssammlung sowie die Seltenheit von schweren Gewaltereignissen erfolgt und die darauf hinausläuft, möglichst viele Daten zu erfassen. Wir sehen das teilweise im Zusammenhang mit der Diskussion über DNA-Datenbanken. Es ist auch im europäischen Raum schon die Möglichkeit angesprochen worden, die gesamte Bevölkerung mit ihrer DNA in Datenbanken zu erfassen und diese natürlich dann auch für Sicherheitspolitik nutzbar zu machen. Es gibt bislang sicher keine politischen Mehrheiten für solche Ansätze, aber bezüglich der Vorratsdatenspeicherung sieht man, dass es ein gewisses Interesse an einer Gesamterfassung gibt. Und das wäre eine durchaus diskutierbare Generalisierung, die es dann auch unnötig machen würde, etwas zu tun, was heute im Vordergrund steht: die Profilbildung oder die Herstellung von Profilen von Personen, von denen man ausgeht, dass sie eine Gefahr für die Sicherheit mit sich bringen. Ich hatte vorher die „Schläfer" angesprochen, die schlafenden Terroristen aus dem Jahr 2001. Hier ist man von solch einem Profil ausgegangen, hat allerdings ein ganz allgemeines Profil verwendet. Man hat damals folgende Kriterien herangezogen, um das Profil eines schlafenden Terroristen abzubilden und die entsprechenden Daten zu sammeln: Es sollte sich um einen Mann zwischen 18 und 35 Jahren aus einer muslimischen Region, oder muslimisch geprägten Region, eingeschrieben an einer deutschen Hochschule, und – das ist an sich sehr bezeichnend, aber es ist ganz ernsthaft gemeint gewesen – um einen nicht auffälligen Mann handeln. Nicht auffällig. Der Mann sollte nicht auffällig geworden sein, also nicht registriert, nicht in einer Tatverdächtigendatei oder im Bundeszentralregister eingetragen sein. An diesem Beispiel sieht man jedenfalls, dass Profilbildung tatsächlich wichtig geworden ist. Und sie wird natürlich auch in Zukunft eine gewisse Rolle spielen. Es kommt dann zu einer Ausweitung der präventiven Überlegungen hinsichtlich eines „Unschädlichmachens". Das sind Überlegungen, die bereits im 19. Jahrhundert entstanden sind und in Deutschland sehr stark mit der Sicherungsverwahrung verbunden werden. Sicherungsverwahrung bedeutet im Kern, eine betreffende Person so lange einzusperren, bis sie keine Gefahr mehr darstellt. Diese Präventionsmaßnahme in Form der Sicherungsverwahrung hat sich in Deutschland, in anderen Ländern in Form der lebenslangen Freiheitsstrafe, über die letzten 20 Jahre im Zusammenhang mit Sicherheitspolitik entwickelt. Was im Hinblick auf Sicherheitspolitik und ihren Zusammenhang mit Freiheitsrechten auch beobachtet werden kann, ist die Entwicklung eines aktuarischen Strafrechtes, also eines Strafrechtes, das nicht auf die Schuld achtet, sondern auf das Risiko. Ein Strafrecht, das mit Risiken arbeitet, mit Gefahren. Und das die Strafe nicht daran bemisst, was gemacht worden ist, sondern daran, was in der Zukunft passieren könnte, das sich also auf Prognosen stützt. Was ebenfalls als Konsequenz von Sicherheitspolitik für Freiheit und Freiheitsrechte diskutiert wird, ist die Möglichkeit den früheren Zustand an den Außengrenzen auf das Innere zu übertragen. In Deutschland gibt es das Außen heute nicht mehr, weil die Außengrenzen weggefallen sind. Außengrenzen sind immer dadurch charakterisiert, dass Kontrollen erfolgen, beispielsweise in Form von Autodurchsuchungen oder Befragungen. Und dieser Zustand einer Kontrollsituation könnte von den Außengrenzen auf das innere Territorium übertragen werden. In Deutschland ist diese Übertragung lange im Zusammenhang mit anlasslosen Kontrollen in Grenznähe oder in bestimmten Räumen, beispielsweise Flughäfen oder Bahnhöfen, diskutiert worden. Was früher sehr eingeschränkt und auf die Grenzsituation bezogen war, würde durch eine Übernahme im Inneren stark erweitert. Und schließlich lässt sich die Hypothese diskutieren, ob Sicherheitspolitik als ein Grund dafür angesehen werden kann, dass das Vertrauen in Gesellschaften erodiert. Wenn Sicherheit zu stark hervorgehoben wird und Sicherheitspolitik Gefahren betont und wenn entsprechende Zeichen und Symbole überall beobachtbar werden, dann könnte dies zu einem Vertrauensverlust führen. Es gab vor ca. zwei Jahren eine aussagekräftige Situation. Verschiedene Politiker warnten damals vor einem möglichen Terroranschlag und baten die Bevölkerung um Wachsamkeit (Lissmann 2010). Die Reaktion in Diskussionen, in vielen Blogs, die sich an solche Meldungen anschlossen, bestand in Fragen: Worauf soll man denn achten? Worauf soll man gucken? Ein Beispiel von einem offensichtlich hessischen Blogger: „Wenn ich also auf Leute achten soll, die mir komisch vorkommen; ich komme aus Hessen, da kommt mir jeden Tag jemand komisch vor." Sicherheitspolitik kann offensichtlich auch Unsicherheit erzeugen und damit das Vertrauen erodieren lassen.

Wirksame Bremsen der Sicherheitspolitik

Im Zusammenhang mit der deutschen Entwicklung möchte ich – und damit schließe ich die Ausführungen – noch etwas hinzufügen; das betrifft auf der einen Seite bestimmte Grundsätze, auf der anderen Seite auch eine Institution, die meines Erachtens bislang in Deutschland dafür gesorgt hat, dass sich Sicherheitspolitik hier etwas anders entwickelt als z. B. in den USA oder in England: Das ist das Bundesverfassungsgericht und das sind zwei Grundsätze, Schuldgrundsatz und Verhältnismäßigkeitsgrundsatz, die in der Rechtsprechung des Bundesverfassungsgerichtes in den letzten 15 Jahren sehr große Wirksamkeit entfaltet haben. Das Bundesverfassungsgericht hat für Sicherheitspraktiken und Sicherheitsgesetze sehr starke Einschränkungen durchgesetzt und das im Wesentlichen mit dem Schuldgrundsatz und dem Verhältnismäßigkeitsgrundsatz begründet. Die letzte große Intervention bestand in der Rücknahme der Sicherungsverwahrungsgesetzgebung. Die Reformgesetze zur Sicherungsverwahrung stellen eine typische Sicherheitsgesetzgebung dar. Das Bundesverfassungsgericht hat –und das war ein radikaler Eingriff– die gesamten Regeln über die Sicherungsverwahrung für verfassungswidrig erklärt, weil sie gegen den Verhältnismäßigkeitsgrundsatz verstoßen. Das Bundesverfassungsgericht ist insoweit hinsichtlich des Austarierens von Sicherheit und Freiheit in Deutschland von ganz zentraler Bedeutung und belegt mit seiner Entscheidung auch, wie wichtig eine solche Institution für eine plausible und vernünftige Entwicklung von Sicherheitspolitik ist.

Literatur

Bauman, Z. (2009). Gemeinschaften: Auf der Suche nach Sicherheit in einer bedrohlichen Welt. Frankfurt am Main: Suhrkamp.

Birkel, C., Guzy, N., Hummelsheim, D., Oberwittler, D. & Pritsch, J. (2014). Der Deutsche Viktimisierungssurvey 2012. Erste Ergebnisse zu Opfererfahrungen, Einstellungen gegenüber der Polizei und Kriminalitätsfurcht. In: H.-J. Albrecht & U. Schieber (Hrsg.). Schriftenreihe des Max-Planck-Instituts für ausländisches und internationales Strafrecht. Arbeitsberichte. Band A 7 11/2014). Freiburg.

Bundesministerium des Innern (2011). Polizeiliche Kriminalstatistik 2011. Verfügbar unter: http://www.bmi.bund.de/SharedDocs/Downloads/DE/Broschueren/2012/PKS2011.pdf?__blob=publicationFile [01.02.2015].

Bundeskriminalamt (2008). Polizeiliche Kriminalstatistik Bundesrepublik Deutschland Berichtsjahr 2007. Wiesbaden.

Bundeskriminalamt (2014). Anzahl der Mordopfer in Deutschland von 2000 bis 2013. Statista. Verfügbar unter: http://de.statista.com/statistik/daten/studie/2229/umfrage/mordopfer-in-deutschland-entwicklung-seit-1987/ [01.02.2015].

Deutscher Bundestag (2008). 16. Wahlperiode: Entschließungsantrag. Entwurf eines Gesetzes zur Einführung der nachträglichen Sicherungsverwahrung bei Verurteilungen nach Jugendstrafrecht. Drucksache 16/9649.

Gigerenzer, G. (2004). Dread Risk, September 11, and Fatal Traffic Accidents. Psychological Science 15. 286–287.

Ehrlich, I. (1975). The Deterrent Effect of Capital Punishment: A Question of Life and Death. American Economic Review 65. 397–417.

Fasolo, B. (2009). From describing to nudging: Choice of transportation after a terrorist attack in London. London: London School of Economics.

Kaiser, S. (2014). Sexualmord ist die große Ausnahme. Verfügbar unter http://www.badische-zeitung.de/deutschland-1/kriminologe-sexualmord-ist-die-grosse-ausnahme--88879378.html. [19.01.2015].

Lissmann, C. (2010). Innenminister ruft Bevölkerung zu Wachsamkeit auf. Verfügbar unter: http://www.zeit.de/politik/deutschland/2010-11/terrorwarnung-de-maiziere [02.02.2015].

Lum, C., Kennedy, L. W. & Sherley, A. (2006). Are counter-terrorism strategies effective? The results of the Campbell systematic review on counter-terrorism evaluation research. Journal of Experimental Criminology 2. 489–516.

Nagin, D. S. & Pepper, J. V. (2012). Deterrence and the Death Penalty. National Research Council of the National Academies. Washington, DC: The National Academies Press.

RAND Database of Worldwide Terrorism Incidents (2014). Verfügbar unter: http://www.rand.org/nsrd/projects/terrorism-incidents.html [19.01.2015].

Rat der Europäischen Union (2010). Entwurf einer Strategie der inneren Sicherheit der Europäischen Union: „Hin zu einem europäischen Sicherheitsmodell". Brüssel.

Rückert, S. (2004). Die Legende vom Helden Daschner. Verfügbar unter: http://www.zeit.de/2004/49/Daschner [19.01.2015].

Spiegel Online (o. A.) (2013). Wir wissen es bis heute nicht. Verfügbar unter: http://www.spiegel.de/politik/deutschland/nsa-programm-prism-friedrich-verteidigt-usa-reise-a-911308.html [19.01.2015].

Die Zeit (o. A.) (2012). Fast ein Fünftel mehr politisch motivierte Gewalttaten. Verfügbar unter: http://www.zeit.de/gesellschaft/zeitgeschehen/2012-05/kriminalitaet-extremismus-terrorismus-statistik [19.01.2015].

Christoph Gusy

Objektive Sicherheit und subjektive Sicherheit – was schützt das Recht?

Der Begriff Sicherheit

Ein Blick in Gesetzestexte zeigt: In ihnen ist das Wort Sicherheit recht selten erwähnt. Eigentlich hat es darin nur eine periphere Bedeutung und wenn es vorkommt, dann als ein Nachwort: Arbeitssicherheit, Gerätesicherheit, Produktsicherheit, öffentliche Sicherheit u. Ä. Die Gesetze sind also beim Wortgebrauch eher sparsam mit dem Begriff der Sicherheit und der Zugriff bei uns überwiegend ein punktueller. Das ist möglicherweise etwas anders bei dem zuletzt genannten Begriff der öffentlichen Sicherheit. Er ist in der Rechtsordnung immerhin schon seit 1794 eingeführt und seitdem stellt sich die Frage: Was soll er bedeuten? Hier kommen wir an die Schnittstelle von Recht und Sicherheit. Denn Sicherheit wird hier eben nicht nur Gegenstand des Rechtes, sondern auch der Rechtsprechung und der Rechtswissenschaft, die sich dem Thema zunehmend angenommen haben.

Das Konzept der Sicherheit ist eher indirekt erwähnt und bedarf der Definition. Öffentliche Sicherheit im Sinne der Polizeigesetze umfasst die Summe geschützter Rechtsgüter, namentlich die Rechtsordnung, die Unverletzlichkeit der Rechte des Einzelnen und den Bestand des Staates sowie von Einrichtungen und Veranstaltungen des Staates und sonstiger Träger hoheitlicher Gewalt. Hier zeigt sich: Spätestens auf der Definitionsebene tritt das Wort Sicherheit in den Hintergrund. Und wo das Recht aufhört, fangen auch hier Rechtsprechung und Rechtswissenschaft an. Welche Aufgaben stellen uns die Gesetze, die sich mit der Sicherheit befassen? Das sind ganz unterschiedliche Aufgaben. Ein Beispiel: Beim Bundesimmissionsschutzgesetz (BImSchG) geht es nicht darum, Gefahren abzuwehren. Gefahren abwehren im Sinne der soeben genannten Definition von öffentlicher Sicherheit kann man nur und erst, wenn sie schon da sind. Hier geht es um etwas anderes, nämlich um Vorsorge gegen schädliche Umwelteinwirkungen und sonstige Gefahren. Vorsorge bei Gefahren kann man auch dann treffen, wenn die Gefahr noch nicht da ist. Man trifft die Vorsorge, damit es erst gar nicht so weit kommt. Man baut das Haus brandsicher und dann brennt es auch nicht. Es entsteht also keine Gefahr.

Eine weitere Ebene des Rechtes sagt uns nicht, was Sicherheit ist, sondern wie man sich mit Sicherheit befassen soll. Einzelne Beispiele:

„Die Ordnungsbehörden und die Polizei haben die Aufgabe, Gefahren für die öffentliche Sicherheit oder Ordnung abzuwehren […]" (§ 1 Abs. 1 ASOG Bln)

Zur Gewährleistung eines hohen Schutzniveaus für die Umwelt ist „Vorsorge gegen schädliche Umwelteinwirkungen und sonstige Gefahren […]" zu treffen (§ 5 Abs. 1 Nr. 2 BImSchG).

„Wer einem Menschen unbefugt nachstellt, indem er beharrlich 1. seine räumliche Nähe aufsucht […] oder 5. eine andere vergleichbare Handlung vornimmt und dadurch seine Lebensgestaltung schwerwiegend beeinträchtigt, wird […] bestraft." (§ 238 StGB).

Die erste Norm („öffentliche Sicherheit") führt nach gängigem Verständnis dazu, dass die Behörden abwarten sollen, bis die Gefahr da ist, und erst dann tätig werden. Die zweite Norm (BImSchG) dagegen ist eine, die Gefahrenmanagement ermöglicht, lange bevor die Gefahr entsteht. Von daher entsteht eine weitere Aufgabe, sich mit Sicherheit und Gefahren zu beschäftigen. Die dritte genannte Norm ist diejenige, an der die Diskussion derzeit ganz besonders hochkocht. Der § 238 des Strafgesetzbuches ist der sogenannte „Stalking-Paragraf". Hier wird ganz allgemein angenommen, dass der Paragraf die Sicherheit schützen soll, nämlich die Sicherheit der Menschen vor bestimmten Nachstellungen. Es ist aber ganz interessant zu sehen, dass im Text der Norm das Wort Sicherheit gar nicht vorkommt. Und das Wort Gefahr auch nicht. Dessen ungeachtet sind sich alle einig, dass der Paragraf irgendetwas mit Sicherheit zu tun hat. Man muss also in der Norm ein bisschen zwischen den Zeilen suchen, um die rechtswissenschaftliche Aufgabe zu sehen, sich mit der Sicherheit zu beschäftigen. Das heißt, die Rechtswissenschaft hat die Aufgabe, sich mit der Sicherheit zu beschäftigen, auch dann, wenn das Wort im Gesetz überhaupt nicht vorkommt.

Sicherheit im Wandel

Es gibt also ganz unterschiedliche Formen und Ausprägungen, in denen Sicherheit auftritt – nicht allein in der Rechtsordnung. Das Thema der gesellschaftlichen Sicherheit bietet sich für eine genauere Betrachtung an, denn daran lässt sich beobachten, dass das Konzept der Sicherheit sich in einem erheblichen Wandel befindet. Was Sicherheit ist, ist umstritten, und natürlich eröffnen entsprechende Definitionen stets auch einen Blick darauf, *was* das Recht schützt, wenn es die Sicherheit schützt. Maßgebliche Paradigmata waren etwa:

- Begrifflich: Sicherheit als *Securitas* (im Sinne von „ohne Sorge") – von der objektiven zur subjektiven Sicherheit
- Soziologisch: Sicherheit als gesellschaftlicher Zustand – als Zustand der Ermöglichung von Vergesellschaftung, Sozialität
- Politisch: Sicherheit als Zukunftserwartung, als Sicherheitserwartung

In der alten Polizeirechtsdiskussion erschien die Sachlage noch relativ klar. Da ging es darum, Gefahren abzuwehren. Sicherheit in diesem Sinne war dann die Abwesenheit von Gefahren. Damals stellte es sich als eindeutig dar, dass sich die gesamte Welt in zwei Teile teilt: den gefährlichen und den ungefährlichen. Mit dem ersten haben wir uns zu beschäftigen, mit dem zweiten nicht. So wurde Sicherheit als Ausschnitt der Realität zum Gegenstand des Rechtes, ein anderer Bereich hingegen nicht. Aber jener Ausschnitt hat sich mit der Zeit in mehrfacher Beziehung gewandelt.

Subjektive oder objektive Sicherheit?

Sicherheit als Abwesenheit von Gefahren umschreibt einen vergleichsweise beobachtbaren Zustand. Gibt es irgendwo eine Gefahr, dann ist es unsicher; gibt es dort keine Gefahr, dann ist es sicher. Ein Wandel kam in den 1960er-, 1970er-Jahren aus verschiedenen Einzelbereichen auf, vor allem aus dem Bereich der sozialen Sicherheit. Sprachlich geht der Begriff Sicherheit auf den lateinischen Ausdruck *Securitas* (von *se cura* = „ohne Sorge") zurück. Sicherheit bedeutet also, sich keine Sorgen zu machen. Mit diesem Verständnis von Sicherheit wird ein fundamentaler Wandel angedeutet. Sicherheit ist dann nicht mehr allein ein gesellschaftlicher Zustand, sondern zumindest auch ein Zustand, der sich im Kopf abspielt. Es geht nicht mehr um die

Frage „Ist es da sicher oder nicht?", sondern um die Frage „Bin ich mir sicher oder bin ich es mir nicht?" Sicherheit ist dann also eine Form des *social well-being* oder *social well-feeling*. Ein solcher Wandel vollzog sich zunächst nur in der begrifflichen Auffassung von Sicherheit. Aber er hat zu der Frage geführt: Liegt darin oder dahinter auch ein gesellschaftlicher oder gar ein rechtlicher Wandel? Um Missverständnissen gleich vorzubeugen: Es gibt auch in der Gegenwart noch Indikatoren objektiver Sicherheit. Dazu zählt namentlich die Kriminalitätshäufigkeit, also die statistische Möglichkeit, Opfer einer Straftat, eines Unfalles oder eines sonstigen Risikos zu werden. Diese spiegeln sich (veröffentlicht) in der amtlichen Kriminalstatistik oder (zumeist unveröffentlicht) in den Risikotabellen der Versicherungen wider. Interessant dabei ist, dass es zwischen diesen „objektiven" Risiken und den subjektiven Risikoempfindungen keinen eindeutigen Zusammenhang gibt. Im Gegenteil, beide folgen ganz unterschiedlichen Logiken, Ableitungszusammenhänge sind eher die Ausnahme als die Regel (vgl. Renn 2013).

Die wesentliche Diskussion in diesem Zusammenhang war soziologisch geleitet. Die Soziologie hat danach gefragt, was Sicherheit für Bildung und Handlungsfähigkeit von Gesellschaften bedeutet. Sicherheit ist ein gesellschaftlicher Zustand, die Frage ist nur, welcher.

Sicherheit durch Vertrauen

Sicherheit als Zustand, der ermöglicht, dass Vergesellschaftung stattfindet, dass also die Menschen in einer Gemeinschaft leben (können), kennt zahlreiche Voraussetzungen. Eine der ganz wesentlichen Bedingungen gesellschaftlichen Zusammenlebens ist dabei Vertrauen. Vertrauen nach dem Prinzip: Wenn ich heute jemanden treffe und wir uns Guten Tag sagen und ich ihn morgen wieder treffe und freundlich grüße, dann haut der mir nicht ins Gesicht. Nur dann kann Gesellschaft funktionieren. Gesellschaft basiert also auf dem Zustand stabilen Vertrauens. Damit verbunden ist die Frage danach, wie ich sozial im Zusammenhang mit anderen Menschen handeln kann. Und wann nicht nur im Vertrauen auf mein eigenes Handeln, sondern auch im Vertrauen auf das Handeln der anderen. Das ist notwendig zweiseitig: Einerseits, dass ich darauf vertraue, wie der andere handelt. Andererseits, dass ich zugleich weiß, dass mein Verhalten dazu führt, dass der andere auch Vertrauen bildet – oder eben nicht. Wenn Sie

Objektive und subjektive Sicherheit – was schützt das Recht? 191

mit jemandem eine Verabredung zum Tennis hatten, sagen wir am Dienstag, 17 Uhr, und diese Ihnen gefallen hat, Sie sich verabschieden und der Meinung sind, Sie würden gerne noch mal mit ihm Tennis spielen, dann fragen Sie: „Sollen wir nächsten Dienstag noch mal spielen?" Dann sagt er Ja oder Nein. Wenn Sie das sechsmal gemacht haben, dann sagen Sie am Schluss des sechsten Males nur noch: „Also dann bis nächsten Dienstag!" Hier bildet sich Vertrauen heraus, da gibt es keine besondere Verabredung mehr. Da ist sie wieder: die Sicherheit im Kopf. Und das ist das Vertrauen auf ein soziales Verhalten, ein konsequentes soziales Verhalten, das Gesellschaft überhaupt erst möglich macht.

Dieser Prozess hat in der Soziologie unterschiedliche Namen. In Bielefeld nannte man ihn früh Institutionalisierung, aber das ist nur eine Möglichkeit, ihn zu benennen. Entscheidend ist: Soziologen sagen, die Gesellschaft basiere auf Vertrauen, gesellschaftliche Sicherheit sei vor allem Vertrauenssicherheit. Ganz Ähnliches findet man auch, wenn man Vertrauen als politische Größe betrachtet. In diesem Zusammenhang wird Sicherheit sehr oft als Abwesenheit politischer Ängste verstanden. Ein sehr gutes Beispiel dafür ist der Untergang der Weimarer Republik. Sie alle wissen: Die Wähler der NSDAP haben diese nicht gewählt, weil sie wirtschaftlich abgestiegen waren – davon Betroffene haben häufiger die KPD gewählt –, sondern sie haben die NSDAP gewählt, weil sie den eigenen wirtschaftlichen Abstieg befürchteten – also aus Angst, aus Zukunftsangst, aus fehlendem politischen Vertrauen. Von daher thematisiert politische Sicherheit eine Zukunftserwartung, eine Sicherheitserwartung, die in den Köpfen der Einzelnen ganz klar subjektive Elemente aufweist. Kann ich erwarten, dass ich morgen noch meinen Job habe oder nicht?

Gewiss, es gibt es noch das alte Phänomen der Sicherheit als Abwesenheit von Gefahren. Doch haben neuere Diskussionen unser Thema mit subjektiven Elementen aufgeladen, und diese subjektiven Elemente sind gesellschaftlich sowie politisch und damit auch rechtlich relevant.

Risiko

Und es ist auch nicht richtig, die Welt in zwei Hälften einzuteilen: die gefährliche und die ungefährliche. Vor allem gibt es nicht den kardinalen Unterschied zwischen diesen beiden Welten, sondern vielmehr finden sich Mischformen und Übergänge.

Dies wird heute überwiegend an der Risikoterminologie deutlich. Alles im Leben ist riskant oder zumindest potenziell riskant. Es ist riskant, morgens aufzustehen, und erst recht, zur Arbeit zu fahren. Aber es ist auch riskant, zu Hause zu bleiben und z. B. die Wohnung zu putzen. Man spricht heute von der Risikogesellschaft. In einer frühen Bedeutung des Wortes besagt sie: Risiko ist keine von außen an die Welt, die Technik und die Gesellschaft herangetragene Störungsquelle. Es ist vielmehr ein immanenter Bestandteil von Welt, Technik und Gesellschaft selbst. Seitdem geht es um die Aufgabe, Risiken skalierbar zu machen. Zu so gleichsam „immanenten" Risiken gibt es längst gesicherte Zahlen der Versicherungswirtschaft. Risiko ist also eine immanente Eigenschaft der Technik. Aber darüber hinaus ist Risiko auch eine konstituierende Größe der Gesellschaft. Sie ist insbesondere eine konstituierende Größe der freien Gesellschaft. Denn die Freiheit des einen ist das Risiko des anderen.

Die relevante Frage ist also nicht: Wo ist ein Risiko und wo ist keines? Die Frage ist vielmehr, wie man mit dem Risiko oder, besser gesagt, den Risiken umgeht. Vielleicht ist es bei manchen Risiken ganz gut, dass wir gar nicht wissen, dass sie da sind. Andere Risiken wiederum, an deren Vorhandensein man glaubt, sind in Wirklichkeit vielleicht gar nicht da; doch kann der Irrtum über ihr Bestehen Menschen von Verhaltensweisen abhalten, die eigentlich weitgehend risikolos sind. Das hängt mit dem unterschiedlichen Risikobewusstsein zusammen. Risikoerwartungen können auch entstehen, wenn der andere völlig legale Handlungen vornimmt. Begegnen sich zwei Menschen in der Eisenbahnunterführung, so kann ein Risikobewusstsein entstehen – und zwar auch dann, wenn gar keiner von ihnen etwas falsch macht. Beide dürfen gleichermaßen dort hergehen. Wenn jetzt plötzlich bei einem ein Risikogefühl, also Misstrauen entsteht, dann ist dies auch eine Folge davon, dass andere Menschen ebenfalls Freiheit – nämlich die rechtlich gleiche Freiheit – haben. In einem freien Staat kann man nie genau sagen, wie sich der andere im nächsten Moment verhalten wird. Genau dies ist nämlich dessen Freiheit. Risiko, auch erlebbares Risiko, ist omnipräsent überall vorhanden. Nicht nur in der Technik, sondern auch in der Gesellschaft. Man könnte hierzu ein bekanntes Zitat abwandeln: Der Mensch ist des Menschen Risiko. Und diese Risikoquelle, die Freiheit, ist gesellschaftlich erwünscht und grundgesetzlich garantiert.

In diesem Sinne sind Risiko und Risikobewusstsein nicht die Folge davon, dass jemand kriminell ist oder wird sondern in vielen Fällen die Folge gesellschaftlich erwünschter Verhaltensweisen. Der eine kann frei entscheiden, was er macht, auch wenn der andere gar nicht damit rechnet. Das Risiko ist der Gesellschaft immanent. Und wenn dem so ist, dann gibt es plötzlich gar nicht mehr risikoloses und riskantes Verhalten in zwei verschiedenen Welten, sondern es wird insgesamt immer riskanter. Der Unterschied zwischen Risiko und dessen Abwesenheit lässt sich auf einer gleitenden Skala ablesen. Er ist keine qualitative, sondern allein eine – bisweilen kaum merkliche – quantitative Differenz zwischen mehr und weniger Risiko.

Zu differenzieren ist für den Juristen dagegen an einer anderen Stelle: Es gibt Risiken, die man in der Gesellschaft hinnehmen muss, und solche, die man nicht hinnehmen muss. Letztere nennen wir Gefahren. Aber dies ist jedenfalls nicht stets eine Frage des Risikos oder seiner Größe, sondern eine Rechtsfrage: Welches Risiko mutet uns die Rechtsordnung zu und welches nicht? Wir müssen den Flugverkehr über uns, den Straßenverkehr vor unserer Haustür und das Risiko von Fehlernährungen grundsätzlich hinnehmen. Nicht hinnehmen müssen wir hingegen, dass das Flugzeug über uns den technischen Regeln nicht entspricht, der Autofahrer keinen Führerschein hat oder betrunken ist und wir über die Wirkungen eines Nahrungsmittels getäuscht werden.

Rolle des Staates

Die Risiken, die man nicht hinnehmen muss und die Juristen Gefahren nennen, soll der Staat abwehren. Nur wie? Wir sehen, dass hier nicht nur die Risikokonzepte expandiert haben, sondern auch die Sicherheitskonzepte. Das haben wir gleich ganz am Anfang bei der Frage „Was sind die staatlichen Aufgaben, was ist der Gegenstand des Rechtes im Hinblick auf Sicherheit?" gesehen. Und wir haben gesehen, es ging um Gefahrenabwehr. Das heißt, der Staat sollte erst mal nachforschen, die Behörden sollten nachforschen: Wo ist eine Gefahr? Und wenn eine Gefahr da ist, dann ist sie abzuwehren. Das ist der Ausgangspunkt des klassischen rechtsstaatlichen Polizeirechtes. Allerdings hat sich auch dieses Konzept der Gefahrenabwehr inzwischen wesentlich verändert und erweitert.

Wir haben das eben am Beispiel des Bundesimmissionsschutzgesetzes gesehen. Dort geht es auch um Risikovorsorge, d. h. um die Herstellung von Zuständen, die möglichst gar keine Gefahr aufkommen lassen oder das Risiko, wenn es omnipräsent ist, minimieren, z. B. im Technikrecht, indem technische Geräte so gebaut werden, dass möglichst geringe Risiken entstehen. Das heißt, man sorgt schon in dem Sinne vor, dass möglichst gar keine Unsicherheit entsteht, und dadurch bleiben die sicheren Alternativen unter sich. Die Behörden sollten hier nicht abwarten, bis die Gefahr erkennbar ist, und dann handeln. Vielmehr sollten sie umgekehrt darauf bedacht sein, dass gar keine Gefahr entsteht und dass erkennbar wird, welche Gefahr (weitere) Handlungsnotwendigkeiten auslösen könnte. Diese Aufgabe nennt man Gefahrenvorsorge.

Wenn man sagt, der Staat und das Recht sollen sich mit der Sicherheit in einem so weiten Sinne beschäftigen, dann bedeutet das zugleich, dass den Behörden eine Fülle weiterer Aufgaben zugewiesen wird. Dann geht es nicht mehr nur darum, dass man vorhandene Gefahren abwehrt, sondern auch darum, dass man zunächst einmal nach (noch gar nicht erkannten, vielleicht auch noch gar nicht vorhandenen) Gefahren sucht. Ein Beispiel: Viele Veranstaltungen, Anlagen oder Geräte sind genehmigungsbedürftig, weil sie möglicherweise gefährlich sein können. Aber die Genehmigung erfolgt immer vorher, wenn die Veranstaltung noch gar nicht im Gange, die Anlage noch gar nicht in Betrieb ist. Erst kommt die Genehmigung, dann die Veranstaltung, dann die Gefahr, dann der Schaden. Aber man muss schon vorher genehmigen. Das heißt, die staatliche Tätigkeit wird in das Vorfeld verlagert. Und dann entsteht natürlich irgendwann die Frage: Ja, wenn der Staat es genehmigt hat, aber trotzdem etwas passiert ist, wer haftet denn dann eigentlich? Haftet dann der Verursacher? Haftet daneben auch der Staat, der ja genehmigt oder jedenfalls nicht verhindert hat? Es findet hier also eine Verstaatlichung von Risikoüberwachungs- und Risikogarantieverantwortung statt. Dieser Aspekt ist in seinen Einzelheiten gegenwärtig sehr umstritten. Wichtig ist dabei Folgendes: Verrechtlichung der Sicherheit bedeutet praktisch automatisch auch Verstaatlichung der Sicherheit.

Dass Sicherheit durch die geschützten Personen selber oder andere Privatpersonen hergestellt wird, kommt immer seltener vor. Wer einen Straftäter auf frischer Tat ertappt, darf diesen auch als Privatperson festnehmen (§ 127 StPO). Das kommt nur extrem selten vor. Auch das Nothilferecht zugunsten gefährdeter Dritter wird nur noch selten ausgeübt. Die Reprivatisierung verstaatlichter Sicherheitsgewährleistung kommt demgegenüber am ehesten dort zur Anwendung, wo private Sicherheitsunternehmen angeheuert und tätig werden.

Gesellschaftliche Selbstregulierung auf dem Rückzug

Warum ist das eigentlich so? Warum sind die gesellschaftlichen Selbstregulierungsmechanismen im Rückgang? Sie sind unter anderem im Rückgang, weil solche Mechanismen der Herstellung von Sicherheit zugleich neue Gefahren begründen können. Wer selber jemanden verhaftet, begibt sich in ein hohes Risiko, vom Betroffenen angegriffen oder später von staatlichen Stellen wegen Freiheitsberaubung angezeigt und angeklagt zu werden. Soziale Verhaltensnormen werden immer seltener von den Leuten selbst umgesetzt. Früher war es so, dass, wenn ein Kind auf dem Nachbargrundstück die Äpfel vom Baum klaute, dessen Eigentümer kam, sein Notwehrrecht ausübte, dem Kind eine Ohrfeige verpasste und es wegschickte. Heute wissen wir, dass man das Kind nicht schlagen darf. Das ist unzulässig. Dass die Leute Sicherheitsmaßnahmen ohne Staat vornehmen, kommt immer seltener vor. Die Ursache dafür ist auch eine Legitimations- und Durchsetzungsschwäche gesellschaftlicher Selbstregulierung.

Also geht der Geschädigte zur Polizei, erstattet Strafantrag und dann verfolgt das die Polizei. Und dann folgen Jugendgerichtshilfe, Anklage, Strafverfahren und gegebenenfalls Strafvollstreckung. Eine staatliche Maßnahme löst eine Kaskade weiterer staatlicher Maßnahmen aus. Die Konsequenz ist ebenso: Hier sind Verhältnisse verrechtlicht und die Rechtsdurchsetzung zugleich verstaatlicht. Verrechtlichung vergrößert den verstaatlichten Bereich der Sicherheitsgewährleistung. Es ist immer schwieriger, noch Grenzen zu formulieren, die der Staat nicht übertreten darf. Damit sind zugleich soziale Kosten verbunden, auf die ich nun hinweisen will. Die ersten Kosten sind in einer Verrechtlichungsflut entstanden. Anders ausgedrückt: Wir haben eine Rechtsetzungsflut. Was früher von den Beteiligten selbst geregelt wurde, ist heute Gegenstand von Rechtsnormen. Wir finden also eine quantitative Zunahme von Rechtsnormen: Ein Paragraf bleibt ungern allein. Und Gesetze, die einmal in Kraft sind, werden immer umfangreicher und immer länger. Es gibt Leute, die das begrüßen, es gibt Leute, die das beklagen. Zum Zweiten entsteht neben der Rechtsetzungsflut auch eine Verwaltungsflut. Verstaatlichung wirkt dabei als Kompetenzzuweisung an die Exekutive, es entsteht eine verwaltete Sicherheit. Und Verwaltung verursacht erhebliche Kosten. Wenn man ein Gesetz erlässt, sind die Kosten noch überschaubar. Das Parlament hat man sowieso und das Gesetzblatt kostet nicht so viel. Bei der Verwaltung fällt es schon eher ins Gewicht. Aber die steigende Verwaltung produziert selbst neue Kosten. Für viele Bürger produziert der Umgang mit der Verwaltung neue Unsicherheit hinsichtlich der Fragen: Wo stelle ich den Antrag, habe ich überhaupt Aussichten auf Erfolg? Und welche Unterlagen muss ich beibringen, beschaffen, beglaubigen lassen? Es gibt inzwischen Staaten, in denen es eine eigene Berufsgruppe gibt, die den Umgang von Bürgern mit der Verwaltung regelt. Die haben nicht nur Steuerberater, sondern auch Verwaltungsberater, die für die Bürger bestimmte Kontakte zur Verwaltung wahrnehmen, z. B. die Gestoría in Spanien. Da gibt es also kaum noch den Kontakt des Bürgers zur Verwaltung. Und der Verwaltungsberater produziert weiteren Aufwand, also weitere Kosten.

Und ein dritter Punkt: Wenn der Staat alles regeln soll, was unsicher ist, und wenn die Verwaltung dann alles sicherer machen soll, dann muss der Staat letztlich auch alles wissen. Eine Verwaltung, die alles sicherer machen soll, muss jede Quelle der Unsicherheit kennen und somit schließlich allwissend sein. Darin zeigt sich eine dritte Form der sozialen Kosten. Erstens: Verrechtlichung, Normenflut. Zweitens: Stärkung der Verwaltung einschließlich der Kosten. Drittens: Verlust an Privatsphäre im notwendigerweise allwissenden Staat.

Subjektive Sicherheit und das Kriminalitätsparadox

Auf jene Diskussion sattelt die Diskussion um subjektive Sicherheit auf. Wir haben gesehen: Sicherheit ist auch subjektiv. Sie hat, um sie von der objektiven Sicherheit abzugrenzen, einen neuen Namen bekommen: das Sicherheitsgefühl. Da bin ich mir sicher, da fühle ich mich sicher, da ist ein gutes Sicherheitsgefühl. Eine Straftat schafft neben den materiellen Schäden immer auch eine Traumatisierung. Und diese Traumatisierung lässt ein Unsicherheitsgefühl entstehen. Die Polizei will inzwischen Straftaten nicht nur aufklären, sie will sie schon verhindern oder, wie es ein früherer Präsident des Bundeskriminalamtes ausdrückte: Die Polizei möchte am liebsten vor dem Täter am Tatort sein! Wo also der Hase des Täters hinkommt, soll der Igel der Polizei schon da sein. So wird die Straftat verhindert und kann das Sicherheitsgefühl der Menschen nicht mehr erschüttern; zugleich soll dadurch das Sicherheitsgefühl gestärkt werden (vgl. Schewe 2009).

Interessant ist Folgendes: Das Unsicherheitsgefühl ist kurioserweise von der objektiven Sicherheitslage partiell unabhängig. Man kann sich auch unsicher fühlen, obwohl man gar nicht unsicher ist. Oder man kann auch unsicher sein, obwohl man sich überhaupt nicht unsicher fühlt.

Das interessanteste Phänomen in diesem Zusammenhang ist das sogenannte Kriminalitätsparadox. Es besagt, dass ältere Herrschaften sich durch Straftaten viel mehr bedroht fühlen als junge Menschen. Umgekehrt werden aber ältere Menschen viel seltener Opfer von Straftaten als junge. Die Gruppe, die am häufigsten Opfer, jedenfalls von Gewaltdelikten, wird, sind Männer im Alter zwischen 15 und 35 Jahren. Das ist aber zugleich die Gruppe, die sich am sichersten fühlt. Hingegen fühlt sich die ältere Generation von Straftaten und Kriminalität bedroht, obwohl völlig klar ist, dass sie in geringerem Ausmaß von Straftaten bedroht ist. Dieses Thema ist schon sehr intensiv untersucht worden und man hat sehr viele Zusammenhänge festgestellt. Zum Beispiel hinsichtlich der Frage, ob man sich in einer Gegend auskennt oder nicht. Im eigenen Wohnviertel fühlt sich jeder sicher, auch wenn er im sozialen Brennpunkt wohnt. Ein Mensch aus einem sozialen Brennpunkt fühlt sich vielmehr im Villenviertel tendenziell unsicher und umgekehrt. Die Kriminologen haben hier interessante Zusammenhänge und Erklärungsmuster ermittelt. Eine Verbesserung der objektiven Sicherheitslage verbessert nicht zwangsläufig die subjektive Sicherheitslage. Und bei einer Verschlechterung der objektiven Sicherheitslage verschlechtert sich nicht zwangsläufig die subjektive Sicherheitslage. Ein Beispiel: In Bielefeld, der Stadt, in der ich wohne, hat man festgestellt, dass sich die Leute dort sehr sicher fühlen. Nach mancher Ansicht ist in der Stadt einfach zu wenig los. Das Einzige, was aufregt, ist die Häufigkeit des Handtaschendiebstahles. Nach Angaben der Polizei besteht tatsächlich die realistische Chance, dass jeder Bielefelderin alle 500 Jahre die Handtasche gestohlen wird. Der dortige frühere Polizeipräsident sagte mir ganz ratlos, er wisse gar nicht, was er hier machen solle. Noch weniger könne man doch eigentlich gar nicht an Gefahren haben, aber die Leute würden sich trotzdem unsicher fühlen und fragen: Was macht eigentlich die Polizei? In der Regel können Sicherheitsgefühle von der Polizei allenfalls marginal beeinflusst werden. Und sie können auch vom Staat und vom Recht höchstens marginal beeinflusst werden. Wovor fürchten sich die Leute wirklich? Forscher des Max-Planck-Institutes für Strafrecht und Kriminologie haben sich seit über einem Jahrzehnt mit der Frage beschäftigt. Nach ihren Erkenntnissen fürchten die Menschen, im Alter ein Pflegefall zu werden, den Verlust naher Angehöriger, die Altersarmut. Hingegen nimmt die Furcht, Opfer einer Straftat zu werden, einen ziemlich niedrigen Stellenwert ein. Noch weniger wird übrigens der terroristische Anschlag gefürchtet. Selbst im Jahre 2001, als alle den 11. September im Fernsehen verfolgt hatten, nahm er nur den vierten Platz der persönlichen Sorgen ein. Auch damals standen andere Ängste an höherer Stelle. Eine Straftat oder gar ein terroristischer Anschlag, das sind Fälle, in denen die Polizei tätig werden kann. Bei vielen anderen der genannten Fälle kann die Polizei nichts unternehmen und auch der Staat insgesamt kann es übrigens nicht. Krankheit, Siechtum, Verlust naher Angehöriger oder Freunde: Hier sind seine Interventionsmöglichkeiten sehr gering – erst recht solche mit den Mitteln des Rechtes.

Abbildung 1: Persönliche Sorgen und Anteil der Bevölkerung mit starken Sorgen (in %) 2012 (Quelle: Haverkamp, Hummelsheim & Armborst 2013).

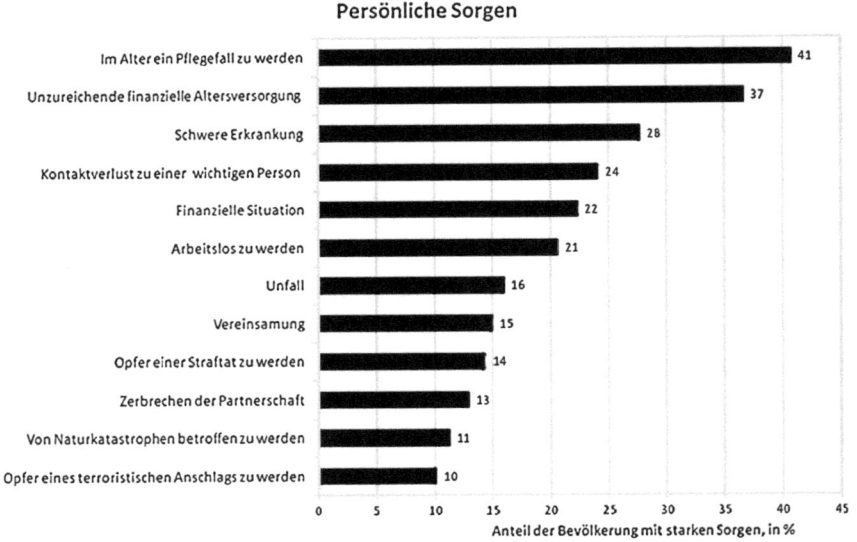

Die wichtigsten Sicherheits- bzw. eher Unsicherheitsgefühle sind gegenüber Staat, Recht und Polizei nahezu immun. Das liegt nicht am fehlenden Handlungswillen der Behörden. Es liegt zentral daran, dass sie hier nicht tätig werden können. Und zwar selbst dann nicht, wenn sie tätig werden wollten.

Hier kommen Staat und Sicherheitsbehörden an das Ende ihrer tatsächlichen Fähigkeiten. Und aus rechtlicher Sicht stellt sich zugleich die Frage, ob sie hier überhaupt tätig werden dürfen. Wir alle wissen, dass es die Garantie der Freiheit von Furcht gibt. Ein uramerikanisches Grundrecht, das seit der amerikanischen Verfassungsbewegung 1783 eine Rolle spielt. Über die Bedeutung dieses Rechtes ist viel gerätselt und gestritten worden. Tatsächlich können Staat, Verfassung und Recht den Menschen jedenfalls nicht jede Furcht nehmen. Am ehesten können sie dies noch hinsichtlich der Furcht vor dem Staat selbst. Und manches spricht dafür, dass ursprünglich genau dies gemeint war mit dem Recht auf Freiheit von Furcht.

Aber Freiheit von Furcht vor dem Staat ist noch lange nicht Freiheit von jeder Furcht. Im Gegenteil: Unsicherheit und Unsicherheitsgefühle sind übertragbar. Sie können sich von ihren Anlässen lösen und in andere Lebensbereiche projizieren, in denen dann gleichfalls Furcht entstehen kann: Wer Angst um den Arbeitsplatz hat, hat auch Angst im Park. Und zwar auch in einem Park, der an sich sicher ist und in dem sich derselbe Mensch zuvor nicht gefürchtet hat. Gewandelt hat sich dann nicht die Situation, sondern das individuelle Erleben – und zwar nicht im Park, sondern ganz woanders. Unsicherheitsgefühle kommen häufig gar nicht unmittelbar aus der Sphäre, in der sie sich äußern, sondern mitunter aus ganz anderen Sphären. Auch wenn Staat und Recht einzelne Unsicherheitsquellen beeinflussen können, so können sie doch Ängste und Unsicherheitsgefühle niemals flächendeckend bannen. Im Gegenteil: Aus den von ihnen nicht beeinflussbaren Bereichen können Unsicherheiten auch auf diejenigen Bereiche übergreifen, die dem staatlichen und rechtlichen Zugriff offen stehen. Den Park können Staat und Behörden sichern, die Unsicherheitsgefühle in diesem Park, die aus anderen Quellen stammen, aber nicht beseitigen, gleichgültig, was auch immer sie im Park unternehmen.

Mehr noch: Gibt es vielleicht eine Freiheit, sich zu fürchten? Sicherheits- und Unsicherheitsgefühle sind beides Gefühle. Und diese zählen zum Innersten der menschlichen Psyche. Und die Freiheit der Gefühle zählt zum

Innersten und Individuellsten, was man hat. Sie hängt mit dem Kern des Menschseins, dem Gewissen und den Grundlagen der Meinungsfreiheit zusammen und ist vielleicht sogar Teil der Menschenwürde. Man kann kaum sagen, woher Unsicherheitsgefühle überhaupt kommen und auf was sie sich übertragen. Dies ist bislang eher unbestimmt und vielleicht sogar im Letzten unbestimmbar.

Zur Rolle des Rechtes – rechtsstaatliche und demokratische Dimensionen

Bestimmt sein muss aber das Sicherheitsrecht. Dies ist ein Kern des Rechtsstaates, den das Bundesverfassungsgericht je länger, je mehr betont. Und was für das Recht allgemein gilt, gilt in besonderer Weise für das Polizeirecht und das Recht anderer Sicherheitsbehörden. Im Sicherheitsrecht muss klar stehen, was wann wo abgewehrt werden kann oder gar muss, was der Staat und seine Beamten wann wie machen dürfen oder was eben nicht. Wenn aber bei den Unsicherheitsgefühlen vieles so unbestimmt ist, wenn sie sich zudem in Bereichen abspielen, in denen der Staat gar keine Regulierungsmöglichkeiten hat, und wenn die Sicherheitsgefühle von der objektiven Sicherheitslage unabhängig sind, dann spricht manches dafür zu sagen, dass das Recht sich ausschließlich mit den objektiven Gefahren beschäftigen darf.

Das ist aber nur die eine Seite. Die Bundesrepublik ist eben nicht nur Rechtsstaat. Es gibt auch andere genauso wichtige Grundprinzipien. Namentlich dasjenige der Demokratie. Einem demokratischen Staat sollten die Menschen und ihre Empfindungen nicht gleichgültig sein. Denn schließlich ist er stets und stets neu auf die freiwillige Zustimmung der Menschen angewiesen. Dies zeigt sich darin, dass individuelle Wahlentscheidungen auch auf höchste individuelle Präferenzen der einzelnen Menschen verweisen, z.B. auf die Fragen: Fühle ich mich sicher? Fühle ich mich unsicher? Zugleich ist diese individuelle Wahlentscheidung total abgeschirmt. Die Wähler stimmen in der Wahlkabine, wie sie wollen. Niemand muss begründen, warum er so oder anders wählt. Dabei stimmt er nicht allein über diese oder jene demokratische Regierungs- oder Parteienalternative ab. Mittelbar ist die Wahl auch ein Plebiszit über die demokratische Staatsform selbst. Wer aus ihr „aussteigen" will, kann und darf die dazu passenden Parteien wählen. Eine Demokratie, der die Menschen mit ihren individuellen Präferenzen, Sorgen, Sicherheits- und Unsicherheitsgefühlen egal sind, ist letztlich eine Demokratie, die ihrerseits früher oder später auch den Wählern egal ist – sobald es scheinbar attraktivere Alternativen gibt.

Wir müssen also Folgendes sehen: Der Staat muss die Menschen als Träger von Meinungen und Gefühlen mit ihren höchst individuellen Präferenzentscheidungen – Wie fühle ich mich? Wie sicher fühle ich mich? Was erwarte ich von meiner Umwelt? – hinnehmen. Zugleich kann er diese Erwartungen, Einstellungen und Gefühle eher wenig und nur am Rande beeinflussen. Immerhin: Er kann sie beeinflussen – z.B. indem Parkhäuser hell angestrichen und beleuchtet werden oder indem Parks so angelegt und angepflanzt werden, dass das Sicherheitsgefühl erhöht wird. Es gibt diesbezüglich Zusammenhänge mit Sicherheit und Sicherheitsgefühlen, die Architekten aufzeigen können. Man kann Sicherheitsgefühle also beeinflussen. Allerdings eben auch nur beeinflussen, nur bestimmte Rahmenbedingungen steuern. Und die Reichweite solcher Steuerungsbemühungen ist begrenzt. Sie ist vor allen Dingen wegen der beschriebenen Übertragungseffekte von Unsicherheitsgefühlen begrenzt.

Was wiederum heißt das nun für das Recht? Der Staat kann in diesem Zusammenhang Sicherheitsaufgaben nur begrenzt wahrnehmen. Er kann nur dort Sicherheit schützen, wo er die Sicherheitslage wirklich beeinflussen kann. Die Grundlage dafür ist, dass er sich um die Gesellschaft, die Menschen in ihr und deren Befindlichkeiten kümmert, schon allein aus Gründen der Erhaltung der Demokratie. Der Staat muss also die Gefühle der Menschen ernst nehmen, er muss auch das Sicherheitsgefühl ernst nehmen, aber – und das ist entscheidend – Zwangsinstrumente zur Herstellung des Sicherheitsgefühls hat er nicht. Er darf also die Parkhäuser hell streichen oder aber den Park sicherheitsgefühlskonform gestalten. Zugleich gilt aber auch: Den Bürgerinnen und Bürgern ausschließlich zum Schutz des Sicherheitsgefühls irgendetwas gebieten oder verbieten darf er aus rechtsstaatlichen Gründen nicht.

Zusammenfassung

Die Aufgabe des Rechtes ist hier also eine zweifache: Zum einen ist die objektive Sicherheit zu schützen, und zwar, wenn man so will, mit allen

Mitteln, d. h. auch mit Zwangsmitteln. Zum anderen kann die subjektive Sicherheit vom Recht vorausgesetzt und aufgenommen werden, aber eben nicht mit Zwangsmitteln. Keinem darf etwas verboten werden, weil ein anderer sich unsicher fühlt. Man darf jemandem nicht verbieten, in den Park zu gehen, weil der andere im Park Angst vor ihm hat, weil er Angst um seinen Arbeitsplatz hat. Zwangsmittel zum Schutz des Sicherheitsgefühls sind unzulässig. Aber auch wenn der Staat Sicherheitsgefühle nicht herbeibefehlen oder garantieren kann: Er darf und muss sich selbstverständlich um die Sicherheit – und auch die subjektive Sicherheit – der Menschen kümmern.[1]

Literatur

Gusy, C. (2012). Vom „neuen Sicherheitsbegriff" zur „Neuen Sicherheitsarchitektur". In: T. Würtenberger, C. Gusy & H.-J. Lange (Hrsg.). Innere Sicherheit im europäischen Vergleich. Sicherheitsdenken, Sicherheitskonzepte und Sicherheitsarchitektur im Wandel. Berlin: LIT Verlag. 71–106.

Gusy, C. (2011). Staat und Sicherheit – Der kooperative Präventionsstaat. In: M. H. W. Möllers & R. C. van Ooyen (Hrsg.). Jahrbuch Öffentliche Sicherheit 2010/2011. Erster Halbband. Frankfurt am Main: Verlag für Polizeiwissenschaft. 21–28.

Gusy, C. (2011). Katastrophenkommunikation ... vor der Katastrophe ... In: V. Mehde, U. Ramsauer & M. Seckelmann (Hrsg.). Staat, Verwaltung, Information. Festschrift für Hans Peter Bull zum 75. Geburtstag (Schriften zum Öffentlichen Recht (SÖR). Band 1195). Berlin: Duncker & Humblot. 995–1015.

Gusy, C. (2010). Sicherheitskultur – Sicherheitspolitik – Sicherheitsrecht. Kritische Vierteljahresschrift für Gesetzgebung und Rechtswissenschaft. 93(2). 111–128.

---

1 Ähnlich warnt Spencer (2012: 68) vor Vorstellungen, „[...], dass die Sicherheitswahrnehmung der Bevölkerung ignoriert werden sollte, da sie keine oder nur eine sehr undurchsichtige Verbindung zur realen Gefahrenlage hat. Politik sollte sich nicht nach den subjektiven Ängsten der Menschen richten, sondern nur nach objektiven Gefahren und deren Wahrscheinlichkeit." Ebenso schon Gusy (2010).

Gusy, C. & Kapitza, A. (2012). Sicherheitsrecht, -politik und -kultur im demokratischen Verfassungsstaat. In: C. Daase, P. Offermann & V. Rauer (Hrsg.). Sicherheitskultur. Soziale und politische Praktiken der Gefahrenabwehr. Frankfurt am Main: Campus Verlag. 45–66.

Gusy, C. & Kapitza, A. (2010). Minority policing in der Bundesrepublik Deutschland. Europa Ethnica, 3/4, 66–73.

Gusy, C. & Worms, C. (2012). Verfassung und Datenschutz - Das Private und das Öffentliche in der Rechtsordnung. DuD – Datenschutz und Datensicherheit. 2. 92–99.

Haverkamp, R., Hummelsheim, D. & Armborst, A. (2013). Studien zur Sicherheit in Deutschland. Forschungsbericht 2013 – Max-Planck-Institut für ausländisches und internationales Strafrecht. Verfügbar unter https://www.mpg.de/6841890/STRA_JB_2013?c=7291695 [18.02.2014].

Renn, O. (2013). Das Risikoparadox. Frankfurt am Main: Fischer.

Spencer, A. (2013). Haben wir gewonnen? Die Messbarkeit von Sicherheit im Anti-Terror-Kampf. In: C. Daase, S. Engert & J. Junk (Hrsg.). Verunsicherte Gesellschaft – überforderter Staat. New York/Frankfurt: Campus Verlag. 57–68.

Schewe, C. S. (2009). Das Sicherheitsgefühl und die Polizei. Berlin: Duncker & Humblot.

Sicherheit und Praxis

Albrecht Broemme
Zum Schluss kommt das THW mit Schippe und Besen

Was macht das Technische Hilfswerk (THW) eigentlich in Deutschland oder im Ausland? Was interessiert das THW an der Forschung? Schippe und Besen, das klingt ein bisschen bieder, aber Katastrophenschutz funktioniert dann am besten, wenn man mit den einfachsten Methoden arbeitet. Hightech ist manchmal gut, weil das der Stand der Technik ist und weil junge Menschen damit gut umgehen können. Aber leider besinnen wir uns manchmal zu wenig darauf, wie einfach alles früher war. Da hatte man bloß eine Schubkarre, auch Dreiseitenkipper genannt, Spitzhacken und Schippen. Und damit hat man beim THW angefangen zu arbeiten. Das würde heute nicht mehr ausreichen.

Beispiele von Katastrophen

Es war vor der Zeit der Gründung des THW, nämlich vor rund 15 Millionen Jahren, da ereignete sich der Meteoriteneinschlag im heutigen Nördlinger Ries, durch den das Steinheimer Becken entstanden ist. Man vermutet, dass sich ein relativ kleiner Meteorit beim Eintritt in die Erdatmosphäre geteilt hat. Dieser Einschlag ist in den letzten Jahren noch einmal näher untersucht worden. Man weiß heute einiges mehr darüber, was sich damals abgespielt hat: Im näheren Umfeld gab es einen Temperaturanstieg von 10.000 Grad Celsius. Gesteinsbrocken in VW-Bus-Größe sind bis zu 500 Kilometer weit geflogen. Der Meteoriteneinschlag im Nördlinger Ries war also ein sehr heftiges Ereignis, was man heute immer noch gut erkennen kann.

Manch einer sagt: „Was interessieren mich Meteoriten, Meteore oder Kometen?" Aber immerhin, der Meteoriteneinschlag in Russland im Februar 2013 – der eigentlich kein Einschlag im eigentlichen Sinne war, weil eine Sternschnuppe in der Luft verglüht ist – hat einen großen Knall wie bei einem Gewitter ausgelöst (vgl. Freistetter 2013). Und dieser Knall hat zu über tausend Verletzten geführt, weil viele Fensterscheiben aufgrund des Knalls bzw. des Luftstoßes geplatzt sind. Man hat jetzt auch einen See gefunden, aus dem ein paar Kilogramm des Meteoriten geborgen werden konnten. Das ist natürlich eines von den Ereignissen, bei dem auch das THW nicht wirklich helfen könnte. Wenn sich beispielsweise ein Komet Berlin nähern und dort irgendwo einschlagen würde, müsste das THW auch erst einmal überlegen, was zu tun ist.

Wenn man über Tsunamis redet, denken viele an die Tsunamikatastrophe in Südostasien im Dezember 2004. Tsunamis kann es jedoch praktisch überall geben. Zum Beispiel gab es im Jahre 563 n. Chr. einen Bergsturz in den Genfer See, der einen Tsunami mit Wellen bis zu 13 Meter Höhe auslöste. Die heutigen Städte Montreux, Genf und Lausanne wären dabei stark zerstört worden. Solche Bergrutsche stellen auch heute noch eine sehr große Gefahr dar. In Norwegen z. B. beobachtet man über Satelliten einen drohenden großen Bergrutsch. Dort wird demnächst eine kleine Stadt umgesiedelt werden müssen, weil sie sonst von der Bildfläche verschwinden würde (vgl. Bayerischer Rundfunk 2007).

Die Zweite Elisabethenflut hat 1421 in Holland mehrere Tausend Tote gefordert. Wie viele genau, weiß man nicht. Interessant ist, dass der Großbrand von London 1666, bei dem die ganze Innenstadt abbrannte, nur 13 oder 15 Tote forderte. Heute kann ein Haus abbrennen und es sind viel mehr Tote zu beklagen. Der Großbrand von Hamburg forderte 1842 50 Tote, 300 der Großbrand von Chicago 1871. Das zeigt, dass sich die Menschen damals anders verhalten haben. Eine interessante Untersuchung hierzu wäre, ob man das Vertrauen in die Feuerwehr lieber an den Nagel hängen und herausrennen sollte und dadurch eher überleben würde. Die Menschen damals haben sich nämlich auch anders verhalten müssen, weil es Feuerwehren noch gar nicht gab.

Im Jahre 1896 gab es in Japan einen Tsunami mit 23 Meter hohen Wellen und ca. 26.000 Toten. Dagegen war der Tsunami 2011 schwächer. Auch der Tsunami von 1896 hat schwere Schäden verursacht, jedoch gab es damals noch keine Atomkraftwerke. Noch heute gibt es in Japan Grenzsteine, auf denen steht: „Unterhalb dieser Linie darfst du nicht bauen". Und das „Experiment", unterhalb dieser Tsunami-Linie Atomkraftwerke und sogar ein offenes Abklingbecken zu bauen, ist gründlich missglückt. Dafür hat man heutzutage in Japan auch nur noch wenig Verständnis.

Die Nordsee-Sturmflut 1962 in Deutschland forderte 315 Tote. Diese hohe Anzahl von Toten war dem Umstand geschuldet, dass man damals noch nicht auf das achtete, was ein paar Jahre zuvor passiert war. 1956 und 1953 gab es ähnliche Sturmfluten in den Niederlanden, auch mit hohen Personen- und Sachschäden. Aber das war eben in den Niederlanden und nicht in Deutschland und deswegen wurde abgewartet, ob so etwas in Deutschland auch passieren kann. Vor 51 Jahren hat man dann angefangen, Deiche zu bauen. Und erst im Sommer 2013 wurde in Hamburg der Deichbau vollendet, der aufgrund der Sturmflut von 1962 erforderlich war.

Dies zeigt, wie wichtig es ist, in die Vergangenheit zu schauen, um bestimmte Dinge zu planen.

Der Orkan Kyrill im Frühjahr 2007 mit 47 Toten alleine in Deutschland hat gezeigt, wie schlecht damals noch die Reaktion der Bevölkerung auf Wetterwarnungen war, denn Kyrill wurde recht präzise vorhergesagt (vgl. Wikipedia-Eintrag „Orkan Kyrill"). Es war das erste Mal, dass die Deutsche Bahn ihren Betrieb vorsorglich einstellte.

Interessant war auch die Aschewolke des unaussprechlichen Vulkans in Island, der in Europa zu einem Ausfall des Flugverkehrs von bis zu vier Wochen führte (vgl. Wikipedia-Eintrag „Ausbruch des Eyjafjallajökull 2010"). Das zeigt: Es geht auch anders. Ohne Flugbetrieb war es in einigen Gebieten deutlich ruhiger. Natürlich gab es auch viele negative Folgen, insbesondere bei der Logistik, die auf die Luftfracht eingestellt ist.

Erkennungszeichen einer Katastrophe und Warnungen

Wie erkenne ich eine Katastrophe? Vorhandene Schutzkonzepte reichen nicht immer aus, um eine Katastrophe rechtzeitig zu erkennen und Maßnahmen zu ergreifen. In einer Katastrophe gibt es viele Betroffene, bei denen eine Lebensgrundlage beschädigt wird. Es gibt eine massive Zerstörung von Sachwerten und, sehr viel problematischer, in manchen Fällen kommt ein Ausfall kritischer Infrastruktur hinzu. Und zwar durchaus auch langfristige Ausfälle. Das bedeutet, dass der Strom nicht nur eine Viertelstunde oder eine Stunde weg ist, sondern z. B. aufgrund massiver Oberleitungsschäden und Übertragungswegschäden für 14 Tage oder länger ausfällt.

Bezüglich der Warnungen vor Unwettern zeigt sich, dass die Warnungen des Wetterdienstes immer sicherer werden. Was allerdings auch zu beobachten ist: Die Warnungen werden immer häufiger von den Medien aufgegriffen und Meldungen überholen sich. Man befürchtet riesige Ausmaße, stellt Vergleiche mit der Sturmflut von 1962 an und sieht schon wieder Altkanzler Schmidt in Hamburg das Kommando übernehmen oder ähnliche Dinge. Das sind dann mediale Sahnehäubchen, die hinzugefügt werden.

Zu den Großschadensereignissen in Deutschland zählen die Sturmflut in Hamburg 1962, das Oderhochwasser 1997, das Elbehochwasser 2002 und der Stromausfall im Münsterland 2005. Dieser Stromausfall betraf nicht ganz Nordrhein-Westfalen und auch nicht das gesamte Münsterland, sondern ein Gebiet, zu dem drei Landkreise gehören. In den Jahren 2008, 2012 und 2013 gab es wieder in einigen Regionen Deutschlands starke Hochwasser, die zu großen Verwüstungen führten. Immer wieder gibt es verheerende lokale Unwetter, wie z. B. den Hagelschlag im Landkreis Reutlingen in Baden-Württemberg am 28. Juli 2013. Er verursachte Schäden in Höhe von 1,25 Milliarden Euro. Früher sprach man in solchen Fällen von Jahrhundertereignissen. Die Menschen müssen ihre Einstellung zu den Wetterereignissen ändern. Wetterereignisse sind auch eine Folge des Klimawandels, der nun einmal stattfindet. Man muss nicht diskutieren, ob er stattfindet oder nicht. Man kann zwar vortrefflich diskutieren, wie viel der Mensch dazu beiträgt, aber er findet statt. Und die Eintrittswahrscheinlichkeit schwerwiegender Ereignisse hat sich erhöht, aber vor allen Dingen hat sich die Periode verkürzt, d. h., die Frequenz der sogenannten Jahrhundertereignisse hat sich erhöht.

Bevölkerungsschutz

Beim Bevölkerungsschutz in Deutschland unterscheidet man zwischen Katastrophenschutz und Zivilschutz. Für Letzteren ist der Bund zuständig, beispielsweise dann, wenn ein Krieg ausbricht. Der Katastrophenschutz fällt in die Kompetenz der 16 Bundesländer. Dabei ergeben sich sowohl föderale Vorteile als auch föderale Hemmnisse. Für das THW birgt der Föderalismus hierbei allerdings mehr Chancen als Probleme, denn die Einsätze können nie von nur einer Stelle aus gemanagt werden. Das würde schon dann nicht mehr funktionieren, wenn beispielsweise die Kommunikationsverbindung an einigen Stellen unterbrochen wäre. Der Katastrophenschutz wird in den Ländern von den Feuerwehren und den Hilfsorganisationen ausgeführt. Der Bund steuert auf Anforderung die Bundespolizei und das THW bei, ggf. auch die Bundeswehr.

Bei der Organisation des Bevölkerungsschutzes gibt es ein gutes Netzwerk. An der Basis befinden sich in Deutschland die insgesamt über 11.000 Kommunen. Sie stellen für den Bürger den Bereich dar, mit dem er am meisten zu tun hat, dem er am meisten vertrauen kann und von dem er auch am meisten erwartet. In den Kommunen muss alles funktionieren. Über den Kommunen befinden sich nachfolgend die Bezirke, Kreise, kreisfreien Städte, Länder und der Bund. Der Bund ist also auch am weitesten weg vom Bürger.

Technisches Hilfswerk

Das THW ist eine Bundesanstalt im Geschäftsbereich des Bundesministeriums des Innern (BMI). Das THW wurde 1950 als Einsatzorganisation des zivilen Bevölkerungsschutzes gegründet, in etwa parallel zur Gründung der Bundeswehr. Das THW setzt sich heute aus 80.000 Freiwilligen von der Jugend bis zum Althelfer zusammen. In den letzten Jahren finden sich auch immer mehr Frauen im THW. Insgesamt hat das THW gut 800 hauptamtliche Mitarbeiter, 8.500 Fahrzeuge und einen Etat von 180 Millionen Euro für das Jahr 2013 (vgl. Technisches Hilfswerk 2013). Im Vergleich dazu: Die Berliner Feuerwehr hat einen Jahresetat von 240 Millionen Euro. Das heißt, das THW hat bundesweit einen niedrigeren Etat als alleine die Berliner Feuerwehr. Ein Grund ist der geringe Anteil der Hauptamtlichen: Er beträgt nur 1 % aller THW-Mitglieder. 99 % der über 80.000 Menschen, die im THW engagiert sind, tun dies ehrenamtlich.

Das Hochwasser 2013 hatte allerdings zur Folge, dass das THW weitere rund 30 Millionen Euro für die Einsatzkosten bekam, denn der Bund verzichtete auf jede Kostenabrechnung gegenüber Ländern und Kreisen. Unter anderem entstanden Kosten für Verdienstausfälle freiwilliger Helfer, die vom Arbeitgeber für den Einsatz freigestellt wurden. Diese Art Kosten bekommt der Arbeitgeber vom THW zurückerstattet. Das THW ist so etwas wie eine zivile Pioniertruppe, sage ich gerne. Wir können orten, wir können reinigen, z. B. eine ölverschmierte Küste, wir können mit Baggern und mit Räumgeräten arbeiten. Wir können auch koordinieren, beleuchten, reinigen, wir können Brücken bauen und Brücken sprengen. Das sind alles Sachen, die man lernen kann, wenn man beim THW anfängt. Die Basis für die Arbeit beim THW bildet als wesentliches Element der Grundausbildung der Bergungsdienst. Das Arbeiten mit Schippe und Besen wird auch in Zukunft immer besonders wichtig sein. Die anschließende Fachausbildung richtet sich dann nach dem, was der Helfer kann und was er will. Sehr wichtig ist beispielsweise die Lokalisierung verschütteter Personen. Wenn ein Betonbau einstürzt, hat man immer große Hohlräume, oder wenn ein Fachwerkbau einstürzt, dann hat man auch gute Chancen. Schwierig wird es, wenn es andere Baumaterialien sind oder wenn die Leute unter Schlamm begraben sind. Da gibt es immer noch keine wirklich gute technische Lösung, um die Hilfe schnell und lebensrettend zu gestalten. Dreidimensionale Bilder aus den Trümmerhaufen, wo man die Leute vermuten kann, oder die Überwachung der körperlichen Verfassung aus den Trümmerhaufen heraus sind Methoden, die weiterentwickelt werden müssen. Denn wenn viele Menschen zu retten sind, muss man natürlich auch eine Entscheidung über die Priorisierung treffen und dann wäre es hilfreich, die genaue Situation der Opfer zu kennen. Im THW sind alle Berufsgruppen vertreten, vom Berufskoch, der für die Leute im Einsatz kocht, bis hin zum Juristen, der als Baggerfahrer ausgebildet wurde. Das THW lebt von den unterschiedlichen Menschen mit ihren unterschiedlichen Fähigkeiten. Es gibt junge und alte Menschen, unter ihnen auch immer mehr Frauen. Der Frauenanteil lag früher, vor 45 Jahren, bei null, da es damals verboten war, Frauen im THW zu beschäftigen. Insofern war das THW früher eine klassische Männerdomäne, was sich inzwischen relativiert. Seit dem Wegfall der Wehrpflicht kommen mehr Frauen zum THW. Dies liegt auch daran, dass das THW Werbung macht, die sich an Frauen und Männer gleichermaßen richtet.

Das THW hat ein sogenanntes modulares Einsatzkonzept. Fahrzeuge und Unterkünfte gehören dem Bund. Wenn beispielsweise in Bayern und an keinem anderen Ort sonst ein großer Einsatz anstünde, dann könnten alle Pumpen aus Deutschland nach Bayern geschickt werden. So etwas kann auch präventiv durchgeführt werden, ein Aspekt, der von Verantwortlichen aus Kommunen und Ländern noch viel zu wenig beachtet wird. Wichtig ist dies vor allem bei den Logistikeinheiten für Material und Verpflegung.

Es gibt durchaus Einheiten, die in der Lage sind, vor Ort, quasi auf dem Acker, Reparatur- und Servicearbeiten durchzuführen, ohne dass sie auf etwas warten müssen. Diese Logistikeinheiten für Material sind technisch gut ausgestattet und haben gut geschulte und hoch motivierte Helfer.

Zum Schluss kommt das THW mit Schippe und Besen

Das THW ist am Einsatzort immer „die zweite Welle". Die erste Welle ist die Feuerwehr, sie muss innerhalb weniger Minuten eintreffen. Erst wenn ein Einsatz länger dauert oder wenn bestimmte Fähigkeiten gebraucht werden, dann wird das THW geholt.

Die Arbeit des THW hat einige Schwerpunkte, dazu gehören der Schutz kritischer Infrastrukturen, die Einbeziehung des Klimawandels und leider auch der Terrorismus, auch wenn durch diesen in Deutschland bisher zum Glück keine großen Schäden angerichtet wurden wie in anderen Ländern. Es sind aber auch die Unfälle im Alltag, bei denen das THW angefordert wird, z. B. wenn ein Baggerfahrer, wie es im Jahr häufiger vorkommt, ein elementar wichtiges Kabel durchtrennt hat und es dadurch zu großen Störungen im Strom- oder Telefonnetz kommen kann.

Das THW bereitet sich seit längerer Zeit mithilfe von Szenarien auf unterschiedliche Einsatzoptionen und -anforderungen vor. Die Ziele sind dabei relativ klar, auch wenn sie zum Teil recht hochgesteckt sind und wir wissen, dass sie noch nicht überall erreicht werden können. Solche Szenarien implizieren z. B. Extremwetterlagen oder Erdbeben. Es stellt sich natürlich die Frage, ob Erdbeben in Deutschland überhaupt ein Problem sind.

In Deutschland stellen Erdbeben keine große Gefahr da, aber man darf die Leipziger Bucht, die Kölner Bucht oder den Hohenzollerngraben nicht vergessen, denn dort kann es durchaus auch mal in Deutschland zu Erdbeben kommen. Außerdem gibt es den Vulkanismus: In der Eifel findet sich z. B. eine Region mit zwei Typen von Vulkanen, die ruhen bzw. nur leichte Aktivität zeigen. Sollten diese irgendwann einmal ausbrechen, dann wird der Rhein durch Zuschüttungen aufgestaut und im Umkreis von 200 Kilometern alles voll Asche sein. Erdbeben spielen vor allem im benachbarten Ausland eine Rolle. Zum Beispiel macht uns die Erdbebenentwicklung in der Türkei Sorgen. In Istanbul werden deshalb viele Mühen und Anstrengungen in die Prävention gesteckt. Dazu gehört die Aufklärung der Bevölkerung genauso wie der Abriss von unsicheren Gebäuden. Trotzdem kann man davon ausgehen, dass ein starkes Erdbeben in Istanbul verheerende Folgen haben wird.

Es ist wichtig zu betonen, dass es, wenn irgendein Gebäude einfällt, völlig egal ist, ob die Ursache ein Erdbeben, ein Baufehler, falsche Abbrucharbeiten oder ein Terroranschlag war. Das Gebäude liegt in Trümmern und unter den Trümmern befinden sich Menschen. Wenn es ein Terroranschlag war, gibt es mitunter zunächst nur einen Ausgangspunkt für z. B eine Detonation. Wenn man das ahnt oder weiß, muss man damit rechnen, dass vielleicht noch eine zweite Bombe irgendwo versteckt ist. Daraus ergeben sich dann einsatztaktische Maßnahmen, die immer mit großen Unsicherheiten einhergehen. Weitere Szenarien, auf die sich das THW vorbereitet, sind: mehrtägige Störungen der Logistik, Ölschäden an der Küste oder Großveranstaltungen mit hoher Gefährdungslage.

Herausforderungen an den zivilen Bevölkerungsschutz

Die Herausforderung an den zivilen Bevölkerungsschutz und somit auch an das THW ist, die Kernaufgabe immer im Auge zu behalten, nämlich die Sicherung des Überlebens des Einzelnen und der Gesellschaft. Die volle Leistung kann nur erbracht werden, wenn es ausreichend materielle und personelle Ressourcen gibt und auch Reserven. Man muss sich organisatorisch vorbereiten und ein wichtiges Element von Planung und Vorbereitung sind die Übungen der Szenarien. Im Bevölkerungsschutz wirken sehr viele Akteure mit, dazu gehören verschiedene private und öffentliche Organisationen sowohl auf staatlicher als auch kommunaler Ebene, Landes- und Bundesebene sowie Unterstützung aus dem Ausland. All diese Akteure müssen organisiert werden, deshalb spielt die Öffentlichkeitsarbeit eine große Rolle.

Wichtig ist, dass diese Öffentlichkeitsarbeit heute, aufgrund der Geschwindigkeit und Menge an Informationen für jedermann, eine ganz andere Dimension hat. Eine solide Öffentlichkeitsarbeit ist immer eine gute Chance, die Bevölkerung zu informieren. Und wenn sie solide ist, schafft das auch Vertrauen – denn die Bevölkerung merkt sehr schnell, wenn ihr Informationen scheibchenweise vermittelt und nicht die Gänze der Vorkommnisse geschildert werden.

Die Herausforderung ist natürlich die Koordination, die Abstimmung untereinander, damit es funktionieren kann. Man spricht hier von „Resilienz". Dies ist ursprünglich ein lateinischer Begriff „resilire" und hierunter versteht man die Widerstandsfähigkeit in gewissen Situationen. Das heißt, man muss die Fähigkeit haben, resilient zu sein, wenn mal irgendein Problem auftaucht, und sich nicht gleich aus der Bahn werfen zu lassen. Kommunen, Feuerwehr, Kommunalbetriebe, Hilfsorganisationen und die Polizei sollten deshalb Resilienz anstreben, so die neue Auslosung. Um resilient zu sein, muss man auch in Ausnahmesituationen handlungsfähig sein, beispielsweise werden, wenn der Strom ausfällt, genügend Notstromaggregate benötigt, damit die Akteure sich selbst mit Strom versorgen können.

Die Selbsthilfe- und Selbstschutzfähigkeit der Bevölkerung gilt in Deutschland im Allgemeinen als schlecht. Das Interesse, anderen zu helfen, ist jedoch viel größer, als gemeinhin angenommen wurde. Allein die große Anzahl der freiwilligen Helfer während des letzten Hochwassers hat dies gezeigt. Im Rahmen eines Noteinsatzes ist es wichtig, vor allem die Einsatzfähigkeit der Helfer zu sichern. Das fängt schon damit an, dass es irgendwo Verpflegung für die Einsatzkräfte geben muss.

Präventivmaßnahmen müssen geplant, finanziert und konsequent umgesetzt werden – und das dauert manchmal sehr lange. Wie kann man sich vorbereiten? Die erste Feststellung: Katastrophen sind nie genau planbar, sonst wären es keine Katastrophen, sondern planbare Ereignisse. Wichtig sind daher gut geschulte und besetzte Krisenstäbe, die kreativ reagieren. Ein guter Krisenstab ist dazu in der Lage, wenn die richtigen Leute darin sind, auch aus ganz unterschiedlichen Disziplinen. Die Personen sollten sich natürlich kennen und auch zuvor den Krisenfall bereits geübt haben. Es ist auch wichtig, die Stabsmitglieder im Krisenfall nicht zu überfordern und hier bereits zu Beginn beispielsweise einen organisierten Schichtbetrieb einzuteilen. Ein Beispiel für solch eine kreative Lösung ist das „Schiffe versenken", bei dem auch das THW mitgearbeitet hat. Dabei galt es, als Ultima Ratio einen drohenden Deichbruch im Landkreis Jerichower Land zu stoppen und den Deich wieder zu schließen, um zu verhindern, dass ein bereits mit 80 Quadratkilometern überflutetes Gebiet sich noch weiter ausbreitet. Man hätte sonst mit 100, 120 Quadratkilometern Überflutung rechnen müssen und mit noch sehr viel größeren Schäden, als bis dahin schon eingetreten waren. Einer der markanten Schäden in diesem Zusammenhang war der Ausfall der ICE-Strecke von Berlin nach Hannover. Da ist ein Experiment misslungen, nämlich eine ICE-Strecke in einen Polder „auf die Wiese" zu verlegen und diese nicht auf ein Ständerwerk zu bauen. Und als der Polder überflutet war, war auch die Strecke ruiniert. Das war vorhersehbar, aber es erst einmal zu probieren, war natürlich viel billiger. Die Kosten für die Reparatur der Strecke betragen jetzt einige Millionen Euro. Es ist natürlich immer eine Kostenfrage, inwieweit man in der Lage und bereit ist zu investieren.

Nutzung von sozialen Medien

Wichtig ist – und das ist keine Frage von Geld – die Zusammenarbeit der verschiedenen Organisationen zu fördern und einzufordern sowie auch die Hilfsbereitschaft der Bevölkerung zu nutzen. Das kann man heute gut über soziale Medien erreichen – solange das Internet noch funktioniert. Es muss dem THW und auch den anderen Akteuren noch besser gelingen, die Bevölkerung abzuholen, wenn sie ihre Hilfe anbietet. Es gibt nämlich immer Spontanhelfer, die eben nicht in einer Organisation sind, die keine Grundausbildung haben, die auch keine persönliche Schutzausrüstung haben, die einfach sagen: „Ich erkenne, dass ich jetzt hier gebraucht werde. Was kann ich tun?" Das ist immer viel besser, wenn die Leute bereit sind, sich anzubieten und sich dann irgendwo einteilen zu lassen, als wenn Leute irgendwo auf dem Deich erscheinen und sagen: „Hurra, hier bin ich, was soll ich tun?" Der organisierte, nicht ausgebildete Helfer, der sich aber eben organisieren lässt, ist der zweitschlechteste Fall. Der schlechteste Fall ist der nicht organisierte, nicht ausgebildete Helfer, der sich auch nicht organisieren lässt und irgendwo auftaucht. Dieser zählt dann eher zu den Katastrophen-Gaffern, die man schlichtweg überhaupt nicht gebrauchen kann. Also wird die spontan organisierte Hilfe zu ermöglichen eine der großen Aufgaben sein, die das THW sehr schnell, wie alle anderen Organisationen auch, lösen muss, das haben die Ereignisse des Hochwassers 2013 gezeigt.

Man sollte die Visitenkarten nicht erst auf dem Trümmerkegel austauschen, sondern sich vorher schon kennen. Das THW hat noch viel zu tun, um die Erfahrungen aus Übungen und Einsätzen auszutauschen und sich mit anderen Hilfsorganisationen zu vernetzen. Dabei sollten alle Organisationen natürlich auch ihre Grenzen kennen bzw. sich darüber austauschen. So verfügt das THW über 80.000 ehrenamtliche Helfer, das Rote Kreuz hat mehrere 100.000 aktive Helfer und die Deutsche-Lebensrettungs-Gesellschaft (DLRG) hat über 100.000 aktive Helfer. Hierbei handelt es sich um sehr große Potenziale, die ausgebildet und organisiert sind und die sich vernetzen sollten. Allerdings zeigt die Erfahrung, dass es auf der Welt keine aktuelle Telefonliste gibt. Alle Telefonlisten sind immer veraltet; es ist nur die Frage, *wie* alt sie sind. Mit den Wochen und Monaten der letzten Aktualisierung einer Telefonliste wächst exponentiell die Anzahl von nicht mehr zutreffenden Nummern bis hin zu verstorbenen Mitarbeitern.

Kommunikationswege sind gerade im Katastrophenschutz sehr wichtig, sie gilt es zu üben und auch in gewissen Punkten einzuhalten. Formale Vereinbarungen bei gegenseitigen Unterstützungsmöglichkeiten dienen dazu, dass man auch gegenseitig die Möglichkeiten und Grenzen besser kennt, vor allem im Katastrophenfall. Ein Beispiel: Das THW hat Vereinbarungen mit Stromunternehmen abgeschlossen. Zwar kann das THW mit seinen Aggregaten kein Kraftwerk ersetzen, aber wichtige Überbrückungen leisten oder auch beschädigte Strommasten sprengen, damit sie schnell weggeräumt werden können. Zudem weiß das THW, wie man Hubschrauber von der Bundespolizei anfordert. Das sind alles relevante Informationen bzw. Möglichkeiten, wie Kommunen im Katastrophenfall vor Ort schnell unterstützt werden können. Denn vielfach wissen die einzelnen Akteure untereinander gar nicht, wer wie behilflich sein kann. Auch die Medienarbeit, die häufig unterschätzt wird, muss mit organisiert und geübt werden. Man braucht in den Medien, in allen Medien, Leute, die man kennt. Damit man auch mit Hintergrundinformationen arbeiten kann und sich darauf verlassen kann, dass die Informationen möglichst richtig vermittelt werden. Das kann man nicht erst im Falle eines Falles erwarten.

Welche Lösungsansätze hat das THW, um im Katastrophenschutz noch mehr zu tun? Sehr wichtig sind die schon erwähnten strategischen Partnerschaften, also zwischen THW und Firmen oder anderen Behörden z. B. Das THW hat ebenso mit dem deutschen Umweltbundesamt (UBA) eine Partnerschaft, um sich auch im Rahmen der Forschung und Entwicklung direkt austauschen zu können.

Die Ausbildung beim THW muss noch modernisiert werden, denn sie soll weiterhin attraktiv bleiben. Auch das Stichwort Helferentwicklung spielt eine Rolle, also: Wie bekommt man die Menschen vom PC weg und in die Organisation Das ist das größte Problem, beinhaltet aber auch eine Chance, etwas zu ändern. Man muss sie am PC abholen, dann aber auch etwas bieten, weshalb sie kommen. Das Projekt „60 plus" beispielsweise bedeutet, dass das THW auch Menschen über 60 Jahre aufnimmt, wenn sie beim THW anfangen wollen. Sie erhalten eine abgespeckte Grundausbildung und werden ihren Fähigkeiten entsprechend eingesetzt. Mentoring soll dazu dienen, die Aufnahme von Frauen, die sich in manchen Ortsverbänden noch in der klaren Minderheit befinden, zu erleichtern.

Ein wichtiges Thema ist auch die zivile Sicherheitsforschung, wo in letzter Zeit sowohl auf nationaler als auch auf EU-Ebene viele Projekte gefördert wurden und noch sehr viel passieren wird. Das große Kapitel ist die Prävention. Prävention verursacht Kosten und das ist für den typischen Controller erst einmal ein schwieriges Thema. Der Gewinn im Schadensfall liegt bei etwa 1 : 7. Das sind Zahlen, die sich an vielen Stellen bewahrheitet haben.

Ein Beispiel: In Sachsen gibt es die Gemeinde Deutschneudorf. Sie erlitt durch das Hochwasser 2002 – für sie völlig unerwartet, weil sie ganz oben in den Bergen im Erzgebirge liegt – sehr hohe materielle Schäden. Da ist einer so kleinen Gemeinde natürlich der Garaus gemacht und es mussten erst einmal die Schäden beseitigt werden. Anschließend gab es die Überlegung: Was machen wir? Woraufhin ein intelligentes System geschaffen wurde, indem nicht nur Deiche – in der Höhenlage nur bedingt praktikabel – gebaut wurden, sondern auch Informationen über Überflutungsgebiete sowie andere Möglichkeiten gesammelt und dann auch umgesetzt wurden. Beim Hochwasser 2013, das ähnlich stark war, gab es in der Gemeinde Deutschneudorf eine wesentlich geringere Schadenshöhe. Es wurde vorher in Hochwasserschutz investiert. Das ist ein schönes Beispiel, wie sehr sich Investitionen in barer Münze auszahlen, wenn erneut ein ähnliches Ereignis eintritt.

Die Effizienz und auch die Sicherheit von Betrieben muss natürlich, auch wenn man den Katastrophenschutz kennt, etwas anders betrachtet werden. Ein deutscher Brillenhersteller hat seine Produktion nahezu vollständig in ein Werk in Thailand verlagert, um bei guter Qualität konkurrenzfähig zu sein. Es wurde allerdings nicht überlegt, wo das Werk hin gebaut wurde. Der Standort lag in einem Überflutungsgebiet und es gelang nur mühsam, dieses Firmengelände bei der letzten großen Flut in Thailand zu schützen. Wenn dieses Werk überflutet worden wäre, wäre die Firma vom Weltmarkt verschwunden.

Ein Gegenbeispiel hierzu: Nach dem Erdbeben in Fukushima war ein Werk der Firma Fujitsu Siemens durch den Tsunami völlig zerstört worden. Bemerkenswert ist hier allerdings, dass die internen Maßnahmen der Warnung bezüglich des Erdbebens so gut funktionierten, dass sämtliche Mitarbeiter das Gebäude verlassen hatten, bevor der Tsunami kam. Sie warteten alle auf einem angrenzenden Hügel und sahen, wie der Tsunami das Werk zerstörte. Vier Tage später haben 800 Arbeitskräfte im 800 Kilometer entfernt liegenden Osaka die Produktion der Firma Fujitsu Siemens im Zweischichtbetrieb weitergeführt. Der Betrieb fiel also für vier Tage aus und dann konnte ganz normal weitergearbeitet werden. Das bedeutet, dass die Logistik, mit Materialnachschub und weiteren zentralen Aspekten, für diesen Notfall bereits organisiert war. Denn nur so war es möglich, dass das gleiche Arbeitspensum statt an zwei auch an einem Standort bewältigt werden konnte. Das ist natürlich Resilienz in hohem Maße.

Aus Sicht des THW gibt es in der Prävention und im Schutz noch Forschungsbedarf. Beispielsweise sind folgende Fragen keinesfalls zur Genüge wissenschaftlich untersucht: Was macht eine Gesellschaft resilient? Welche Rolle spielt die Intuition und die persönliche Erfahrung? Wie kann man diesbezügliche Erkenntnisse auch in nachvollziehbare Prozesse einbauen? Und in Bezug auf das Stichwort Wissensmanagement birgt der vereinfachte Informationszugang zu weltweiten Geschehnissen ebenfalls größeren Untersuchungsbedarf. Hier interessiert das THW vor allem die Klärung der folgenden Fragen: Wie kann man auch kommunizieren, wenn das Internet nicht funktioniert? Was ist der Mehrwert, wo sind die Risiken von sozialen Medien?

Der Erfahrungsaustausch ist ein ganz wichtiger Punkt und dass man sich national und auch über europäische Grenzen hinweg trifft, Best Practice feststellt und diese dann auch kommuniziert. Vieles der aktuellen Forschung in den einzelnen Disziplinen kann und sollte zusammengeführt sowie kommuniziert werden. Wichtig für die Forschung in diesem Bereich ist es, ebenso die Ideen und Erfahrungen der Endanwender einzubinden, denn im Katastrophenfall sind wir es, die Mitarbeiter des THW, die zum Schluss kommen und „mit Schippe und Besen" alles aufräumen.

Literatur

Deutsches Bundesamt für Statistik (2014). Statistiken und Daten zu Naturkatastrophen. Verfügbar unter http://de.statista.com/themen/551/natur katastrophen/ [03.11.2014].

Freistetter, F. (2013). Der Meteor über Russland: Eine Zusammenfassung. Verfügbar unter http://scienceblogs.de/astrodicticum-simplex/2013/02/17/ der-meteor-uber-russland-eine-zusammenfassung [03.11.2014].

Koldau, L.-M. (2013). Tsunamis: Entstehung, Geschichte, Prävention. München: C. H. Beck.

Pfister, Chr., Grassl, H., Luterbacher, J. & *Wanner, H.* (1999). Wetternachhersage – 500 Jahre Klimavariationen und Naturkatastrophen. Bern: Haupt.

Philipp, C. (2003). Nördlinger Ries und Steinheimer Becken – Entstehung und Geologie. München: GRIN.

Poliwoda, G. (2007). Aus Katastrophen lernen. Sachsen im Kampf gegen die Fluten der Elbe 1784 bis 1845. Köln: Böhlau.

Technisches Hilfswerk (2014). Technisches Hilfswerk im Überblick. Verfügbar unter http://www.thw.de/SharedDocs/Downloads/DE/Hintergrund/THW_im_Ueberblick.pdf?__blob=publicationFile [03.11.2014].

Technisches Hilfswerk (2013). Jahresbericht Technisches Hilfswerk 2013. Bonn. Verfügbar unter http://www.thw.de/SharedDocs/Downloads/DE/Hintergrund/Jahresberichte/Jahresbericht_2013.pdf?__blob=publicationFile [03.11.2014].

Bayerischer Rundfunk (2007). Norwegens Küste in Gefahr. Verfügbar unter http://www.tsunami-alarm-system.com/fileadmin/media/press/articel/de/Bayerischer-Rundfunk06_09_2007-Norwegens-Kueste-in-Gefahr.pdf [03.11.2014].

„Orkan Kyrill". In: Wikipedia, Die freie Enzyklopädie. Bearbeitungsstand: 11. Januar 2015. Verfügbar unter http://de.wikipedia.org/w/index.php?title=Orkan_Kyrill&oldid=137687610 [12. Januar 2015].

„Ausbruch des Eyjafjallajökull 2010". In: Wikipedia, Die freie Enzyklopädie. Bearbeitungsstand: 27. Dezember 2014. Verfügbar unter http://de.wikipedia.org/w/index.php?title=Ausbruch_des_Eyjafjallaj%C3%B6kull_2010&oldid=134713019 [12. Januar 2015].

Saskia Steiger, Lisa-Marie Jungkuhn,
Jochen Schiller, Lars Gerhold

Aspekte der Sicherheitsforschung – Gesprächsrunden mit Vertretern aus Wissenschaft, Politik und Zivilgesellschaft

Einleitung

Das Forschungsforum Öffentliche Sicherheit diskutierte im Rahmen der Ringvorlesung „Wie sicher wollen wir leben? Sicherheitsforschung im Dialog" an der Freien Universität Berlin ein Semester lang (Wintersemester 2013/14) das Feld der Sicherheitsforschung: Sowohl in den naturwissenschaftlich-technischen als auch in den geistes- und sozialwissenschaftlichen Disziplinen werden die Themenbereiche der Sicherheitsforschung jeweils unterschiedlich beforscht, definiert und diskutiert. Hier setzte die Ringvorlesung an, fasste das gesamte inhaltliche Spektrum der öffentlichen Sicherheit ins Auge und öffnete den Diskursraum über Sicherheit vom technisch Möglichen bis zum gesellschaftlich Akzeptierten. Das Herausarbeiten von konfliktären Positionen und das Aufzeigen von Ambivalenzen im gemeinsamen Diskurs von Akteuren der Wissenschaft, der Politik und der Zivilgesellschaft standen dabei im Fokus. Wie sicher wollen wir leben in einer globalisierten Welt, ausgezeichnet durch neue Konflikte, Gefahren und Risiken? Die Heterogenität des Themas wird in der Sicherheitsforschung unter dem Begriff der Sicherheitskultur verhandelt: Dieser bedeutet die „[...] Summe der Überzeugungen, Werte und Praktiken von Institutionen und Individuen [...], die darüber entscheiden, was als eine Gefahr anzusehen ist und wie und mit welchen Mitteln dieser Gefahr begegnet werden soll." (Daase 2010: 9) Forschung zur öffentlichen Sicherheit bedarf des andauernden Diskurses – als Ausdruck von Kultur und als Teil eines Austausches bzw. Aushandlungsprozesses der wissenschaftlichen, politischen und gesellschaftlichen Akteure darüber, wie viel Sicherheit in einer Gesellschaft überhaupt gewollt ist und was eine Gesellschaft bereit ist, dafür (nicht nur im monetären Sinne) zu bezahlen. In Addition zur Vorlesungsreihe wurden zwei Diskussionsrunden mit Vertretern aus Politik, behördlichen Institutionen, Wissenschaft und zivilgesellschaftlichen Institutionen durchgeführt, um diesen Dialogprozess nachhaltig zu befördern.

Die folgende Dokumentation fasst die wesentlichen Punkte der Diskussionen zusammen und zeigt die Vielschichtigkeit der Sicherheitsforschung auf. Der folgende Text soll einen Beitrag dazu leisten, Ansätze und Handlungsoptionen für jene Akteure aus Politik, behördlichen Institutionen, Wirtschaft und Zivilgesellschaft zu entwickeln. Die synthetisierten Diskussionsergebnisse, gespeist aus den Erfahrungen der Teilnehmer der Paneldiskussion, werden hierbei zu einem übergeordneten Gesamtbild zusammengefügt und verweisen deutlich auf die Vielschichtigkeit der Sicherheitsforschung.

I. Diskussion: „Naturkatastrophen in Deutschland – Herausforderungen für Politik und Wissenschaft"[1]

Teilnehmer:
Thomas Kahlix, Vorsitzender der Bürgerinitiative Hochwasser
Gerold Reichenbach (MdB), Mitglied des Innenausschusses
Prof. Dr. Wolf Dombrowsky, Steinbeis-Hochschule Berlin
Christoph Unger, Bundesamt für Bevölkerungsschutz und Katastrophenhilfe
Norbert Seitz, Bundesministerium des Innern
Moderation: Uwe Kirsche, Deutscher Wetterdienst

Rolle der Bevölkerung

Die Diskussion zu Naturkatastrophen in Deutschland widmete sich als zentralem Aspekt einer neuen und offenen, im Dialog ausgehandelten Risikokultur in der Gesellschaft. Die Diskutanten warben für eine neue Kultur, in der offen über Unsicherheiten und Schutzniveaus diskutiert wird. Die Fragen, die die Diskussion bestimmten, lauteten daher: Wie sicher wollen wir leben? Welche Unsicherheiten sind wir bereit auszuhalten? Wie viel

---

[1] Basierend auf einem Transkript der jeweiligen Paneldiskussion fasst der folgende Beitrag deren wesentlichen Aspekte zusammen. Für ein besseres Verständnis des Lesers werden weitere Informationen, die im Rahmen der Paneldiskussion nicht explizit erläutert wurden, in den Fußnoten gegeben.

Schutz können und wollen wir zu welchen Kosten gewährleisten? Der Dialog zwischen relevanten Stakeholdern des Bevölkerungsschutzes, vor allem aber auch mit der Bevölkerung, weist diesbezüglich konjunkturelle Abhängigkeiten auf: Treten konkrete Schadensereignisse ein, werden sowohl Bürger als auch Politik aktiv, passiert nichts, verschwinden hingegen die Diskussion sowie das politische und gesellschaftliche Handeln vom Radar. Hier gilt es gegenzusteuern, denn nur eine stetige Diskussion ermöglicht es, einen Konsens über die angestrebten Schutzniveaus für eine Gesellschaft zu erreichen.

Die Rolle der Bevölkerung bzw. der Bürger bei Naturgefahren wurde im Rahmen der Diskussion in zweifacher Hinsicht artikuliert: Zum einen stand die Rolle des Bürgers als Adressat von Bevölkerungsschutzmaßnahmen im Mittelpunkt. Zum anderen fokussierte sich die Diskussion auf die Rolle des Bürgers als Akteur, wie er sich z. B. im Rahmen der Ereignisse der Hochwasserkatastrophe 2013 bei spontan initiierten Hilfsaktionen zeigte.[2] Die Rolle der Bevölkerung als Adressat von Bevölkerungs- und damit Sicherheitsschutzmaßnahmen setzt eine grundlegende Klärung der Verantwortungszuschreibungen zwischen Bevölkerung und traditionellen Akteuren des Bevölkerungsschutzes voraus. Auf der einen Seite werden Bürger vom Staat aufgefordert, mehr Verantwortung für ihre individuelle

---

2 „Das Hochwasser 2013 entstand aufgrund eines umfangreichen Tiefdruckkomplexes, welcher zwischen Ende Mai bis Anfang Juni 2013 beständig feuchte Luft nach Mitteleuropa führte. In der Folge kam es in Deutschland, Tschechien, Österreich und der Schweiz, besonders an den Nordrändern des Erzgebirges, des Thüringer, Bayerischen und Oberpfälzer Waldes sowie der Alpen zu anhaltenden und intensiven, jedoch nur vereinzelt rekordverdächtigen Regenfällen. Insbesondere die Kombination mit den äußerst ungünstigen Vorbedingungen aufgrund der flächendeckenden und außergewöhnlich hohen Bodenfeuchte führte zu dem extremen Hochwasserereignis. [...] Folglich konnte der gesättigte Boden die neuerlichen Niederschläge nur sehr begrenzt aufnehmen." (DKKV 2013: 3) Dieses sogenannte Jahrhunderthochwasser ließ Flüsse in Einzugsgebieten wie denen der Elbe mit Mulde und Saale sowie der Donau mit Inn, Isar und Lech auf Rekordhöhe ansteigen. In vielen Landkreisen, vor allem in Bayern, Sachsen und Sachsen-Anhalt, wurde aufgrund der Überflutungen Katastrophenalarm ausgerufen. Vgl. hierzu beispielhaft die Aufarbeitung der Situation in Bayern (Bayerisches Landesamt für Umwelt 2014). Bezüglich der Hochwasserereignisse 2003 vgl. auch DKKV (2003).

Sicherheit zu übernehmen, auf der anderen Seite beruft sich der Bürger auf die Fürsorgepflichten des Staates: Dies veranschaulichte die Diskussion um die Schadensersatzansprüche infolge des Hochwassers 2013, bei der die Erstattungsforderungen von Geschädigten bei bis zu 100 % der Schadenssumme lagen; letztlich wurde eine Fördersumme durch Bund und Länder von bis zu 80 % der Schadenssumme für die Betroffenen bereitgestellt. Im Rahmen dieser Diskussion zeigte sich aufseiten der behördlichen Institutionen eine explizite Verbalisierung der Vorsorgepflichten des Bürgers.[3,4] Gerade für Städte und Gemeinden wird es vor dem Hintergrund schwindender finanzieller Haushaltsmittel wichtiger, diese Selbsthilfefähigkeit der Bevölkerung zu fordern und zu fördern und den Bürger zum aktiven Part des Bevölkerungsschutzkonzeptes zu machen. Doch in der Praxis wird deutlich, dass es sowohl an einem institutionalisierten Dialog als auch an einer flächendeckenden Vermittlung der Thematik sowie einer eindeutigen Aufgaben- und Verantwortungsverteilung zwischen den Akteuren des Bevölkerungsschutzes und den Bürgern mangelt.

Generell ist die Bevölkerung bzw. der Bürger immanenter Teil des Bevölkerungsschutzsystems in Deutschland, vor allem Freiwillige Feuerwehren und das Technische Hilfswerk (THW) rekrutieren sich aus freiwilligen Helfern. Diese in Deutschland traditionell gewachsene, vereinsgebundene Dauerhaftigkeit der freiwilligen Hilfe ist heute deutlichen Veränderungen ausgesetzt. Ausgelöst durch Prozesse des demografischen Wandels präsentiert sich ein Rückgang von organisatorisch eingebundenen freiwilligen Helfern. Die Konsequenzen zeigen sich in der Entstehung von sogenannten „Weißen Flächen", d. h. von Regionen in Deutschland, in denen in einem Katastrophenfall professioneller Bevölkerungsschutz nicht mehr zeitnah bereitgestellt werden kann. In Bezug auf den demografischen Wandel ist hier eine regional unterschiedliche Entwicklung in Relation zur Altersstrukturverteilung ebenso zu erwarten wie ein Anstieg

---

3 „Der Staat ist gesetzlich nicht verpflichtet, die bei Naturkatastrophen entstandenen privaten Schäden zu ersetzen. Jeder Bürger ist grundsätzlich selber verantwortlich für die persönliche Absicherung gegen Naturkatastrophen." (Land Brandenburg 2010). Für genauere Informationen bezüglich der fiskal- und steuerpolitischen Maßnahmen zur Aufbauhilfe der durch das Hochwasser 2013 entstandenen Schäden vgl. Deutscher Bundestag (2013).

4 Vgl. § 5 ZSKG (Zivilschutz- und Katastrophenhilfegesetz).

des durchschnittlichen Lebensalters von Einsatzkräften. So sind es vor allem periphere ländliche Gebiete, die von der demografischen Entwicklung betroffen sind und die Entstehung regionaler Unterschiede befördern. Weiterhin zeigt sich eine Veränderung der Selbsthilfefähigkeit aufgrund einer Veränderung von handwerklichen Fähigkeiten in der Bevölkerung. Handwerksberufe werden immer weniger ausgeübt, ebenfalls insbesondere in ländlichen Gebieten. Problematisierend kommt hier hinzu: Die Vulnerabilität jener, die in „Weißen Flächen" leben, steigt zum einen, weil es länger dauern wird, bis Rettungskräfte vor Ort sein können, und zum anderen, weil die Anfälligkeit der Bewohner insgesamt steigt. Es leben dort mehr ältere Menschen mit altersbedingten Schwächen bei gleichzeitig zurückgehender infrastruktureller Versorgungslage, beispielsweise durch Ärzte. Das heißt, eine Entwicklung höherer Vulnerabilität geht heute mit einem Rückgang des erzielbaren Schutzniveaus einher.

Neben diesen veränderten Voraussetzungen und Charakteristika für den Bevölkerungsschutz aufgrund einer veränderten Rolle der Bevölkerung stand der Bürger als Akteur im Fokus der Diskussion: Die Hochwasserkatastrophe in Deutschland 2013 zeigte nachdrücklich, dass die Bevölkerung bzw. der Bürger nicht nur informiert werden, sondern auch aktiv helfen will. Freiwillige und organisatorisch ungebundene Helfer wurden in vielen Hochwassergebieten tätig und initiierten Hilfsaktionen für Betroffene. Dieses hohe Maß an gesellschaftlicher Bereitschaft zu Hilfsaktionen war auch durch ein überraschendes Maß an Ausdauer der ungebundenen freiwilligen Helfer geprägt.

Als schwierig erwies sich in diesem Zusammenhang, dass Hilfsaktionen nicht immer mit den örtlichen Einsatzstrukturen abgestimmt wurden. Diese zum Teil „doppelten Hilfsstrukturen" in den Einsatzgebieten führten zu Koordinations- und Ablaufproblemen während des Einsatzes und demonstrierten die Notwendigkeit für übergreifende Strategien und Konzepte, ungebundene Helfer aktiv und sinnvoll in die vorhandenen Einsatzstrukturen einzubinden. Weiterhin verdeutlichte jene anlassbezogene Hilfsbereitschaft von Bürgern die Schwierigkeit, dass ebenfalls keine Konzepte dafür existieren, wie diese langfristig und verlässlich in eine Einsatzplanung integriert und nutzbar gemacht werden können. Die Forschung sollte hier ansetzen und neue Strategien, Konzepte sowie Strukturen zur

Einbindung dieser Helfer entwickeln.⁵ Ebenso sollte die Rolle der sozialen Medien im Rahmen von freiwilligen Hilfsaktionen sowie ihr Integrationspotenzial innerhalb der Einsatzkoordination untersucht werden. Die in sozialen Medien durch Bürger geteilten Informationen können wertvoll für Lageeinschätzungen sowie für die Koordination der Helfer sein und genutzt werden. Die aktive Rolle der Bevölkerung wird in Forschungsprojekten bisweilen unterschätzt, insofern sollte sich die Sicherheitsforschung künftig vermehrt fragen, wie das Wissen und die Fähigkeiten der Bürger dazu beitragen können, die Gesellschaft gezielt vor Großschadenslagen zu schützen oder aber auch die Auswirkungen von Großschadenslagen effektiv(er) zu bekämpfen.

Herausforderung der strukturellen Organisation des Bevölkerungsschutzes

Eine weitere Herausforderung für den zivilen Bevölkerungsschutz ergibt sich infolge seiner strukturellen Organisation: Der Katastrophenschutz der Länder und der Zivilschutz des Bundes sind eng miteinander verknüpft, um den Schutz der Bürger im Rahmen eines integrierten Gefahrenabwehrsystems sicherzustellen und dabei vorhandene Ressourcen so effektiv wie möglich einzusetzen.⁶ Dieses historisch gewachsene System weist in dem Moment Probleme auf, in dem partielle Interessen Einzelner

---

5 Erste Ansätze verfolgt hier das Forschungsforum Öffentliche Sicherheit mit seinem Forschungsprojekt ENSURE (ENablement of Urban Citizen SUpport for Crisis REsponse) (vgl. Forschungsforum 2015).

6 Der Bevölkerungsschutz bezeichnet den Katastrophenschutz der Länder sowie den Zivilschutz des Bundes. Den Kern dieser nichtmilitärischen und nichtpolizeilichen Gefahrenabwehr in Deutschland bilden die Feuerwehren, die privaten Hilfsorganisationen sowie das THW, die die operativen Maßnahmen der Gefahrenabwehr unter Führung der Einsatzleitung (Führungsstab) der jeweiligen Katastrophenschutzbehörde durchführen. Die überwiegende Mehrheit der Einsatzkräfte der Katastrophenschutzorganisationen leistet ihren Dienst hierbei ehrenamtlich. Zur Koordination des Verwaltungshandelns bilden die Katastrophenschutzbehörden auf Ebene der Kreise und kreisfreien Städte sowie auf Landesebene administrativorganisatorische Stäbe (Verwaltungs- bzw. Krisenstäbe). Im Verteidigungsfall bzw. bei Lagen nach dem Zivilschutz und Katastrophenhilfegesetz greift der Bund zur Sicherstellung des Zivilschutzes auf die Strukturen des Katastrophenschutzes der Länder zurück (vgl. BBK 2010).

bei einem übergreifenden Schadensvorfall harmonisiert werden müssen. Das Beispiel des Hochwassers 2013 veranschaulicht dies abermals: Das relativ finanzkräftige Bundesland Sachsen hat im Raum Dresden, einem Gebiet, das sich durch Retentionsräume mit geringen Überflutungsflächen auszeichnet, in den technischen Hochwasserschutz der Stadt investiert, im Gegensatz zu dem Bundesland Sachsen-Anhalt. Aufgrund des Mangels an technischem Hochwasserschutz war Sachsen-Anhalt in der Folge wesentlich stärker von Überflutungen betroffen und zeichnete sich durch eine höhere Schadenssumme aus.

Dieses Beispiel verweist auf eine grundlegende planungsrechtliche Schwierigkeit und Interessendivergenz: Ein Hochwasser ist keine reine Länderangelegenheit, sondern betrifft bei der Etablierung präventiver Maßnahmen „von der Quelle bis zur Mündung" alle Anrainerstaaten des betroffenen Flusseinzugsgebietes. Die länderspezifische Planung von Retentionsflächen und -volumen des einen Bundeslandes kann weitreichende Konsequenzen bezüglich des Schadenspotenzials für ein anderes Bundesland haben.[7] In diesem Zusammenhang empfiehlt sich eine Harmonisierung der unterschiedlichen Interessen, weg von kleinräumigen Partialentscheidungen hin zu einem Blick auf das Ganze, woran folgende Fragen anschließen: Wem soll die Aufgabe der Bewertung der Interessen zuteilwerden? Wer koordiniert diese und führt ein entsprechend partizipatives Meinungsfindungsverfahren durch? Wie können von einem übergeordneten Interesse aus partielle Interessen so harmonisiert werden, dass Schäden vermieden werden können? Diese Fragen sollten ebenso diskutiert werden wie eine Etablierung von Qualitätskriterien für den Bevölkerungsschutz und seine Akteure.

---

[7] Zu den Bestimmungen und der Nutzung von Oberflächengewässern und des Grundwassers, stellt das Wasserhaushaltsgesetz, das 2009 verabschiedet wurde, heraus: „Jede Person, die durch Hochwasser betroffen sein kann, ist im Rahmen des ihr Möglichen und Zumutbaren verpflichtet, geeignete Vorsorgemaßnahmen zum Schutz vor nachteiligen Hochwasserfolgen und zur Schadensminderung zu treffen, insbesondere die Nutzung von Grundstücken den möglichen nachteiligen Folgen für Mensch, Umwelt oder Sachwerte durch Hochwasser anzupassen." (§ 5 Abs. 2 WHG)

Naturgefahren – Veränderungen des Schadenspotenzials

Der Begriff der Naturkatastrophe ist aus wissenschaftlicher Sicht ein irreführender. Naturkatastrophen sind in erster Linie Umwelt- und Sozialkatastrophen, denn sie haben zumeist direkte Auswirkungen auf die Infrastrukturen und die Menschen einer Gesellschaft.[8] Dies wird vor allem durch die Auswirkungen von Hochwasserereignissen deutlich, deren Kosten infolge zunehmender Urbanisierungsprozesse und industrieller Entwicklung sowie der Ansiedlung von Industrie- und Produktionsstätten in vulnerablen Gebieten stark zugenommen haben. Diese Auswirkungen sind zumeist nicht in präventive Maßnahmen zur Reaktion auf Schadenslagen durch Naturgefahren einkalkuliert und eine Implementierung entsprechender Vorsorge ex post führt zu deutlichen Mehrkosten für eine Gesellschaft. Solche Mehrkosten sind vor allem von der Politik schwer an die Bürger zu vermitteln. Möglichkeiten, dieser Problematik entgegenzuwirken, bietet eine gesellschaftlich getragene Elementarschadenversicherung, wie sie z.B. in Spanien als Pflichtversicherung oder in Großbritannien als Rückversicherungsfonds *Flood Re* eingeführt wurde.[9] Auch in Deutschland wurden Elementarschadenversicherungen infolge der Hochwasserereignisse diskutiert, doch die Diskussion zeigte, dass die Implementierung von normativen Regeln und damit Sicherheitsvorgaben als Top-down-Prozess auf keine Zustimmung in der Bevölkerung stoßen. Einiger politischer Initiativen zum Trotz konnte hier kein gesellschaftlicher Diskurs über Schadensereignisse, verändertes Schadenspotenzial oder die veränderten und keinesfalls geklärten Verantwortlichkeiten zwischen den Vertretern aus Zivilgesellschaft, Politik, behördlichen Institutionen und Wirtschaft initiiert werden.

Kritische Infrastrukturen – neue Akteure

Die heutige Komplexität und Vernetzung von kritischen Infrastrukturen und deren hohes Maß an Vulnerabilität ist entsprechend in den

---

8 Vgl. hierzu Felgentreff, Kuhlicke & Westholt (2012).
9 Nähere Informationen finden sich beim DIW (2005: 20f.) bzw. in Bezug auf den britischen Rückversicherungsfonds *Flood Re* bei der ABI (2015).

Koalitionsvertrag der aktuellen Bundesregierung aufgenommen worden.[10] Ein Grund hierfür lässt sich im Prozess der Privatisierung vormals staatlicher Aufgaben der infrastrukturellen Versorgung finden. Dieser Privatisierungsprozess ging nicht mit einer umfassenden Neuregelung der Verantwortlichkeiten zwischen den Akteuren einher. Inwieweit diese Verantwortungsdiffusion und Fragmentierung von Autorität unter den beteiligten Stakeholdern Sicherheitsrisiken künftig verschärfen oder zu mehr Sicherheit beitragen werden, wird erst die Zukunft zeigen.[11] Daher stellt sich die Frage, wie künftig vertragliche Regelungen mit den relevanten Stakeholdern formuliert und ein vertragsfähiges Gemeinwohlziel erfasst werden können.

Gerade an diesem Punkt sollte die Wissenschaft ansetzen und eine aktive Rolle einnehmen. Denn Aufgabe der Wissenschaft ist es, Problemfelder zu identifizieren, Lösungsvorschläge zu entwickeln und gesamtgesellschaftliche Entwicklungen einer kritischen Reflexion zu unterziehen. Gerade in der Diskussion über eine Priorisierung von Risiken, Gefahren und Schutzniveaus in einer Gesellschaft scheint eine aktive Wissenschaft unumgänglich. Maßgeblich ist allerdings auch, dass Wissenschaft die unterschiedlichen Referenz- und Handlungsrahmen ihrer Ergebnisse für die beteiligten Akteure und damit Adressaten ihrer Forschungsergebnisse mitdenkt und nicht im vermeintlichen „Elfenbeinturm" verweilt. Wissenschaft produziert ambivalente Ergebnisse, die dem Bürger vonseiten der politischen Stakeholder nur schwer vermittelt werden können. Die Aufgabe besteht daher darin, einen transparenten und konstruktiven Kommunikationsraum zwischen Wissenschaft, Politik und Zivilgesellschaft zu schaffen, damit Lösungsansätze entwickelt und kommuniziert werden können.

---

10 Zum Thema Zivilschutz und Schutz kritischer Infrastrukturen steht dort explizit: „Die Betreiber kritischer Infrastrukturen halten wir durch Kooperation und gesetzliche Vorgaben dazu an, Widerstandsfähigkeit (Resilienz) und Schutzmaßnahmen zu verbessern." (Koalitionsvertrag 2013: 105).
11 Vgl. Daase & Deitelhoff (2013: 7).

II. „Zwischen Freiheit und Sicherheit – wie weit darf Forschung gehen?"

Teilnehmer:
Prof. Dr.-Ing. Jochen Schiller, Freie Universität Berlin
Prof. Dr. Peter-André Alt, Freie Universität Berlin
Prof. Dr. Wolf-Dieter Lukas, Bundesministerium für Bildung und Forschung
Frank Tempel (MdB), Mitglied des Innenausschusses
Moderation: Prof. Dr. Thomas Hestermann, Macromedia Hochschule für Medien und Kommunikation

„Zwischen Freiheit und Sicherheit" – unter diesem Titel blickte die Paneldiskussion auf die Rolle und Aufgabe von Sicherheitsforschung und diskutierte kritisch, wie weit Forschung gehen darf, wann die grundlegende Freiheit von Erkenntnisgewinn und Forschung zum Sicherheitsrisiko durch den Missbrauch Einzelner wird und wann Forschung die individuelle Freiheit des Einzelnen bedroht. Wo hört zivile Forschung für technische Innovationen auf und an welchem Punkt beginnt militärische Forschung? Sollten sich Universitäten selbst zu einer Zivilklausel verpflichten? Kritisch reflektiert wurde im Rahmen der Diskussion die Rolle von Universitäten als Wegbereiter einer boomenden Sicherheitsforschung und Sicherheitsforschungsförderung. Die nachfolgende Dokumentation erfasst wesentliche Punkte der Diskussion. Ziel ist es, verschiedene Perspektiven, Ansätze und Handlungsoptionen zu Themen der öffentlichen Sicherheit zu diskutieren und damit den gesellschaftlichen Diskurs zu unterstützen.

Sicherheitsforschung und Dual-Use

Sicherheit ist kein absoluter Begriff. Weder in der Wissenschaft oder der Politik noch in der Gesellschaft ist exakt definiert, was Sicherheit bedeutet und wo die Grenzen von Sicherheit in einer Gesellschaft liegen. Vielmehr handelt es sich bei der Definition um das Ergebnis eines gesamtgesellschaftlichen Aushandlungsprozesses. Dieser umfasst sowohl den Diskurs über die Gewährleistung von Sicherheit als auch den über ein erzielbares Schutzniveau für eine Gesellschaft. Sicherheitsforschung beforscht in interdisziplinären Projekten, das heißt sowohl in naturwissenschaftlich-technischer als auch in sozial- und geisteswissenschaftlicher Hinsicht, das

Themenfeld der Sicherheit mit dem Ziel „[...], durch die Entwicklung innovativer Lösungen die zivile Sicherheit der Bürgerinnen und Bürger zu erhöhen und dabei die Balance zwischen Sicherheit und Freiheit zu wahren." (BMBF 2012)[12] Doch technische Innovationen und Lösungen sind direkt mit gesellschaftlichen Auswirkungen und Konsequenzen verknüpft. Mit der Entwicklung von neuen Sicherheitstechnologien, aber auch Gesetzen und Standards können „nicht intendierte Nebenfolgen" verbunden sein. Beispielsweise können Technologien, die eine Überwachung von Personen oder Orten zum Schutz vor Terroranschlägen ermöglichen, unter anderem auch zur Überwachung der Arbeitszeiten genutzt werden.

Sicherheitsforschung findet somit in einem komplexen Spannungsfeld statt: Eine freie und transparente Forschung geht auch immer mit Risiken einher. Diese resultieren nicht nur unmittelbar aus fahrlässigem oder vorsätzlichem Fehlverhalten Einzelner, sondern auch aus der grundsätzlichen Dual-Use-Problematik von Forschung. Unter dem Dual-Use-Prinzip versteht man Forschung bzw. Konzepte und entsprechende Technologieentwicklungen, die sowohl zivil als auch militärisch nutzbar sind. Die ethische Verantwortung der Forschung im Kontext der Wissenschaftsfreiheit wird zumeist zu wenig im universitären Zusammenhang diskutiert. So fordert die Deutsche Forschungsgemeinschaft (DFG), dass sich Universitäten trotz ihrer Forschungsfreiheit ihrer zivilen Verantwortung bewusst werden und entsprechend ethisch vertretbar und verantwortlich handeln sollten – dies vor dem Hintergrund, dass Forscher in einem Netz aus eben dieser Freiheit, rechtlichen Normen, die diese einschränken, und dem „komplexen Spannungsfeld von Nutzen und Risiken" ihrer Forschung bzw. Ergebnisse agieren (DFG 2014: 10).

---

12 Das Bundesministeriums für Bildung und Forschung (BMBF) führt hierzu weiter aus: „Das Besondere am Sicherheitsforschungsprogramm ist dabei, dass es kein reines Technologieprogramm ist, sondern dass Innovation auch innovative organisatorische Konzepte und Handlungsstrategien beinhaltet. Interdisziplinäre Projekte, Wissenstransfer in die Öffentlichkeit, gesellschaftswissenschaftliche Forschung zu Fragen des Datenschutzes und der Ethik sowie Transparenz sind in der Sicherheitsforschung Voraussetzungen für den Programmerfolg." (BMBF 2012).

Es stellt ein grundsätzliches Problem dar, dass Forschungsergebnisse auch militärisch nutzbar gemacht werden können. Erschwerend kommt hinzu, dass die veränderte Förderlandschaft und -politik für Forschung heutzutage das Wechselverhältnis und die Verzahnung zwischen ziviler und militärisch nutzbarer Technikentwicklung regelrecht begünstigen. Für Universitäten ist es schwierig geworden, eine Balance zwischen etwaiger Nutzung von Forschungsergebnissen bzw. Innovationen und wissenschaftlicher Freiheit der Forschung zu finden und zu finanzieren.[13] Das heißt, die Anforderungen an die Sicherheitsforschung sind heute durchaus komplex: So soll Sicherheitsforschung auf der einen Seite transparent sein, Forschungsergebnisse offen legen und in Politik und Gesellschaft kommunizieren. Auf der anderen Seite zeigt sich, dass Sicherheitsforschung im Bereich der naturwissenschaftlich-technischen Forschung Innovationen fördert, die im Bereich der zivilen Nutzung ebenso Anwendung finden können wie in der militärischen Verteidigungsforschung bzw. einem militärischen Einsatz.

Zivilklausel und die Nutzung von Forschungsergebnissen

Die Diskussion über die Zivilklausel, d. h., inwieweit eine Universität prinzipiell eine militärisch nutzbare Forschung ausschließen sollte, ist vor allem in Bezug auf die Sicherheitsforschung zentral.[14] Zunächst besteht ein Grundkonflikt darin, was zivil nutzbare technische Innovationen sind und was militärisch nutzbringend oder verwertbar ist. Neben der Frage nach der militärischen Nutzbarmachung von Forschungsergebnissen steht die Einsicht der generellen Ambiguität und Verwendbarkeit von Forschung und Forschungsergebnissen, denn Forschung ist nicht frei von Missbrauch.

---

13 Vgl. hierzu auch die Ausführungen des Hochschulrahmengesetzes zur „Forschung mit Mitteln Dritter" (§ 25 HRG).
14 Eine Zivilklausel ist eine Selbstverpflichtung von wissenschaftlichen Einrichtungen wie Universitäten, ausschließlich für zivile und friedliche Zwecke zu forschen. Das setzt voraus, dass die Universität nicht für Einrichtungen der Bundeswehr oder der Rüstungsindustrie forscht, also keine Drittmittelkooperationen mit diesen Einrichtungen eingeht. Dank der Initiative von Studierenden und Gewerkschaften sind solche Zivilklauseln mittlerweile in den Grundordnungen einer Reihe von Hochschulen festgeschrieben worden (z. B. an den Bremer Hochschulen, der Uni Tübingen, der Uni Rostock, der Uni Darmstadt und der Uni Frankfurt am Main) (vgl. Initiative Hochschule für Frieden 2014).

Allerdings bezeichnet die Forschungsfreiheit als Teil der bürgerlichen Grundrechte vor allem im Bereich der Grundlagenforschung eben jene Freiheit, an Themen unabhängig von späteren Anwendungsmöglichkeiten zu arbeiten. Hier bestimmte Themenbereiche aufgrund der Annahme oder Befürchtung, die Forschungsergebnisse könnten militärische Anwendung finden, auszusparen, ist durchaus umstritten. Die Diskussion über eine Einführung der Zivilklausel an Universitäten berührt zwangsläufig die ethisch-moralische Dimension einer Gesellschaft: Kann eine Disziplin bzw. ein Berufszweig, der zur Aufgabe hat, Wissen zu schaffen, bewusst Aussparungen festlegen? Eine Zivilklausel bringt für eine Universität zum einen eine Einschränkung der Forschungsfreiheit mit sich und verstellt zum anderen den Blick auf die moralische Verantwortung von Forschung. Wichtig ist es, in der Wissenschaft jene Ambiguitäten von Forschung zu diskutieren: Gerade in der Grundlagenforschung gilt es, eigene Risikopotenziale zu analysieren und explizit zu artikulieren. Eine entsprechende Öffentlichkeitsklausel könnte die Forschung dazu verpflichten, diese Diskussion offensiv sowie vor allem transparent zu führen und Verantwortung für ihre Arbeit zu übernehmen.

Interdisziplinäre Sicherheitsforschung und die Rolle von Sozialwissenschaften

Die seit dem Jahr 2007 im Rahmen des Sicherheitsforschungsprogrammes des Bundesministeriums für Bildung und Forschung (BMBF) geförderten Projekte unterstreichen deutlich den interdisziplinären Anspruch des Programmes. Die Forschungsprojekte und deren Konsortien sind angehalten, sich aus Wissenschaft, Endanwendern und Wirtschaft zusammenzusetzen. Vor allem die Perspektive sowie der praxisrelevante Bedarf aufseiten der Endanwender stehen im Vordergrund der Projekte und sollen zu ihrem Gelingen beitragen. Hierzu ist eine Sicherheitsforschung notwendig, die auch Grundlagenforschung unterstützt und den Dialog von Wissenschaft und Endanwendern in den Mittelpunkt stellt. So sollen Synergien erzeugt und ein Mehrwert von Forschung generiert werden. Hierzu bedarf es allerdings auch der Förderung von dauerhaften Forschungs- und Arbeitsstrukturen für ein qualifiziertes Personal – nicht nur aufseiten der Universitäten, sondern vor allem aufseiten der Endanwender. Auch diese sehen sich einer Anzahl von Schwierigkeiten ausgesetzt, qualifiziertes Personal für Forschungsprojekte freizustellen. Weiterhin ist die Verknüpfung von Forschung und wirtschaftlichen Unternehmen ein zentraler Bestandteil des Programmes, denn es sind vor allem Unternehmen, die ein Interesse daran haben, Sicherheit zu gewährleisten, da dies unmittelbar mit ihrem wirtschaftlichen Erfolg verbunden ist. Forschung und wirtschaftliche Entwicklung sind untrennbar aneinandergekoppelt, sodass eine Entwicklung, die zu einem Wettbewerbsnachteil oder einer Innovationsverhinderung in Deutschland führt, nicht gewünscht sein kann. Forschung unterliegt hierbei stets den rechtlichen und ethischen Grenzen der jeweiligen Gesellschaft – diese Rahmenbedingungen unterschieden sich zum Teil deutlich. Beispielsweise ist die Stammzellenforschung in China oder den USA von anderen Gesetzmäßigkeiten sowie ethischen Regeln bestimmt als in Deutschland.

Die Rolle der Sozialwissenschaften in der Sicherheitsforschung hat sich in den letzten Jahren ebenfalls maßgeblich verändert. Neben der Suche nach innovativen technischen Lösungen und Marktinnovationen wird der Fokus in Forschungsprojekten auch auf den „Faktor Mensch" gelegt. Er stellt eine weitere wesentliche Einflussgröße für den Forschungsprozess dar, denn die Entwicklung technischer Innovationen muss heutzutage vor dem Hintergrund sozialer, ethisch-moralischer und gesellschaftlicher Konsequenzen erfolgen. Hierfür ist zwischen der Technikentwicklung und den Sozialwissenschaften eine ausgewogene Balance von kooperativer Nähe einerseits und notwendiger Distanz andererseits wichtig, um kritische Fragen in den Forschungsprozess einbeziehen zu können. Das bedeutet, dass die Entwicklung innovativer Sicherheitstechnologien nur einen Teilaspekt darstellt und durch die sozialwissenschaftliche Perspektive angereichert, erweitert und vervollständigt werden sollte. In der Praxis gestaltet sich diese Einbindung der Sozialwissenschaften allerdings bisweilen schwierig. Interdisziplinäre Forschungsprojekte arbeiten zu oft in den jeweiligen Teilprojekten rein disziplinär zusammen. Ein moderierter synthetisierender Erkenntnisübertrag erfolgt zu selten. Nicht nur aufgrund der Kürze der Projektlaufzeiten, sondern auch aufgrund der mangelnden strukturellen Verankerung einer gelebten Interdisziplinarität im Projektmanagement. Hier zeigt sich die Notwendigkeit einer ausgewogenen und vor allem praktizierten Inter- und Transdisziplinarität und damit eines gleichberechtigten Miteinanders der interdisziplinären Partner. Die Sicherheitsforschung sollte sich nach Meinung der Panelteilnehmer künftig als integrative, inter- und transdisziplinäre Forschungsrichtung aufstellen und Interdisziplinarität zielgerichtet und offen in die Forschungsprojekte einbringen.

Vision der Sicherheitsforschung

Sicherheitsforschung sollte, gemäß dieser interdisziplinären Herangehensweise, das Augenmerk auf die Meinungen und Einstellungen der Bevölkerung lenken und diese stärker als aktiven Partner in die eigene Forschung einbeziehen. Neben eines ausgeprägteren sozialwissenschaftlichen Fokus sollte sich die Forschung auch ihrer Rolle und Aufgabe innerhalb der Gesellschaft besinnen und die unterschiedlichen Perspektiven der Akteure aus Politik, Behörden, Unternehmen, Forschung und Gesellschaft nicht nur bündeln, sondern auch adressatenorientiert aufarbeiten. Ziel sollte es sein, gesellschaftliche Lösungsansätze zu erarbeiten und an relevante Akteure zu kommunizieren. Dazu gehört auch – in Addition zu einem Diskurs über Sicherheit –, einen Diskurs über Unsicherheiten zu führen und die Annahme einer vermeintlich hundertprozentigen Sicherheit aufzugeben. Sicherheitsforschungsprojekte sollten daher zukünftig dazu aufgefordert sein, ihre Ergebnisse nicht nur im wissenschaftlichen Kontext, sondern auch gegenüber der Öffentlichkeit zu kommunizieren. Letztlich ist Sicherheit eine gesamtgesellschaftliche Aufgabe, die einen steten und offenen Dialog zwischen den einzelnen Akteuren erfordert – einen Dialog, der sich nicht allein in Form von inter- und transdisziplinären Forschungsprojekten herausbilden, sondern sich sowohl der Grundlagenforschung als auch der praxisrelevanten Forschung zuwenden sollte. Es gilt, Sicherheitsbedarfe der Akteure und der Gesellschaft zu ermitteln sowie Forschung und Innovationen zu ermöglichen, um nicht zuletzt die Entwicklung einer resilienten Bevölkerung zu fördern. Weiterhin scheint es unabdingbar, einen transparenten und offenen Diskurs über Forschungsprojekte und -ergebnisse zu initiieren, um eine verantwortungsbewusste Sicherheitsforschung zu fördern. Eine weitere Herausforderung für die Sicherheitsforschung besteht darin, wissenschaftliche Erkenntnisse nicht nur in den politischen Raum oder an Vertreter der Wirtschaft, sondern auch in die Öffentlichkeit zu kommunizieren. Die Ringvorlesung hat einen Anfang für einen gesamtgesellschaftlichen

Dialog über Sicherheit und Unsicherheit in einer Gesellschaft gemacht, der sich in der weiteren Arbeit des Forschungsforums fortsetzen soll.

Literatur

Association of British Insurers (ABI) (2015). Flood Re explained. Verfügbar unter https://www.abi.org.uk/Insurance-and-savings/Topics-and-issues/Flooding/Government-and-insurance-industry-flood-agreement/Flood-Re-explained [27.01.2015].

Bayerisches Landesamt für Umwelt (2014). Junihochwasser 2013 – Wasserwirtschaftlicher Bericht. Verfügbar unter http://www.bestellen.bayern.de/application/stmug_app000047?SID=2031413794&ACTIONxSESSxSHOWPIC(BILDxKEY:lfu_was_00087,BILDxCLASS:Artikel,BILDxTYPE:PDF) [16.01.2015].

Bundesamt für Bevölkerungsschutz und Katastrophenhilfe (BBK) (2010). Drei Ebenen, ein Ziel: Bevölkerungsschutz – gemeinsame Aufgabe von Bund, Ländern und Kommunen. Bonn: BBK. Verfügbar unter http://www.bbk.bund.de/SharedDocs/Downloads/BBK/DE/Publikationen/Broschueren_Flyer/DreiEbenen-einZiel.pdf?__blob=publicationFile# [16.01.2015].

Bundesministerium für Bildung und Forschung (BMBF) (2012). Forschung für die zivile Sicherheit 2012–2017. Rahmenprogramm der Bundesregierung. Verfügbar unter http://www.bmbf.de/de/6293.php [16.01.2015].

Daase, C. (2010). Wandel der Sicherheitskultur. Aus Politik und Zeitgeschichte, 50, 89–93.

Daase, C. & Deitelhoff, N. (2013). Privatisierung der Sicherheit. Eine sozialwissenschaftliche Expertise. Schriftenreihe Sicherheit. Band 11. Berlin: Forschungsforum Öffentliche Sicherheit. Verfügbar unter http://www.sicherheit-forschung.de/schriftenreihe/sr_v_v/sr_11.pdf [23.01.2015].

Deutscher Bundestag (2013). Antwort der Bundesregierung auf die Kleine Anfrage der Abgeordneten Dr. Barbara Höll, Harald Koch, Richard Pitterle, Dr. Axel Troost und der Fraktion DIE LINKE. Fiskal- und steuerpolitische Maßnahmen zur Aufbauhilfe der durch das Hochwasser im Mai und Juni 2013 verursachten Schäden – Drucksache 17/14663. Verfügbar unter http://dip21.bundestag.de/dip21/btd/17/147/1714769.pdf [23.01.2015].

Deutsche Forschungsgemeinschaft (DFG) (2014). Wissenschaftsfreiheit und Wissenschaftsverantwortung. Empfehlungen zum Umgang mit sicherheitsrelevanter Forschung. Verfügbar unter http://www.dfg.de/download/pdf/dfg_im_profil/reden_stellungnahmen/2014/dfg-leopoldina_forschungsrisiken_de_en.pdf [27.01.2015].

Deutsches Komitee für Katastrophenvorsorge e. V. (DKKV) (2003). Lessons Learned – Hochwasservorsorge in Deutschland. Lernen aus der Katastrophe 2002 im Elbegebiet (Schriftenreihe des DKKV 29). Bonn: DKKV. Verfügbar unter www.dkkv.org/DE/publications/ressource.asp?ID=70 [05.01.2015].

Deutsches Komitee für Katastrophenvorsorge e. V. (DKKV) (2013). Sonderausgabe. DKKV Infobrief zum Hochwasser 2013. Verfügbar unter http://www.dkkv.org/upload/editor/Sonderinfobrief%20DKKV%20Hochwasser%202013.pdf [05.01.2015].

Deutsches Institut für Wirtschaftsforschung (DIW) (2005). Versicherungspflicht gegen Elementarschäden – Ein Lehrstück für Probleme der volkswirtschaftlichen Politikberatung. Verfügbar unter http://www.diw.de/documents/publikationen/73/43425/rn3.pdf [27.01.2015].

Felgentreff, C., Kuhlicke, C. & Westholt, F. (2012). Naturereignisse und Sozialkatastrophen. Schriftenreihe Sicherheit 2012/8. Berlin: Freie Universität Berlin.

Forschungsforum Öffentliche Sicherheit (2015). Ensure. Verfügbar unter http://www.sicherheit-forschung.de/projekte/ensure/index.html [23.01.2015].

Initiative Hochschule für Frieden (2014). Ja zur Zivilklausel. Fragen und Antworten. Verfügbar unter http://www.zivilklausel.de/index.php/fragen-und-antworten [21.01.2015].

Koalitionsvertrag zwischen CDU, CSU und SPD (2013). Deutschlands Zukunft gestalten. 18. Legislaturperiode. Rheinbach: Union. Verfügbar unter https://www.cdu.de/sites/default/files/media/dokumente/koalitionsvertrag.pdf [23.01.2015]

Land Brandenburg (2010). Staatliche Leistungen. Verfügbar unter http://naturgefahren.brandenburg.de/cms/detail.php/bb1.c.333448.de [23.01.2015]

Autorenverzeichnis

Prof. Dr. Dr. h. c. Hans-Jörg Albrecht
Hans-Jörg Albrecht ist Direktor am Max-Planck-Institut für ausländisches und internationales Strafrecht in Freiburg i. Br. sowie Honorarprofessor und Mitglied der Rechtswissenschaftlichen Fakultät der Albert-Ludwigs-Universität Freiburg. Weiterhin ist er Gastprofessor am Institut für Strafrecht der China-Universität für Politik und Recht in Peking und an den Juristischen Fakultäten der Universitäten von Hainan, Wuhan und Dalian.

Dipl.-Ing. Albrecht Broemme
Albrecht Broemme studierte an der Technischen Universität Darmstadt Elektrotechnik und ist seit Mai 2006 Präsident des Technischen Hilfswerkes (THW). Zuvor war er Landesbranddirektor der Berliner Feuerwehr. Als THW-Präsident kümmert er sich auf nationaler und internationaler Ebene um Verbesserungen im Zivil- und Katastrophenschutz sowie um den Ausbau der Beziehungen des THW zu staatlichen und nicht staatlichen Einrichtungen.

Dipl.-Komm.-wirt. Julia Drews
Julia Drews ist wissenschaftliche Mitarbeiterin an der Freien Universität Berlin am Institut für Publizistik- und Kommunikationswissenschaft für das BMBF-Projekt „Neue Strategien der Ernährungsnotfallvorsorge" (NeuENV). Ihre Forschungsschwerpunkte liegen im Bereich der Risiko- und Krisenkommunikation Nach dem Studium der Gesellschafts- und Wirtschaftskommunikation an der Universität der Künste Berlin arbeitete sie als Projektmanagerin in einer Kommunikationsagentur im Bereich Healthcare.

Prof. Dr. Felix Freiling
Felix Freiling ist Professor für Informatik und seit Dezember 2010 Inhaber des Lehrstuhls für IT-Sicherheitsinfrastrukturen an der Friedrich-Alexander-Universität Erlangen-Nürnberg. Zuvor war er bereits Professor für Informatik an der Rheinisch-Westfälischen Technischen Hochschule Aachen und an der Universität Mannheim.

Prof. Dr. Lars Gerhold

Lars Gerhold ist Professor für Interdisziplinäre Sicherheitsforschung an der Freien Universität Berlin und am Forschungsforum Öffentliche Sicherheit für die wissenschaftlichen Projekte verantwortlich. Zuvor war er wissenschaftlicher Mitarbeiter am Institut Futur der Freien Universität Berlin und am Institut für Psychologie der Universität Kassel, wo er auch promovierte. Seine Forschungsschwerpunkte liegen in der sozialwissenschaftlichen Risiko- und Sicherheitsforschung sowie der wissenschaftlichen Zukunftsforschung.

Prof. Dr. Christoph Gusy

Christoph Gusy ist seit 1993 Universitätsprofessor an der Universität Bielefeld. Er betreut den Lehrstuhl für Öffentliches Recht, Staatslehre und Verfassungsgeschichte. Seine Forschungsschwerpunkte bilden die neuere Verfassungsgeschichte, das Verfassungsrecht, insbesondere die Grundrechte, das Polizei- und Sicherheitsrecht sowie das öffentliche Wirtschaftsrecht.

PD Dr. Reinhard Kreissl

Reinhard Kreissl ist Leiter des Vienna Centre for Societal Security (VICESSE). Zuvor war er langjähriger wissenschaftlicher Leiter des Instituts für Rechts- und Kriminalsoziologie in Wien. Nach dem Diplom in Soziologie an der Universität München promovierte er an der Universität Frankfurt. Seine Habilitation folgte an der Universität Wuppertal. Zu seinen Arbeits- und Forschungsschwerpunkten zählen die Rechtssoziologie, die Soziologie abweichenden Verhaltens und sozialer Kontrolle, die Wissens- und Wissenschaftssoziologie, sozialwissenschaftliche Aspekte der Kognitions- und Neurowissenschaften sowie die sozialwissenschaftliche Sicherheitsforschung.

Prof. Dr. Christina Pöpper

Christina Pöpper ist Juniorprofessorin an der Ruhr-Universität Bochum. Sie ist dort Leiterin der Arbeitsgruppe Informationssicherheit an der Fakultät für Elektrotechnik und Informationstechnik sowie Mitglied des Horst-Görtz-Instituts für IT-Sicherheit. Nach dem Studium der Informatik promovierte sie an der Eidgenössischen Technischen Hochschule Zürich. Ihre Forschungsschwerpunkte umfassen Informations- und Kommunikationssicherheit und reichen von Funkübertragungen bis zu Netzwerken und Protokollen.

Autorenverzeichnis

Prof. Dr. Juliana Raupp
Juliana Raupp ist seit 2006 Professorin für Publizistik- und Kommunikationswissenschaft mit dem Schwerpunkt Organisationskommunikation am Institut für Publizistik- und Kommunikations-wissenschaft an der Freien Universität Berlin. Die Kommunikationswissenschaftlerin und Politologin arbeitet schwerpunktmäßig im Bereich der Organisationskommunikation, strategischer politischer Kommunikation sowie Risiko- und Krisenkommunikation.

Prof. Dr. Dr. h. c. Ortwin Renn
Ortwin Renn ist Professor für Technik- und Umweltsoziologie, Dekan der wirtschafts- und sozialwissenschaftlichen Fakultät sowie Direktor des Zentrums für Interdisziplinäre Risiko- und Innovationsforschung an der Universität Stuttgart. Er studierte Volkswirtschaftslehre, Soziologie und Journalistik in Köln und promovierte an der Universität Köln. Seine Hauptforschungsfelder sind: Risikoanalyse, Theorie und Praxis der Bürgerbeteiligung bei öffentlichen Vorhaben sowie sozialer und technischer Wandel in Richtung einer nachhaltigen Entwicklung.

Prof. Dr.-Ing. Jochen Schiller
Jochen Schiller ist seit 2001 Professor für Technische Informatik an der Freien Universität Berlin und Projektleiter des Forschungsforum Öffentliche Sicherheit. Von 2003 bis 2007 war er Dekan des Fachbereichs Mathematik und Informatik und von 2007 bis 2010 Vizepräsident der Freien Universität Berlin. Seine Forschungsschwerpunkte umfassen funkbasierte, mobile, eingebettete Systeme, Kommunikationsprotokolle und Dienstgüteraspekte in Kommunikationssystemen.

Dr. Saskia Steiger
Saskia Steiger ist wissenschaftliche Mitarbeiterin am Forschungsforum Öffentliche Sicherheit der Freien Universität Berlin. Zuvor war sie viele Jahre im Bereich der Internationalen Zusammenarbeit in Deutschland und in der VR China tätig, u. a. für die Deutsche Gesellschaft für Technische Zusammenarbeit. Ihre Forschungsschwerpunkte beinhalten Migration und Urbanisierungsprozesse in der VR China, Societal Impact Assessment sowie Sicherheitskulturen im internationalen Vergleich.

Prof. Dr. Birgitta Sticher
Birgitta Sticher ist Professorin für Psychologie und Führungslehre im Fachbereich Polizei und Sicherheitsmanagement an der Hochschule für Wirtschaft und Recht Berlin. Sie absolvierte ihr Studium der Psychologie (Dipl.) sowie der Philosophie und Soziologie an der Westfälischen Wilhelms-Universität Münster. Zu ihren aktuellen Arbeitsschwerpunkten gehören die Einbindung der Bevölkerung in den Katastrophenschutz und die Erforschung des prosozialen Verhaltens in der Krise/Katastrophe.

www.ingramcontent.com/pod-product-compliance
Ingram Content Group UK Ltd.
Pitfield, Milton Keynes, MK11 3LW, UK
UKHW041912140426
5217IPUK00002B/13